苏东坡与黄州

李林 著

武汉大学出版社
WUHAN UNIVERSITY PRESS

图书在版编目(CIP)数据

苏东坡与黄州/李林著.—武汉：武汉大学出版社,2023.11(2024.5 重印)

ISBN 978-7-307-24029-2

I.苏… II.李… III.苏东坡(1036–1101)—生平事迹 IV.K825.6

中国国家版本馆 CIP 数据核字(2023)第 189558 号

责任编辑:聂勇军　　　责任校对:汪欣怡　　　版式设计:韩闻锦

出版发行:武汉大学出版社　　(430072　武昌　珞珈山)

(电子邮箱:cbs22@whu.edu.cn　网址:www.wdp.com.cn)

印刷:武汉中科兴业印务有限公司

开本:720×1000　1/16　　印张:21.5　　字数:306 千字　　插页:2

版次:2023 年 11 月第 1 版　　2024 年 5 月第 2 次印刷

ISBN 978-7-307-24029-2　　定价:88.00 元

序　言

史智鹏

古来文章辉山川，黄州胜以东坡传。

作为北宋文坛顶流的苏东坡，在黄州生活 4 年 3 个月，向世界推出了黄州这座城市，闪耀了千年的光芒。苏东坡谪居黄州，在诗、词、文、赋、书、画创作诸方面都卓然超群，留下 740 余篇文学遗产，如《赤壁赋》《后赤壁赋》，如以《念奴娇·赤壁怀古》为代表的词，以《柯丘海棠诗》为代表的诗，以《记承天寺夜游》为代表的文，恰似星汉灿烂，辉煌永恒；豪放词派则成熟于斯，高山仰止，万古流芳。

大批学者对苏东坡在黄州时期的文学作品、书法艺术、遗址遗迹进行多方位研究，构建了黄州东坡文化体系，成为黄州的文化符号与文脉载体，更是黄州城市人文精神的集中反映。

黄州李林 30 余年如一日，甘为黄州赤壁"守门人"，他以"东坡在我心"的独有情怀，投入到赤壁文化和东坡文化研读之中，心无旁骛地对东坡文化进行梳理，对黄州赤壁的前世今生进行广泛收集钻研，砥志研思，将自己的心血倾注于这本著作中，自出机杼，极大地丰富了黄州东坡文化的内涵。首先，他广泛收集客观信息，别具慧眼，站在黄州角度深入分析苏轼被贬黄州的原因；其次，摒弃既成定论，用积极心理学来解读苏轼在黄州"自我救赎"之措施；最后，寻找东坡文化的闪光点，狙辟蹊径，揭示苏轼居黄心路历程的时代启示。

　　这本书不是大部头的理论，而是通过李林先生浅显直白、不失幽默的解说，把东坡文化以非常接地气的方式加以讲述，是读之有用，能让人会心一笑的枕边书。

　　权为序。

　　　　　2023 年 6 月 19 日写于黄冈遗爱湖江柳摇村之临皋文创

目　　录

第一章　北宋黄州城

黄州地处大别山南麓，长江之滨，四季分明、山清水秀、气候宜人，素有"江山如画"的美名。有可上溯到春秋的悠久历史，有善良厚朴的温暖人情，有接纳四方的开阔胸襟。北宋时期成就一代名相韩琦，造就王禹偁蜕变为"王黄州"，迎来百代楷模苏东坡。以苏轼为代表的客籍士大夫带来了王朝的精英文化，精英文化与本土文化的交流、融汇、新生，形成了恢弘壮丽、独具特色的黄州东坡文化。

第一节　黄州宋城遗址

黄州位于湖北省黄冈市西南部，地处长江中游北岸，北靠大别山，与团风县相连，西南濒临长江，与鄂州（古武昌）隔江相望，东与浠水县相邻。黄州古城处荆襄地区与两淮地区的交界处，长江中下游的衔接地段，周边群山连绵，地势起伏，自古为军事战略要地。古城借山水之势，与周边城镇、关隘、港口形成了独特的地区军事防御体系，在历史各个时期都作为军事要地历经战火洗礼，因此逐渐形成了独特的古城空间形态。

一、黄州宋城遗址考古调查

2011 年 6 月至 7 月，湖北省文物考古研究所、黄冈市博物馆、黄州区博物馆组成黄州宋城遗址考古论证课题组，由湖北省文物考古研究所研究员朱俊英任领队，对黄州宋代州城遗址进行了考古钻探和考古试掘工作。

通过钻探和试掘，课题组确定了宋代黄州城遗址的地理位置，明确了城址的范围、建筑与废弃年代，找到了确定黄州宋城城墙年代的实物依据，了解到黄州宋城城墙构筑的局部特征，并做出了整个黄州宋代州城故址主要在今黄州青砖湖社区范围的判断。2012年第4期《江汉考古》上发表了课题组的《湖北黄州宋城遗址考古调查报告》，对黄州宋城遗址情况作了详细说明。

(一)考古调查发现

黄冈市黄州区内分布有三座古城遗址：东周禹王城、宋代黄州城、明清黄州城。宋代黄州城在明清黄州城的东南部，考古调查表明，在黄州青砖湖社区辖地范围内，发现有十分清楚的暴露在地面的夯土城垣。虽然整座城址被现代建筑物覆压，城垣历经千余年大自然剥蚀和近现代人为的损毁，但仍有部分城垣凸显地面，城址形状清晰可见。城址的北垣、南垣和东垣保存较好，西垣地面只见零星残垣。城址的北垣抵八一路，南垣至西湖一路，东垣紧邻青砖湖路，西垣在沿江路以东，紧邻黄冈启黄中学校区体育场。

从整体地形观察，城内地表略高于城外地表2~5米。北垣顶面呈龟背状弧形，长2016米，宽30~40米，残存高度高于地表1~5米。南垣内外壁呈较陡的斜坡状，顶面较平，横剖面呈梯形；南垣东段长1280米，西段长1080米，宽28~35米，高1~6米。东垣是保存最好的一段城垣，城垣横剖面呈梯形，长1160米，顶面宽约25米，底宽约30米，顶面高于城内地面2~3米，高于城外地面12.6米。西垣保存差，长2104米，残宽约20米，残高1~2米；城垣平面形状大体呈正方形，面积约1.5平方公里。

考古调查发现的城址遗迹与1963年飞机拍摄的航片上的城址影像形状完全吻合。

课题组实地踏勘保存较好的黄州古城墙的汉川门地段和胜利南村地段，发现明、清城垣直接建在南北向长条形岗岭的生土之上，先用长方形青砖砌出墙体的内外壁，然后在砖墙内填土，城墙填土未经夯筑，包含有六朝的青灰砖碎块、明代青花瓷片和灰陶布纹瓦片。明城墙的地基下面没有发现早于明城的城垣痕迹。

(二)考古钻探验证

为了进一步调查发现的城垣遗迹，考古人员沿城垣进行了考古钻探，选择不同地点打了竖孔和横斜探孔，竖孔是在城垣的顶部地表向下穿透城垣，直至生土，横孔是在城垣内外坡的底部斜向打孔，寻找并确定城垣夯土。钻探发现城垣自上而下的地层堆积可分为四层：第1层为近现代堆积，第2层为明清堆积，第3层为南宋砖土混筑堆积，第4层为北宋夯筑城垣。

为了寻找城门遗迹，考古人员在探测城垣的同时还对城垣上的缺口进行了钻探。城垣上的6个缺口，经钻探疑似城门遗迹的有北垣东端缺口、东垣南端缺口和南垣拐角东部缺口。

(三)考古发掘证实

为了确定城址的修建、使用与废弃年代，了解宋代城垣的结构，验证对城址的钻探结论，考古人员在城垣的东南拐角(定惠院209~211号民房门前东侧)开了一条2×6米的试掘探沟，探沟内的地层堆积层次清晰，各层内包含的遗物年代清楚，试掘城垣夯土内最早的包含物年代为六朝，最晚的包含物年代是宋代，城垣夯土内出土的遗物，已把城垣的下限年代卡定，为我们解读城址的筑建、使用、废弃年代提供了证据。

(四)结论

有关文献对宋代黄州城与明清黄州城地理位置早有明确记载，而田野考古取得的信息资料与文献记载完全吻合。

宋城的建筑材料、建筑方法、城垣内的包含物与明清城垣截然不同。宋城用土筑城垣，填土分层夯筑，夯层很薄，夯窝清晰，最晚的包含物年代为宋代，证明城址始建于宋代。

从我国城垣使用建筑材料发展演变的过程看，我国用烧制陶砖建筑城垣始于南宋。黄州宋城用土夯筑城垣、明清城用陶砖砌城垣，与我国城垣用材发展演进的路径完全相符。

2012年第4期《江汉考古》上发表的《湖北黄州宋城遗址考古调查报告》得出的结论是："本次调查认为黄冈市黄州区内发现的三座古代城址，禹王城为东周汉代城址，宋代黄州城在今黄冈市黄州区青砖湖社区辖地内，北宋时期的城垣用土夯筑，南宋城垣用陶砖维修加固。明清黄州城在宋代黄州城外西北部，城垣用陶砖砌成，两城的地理位置与《明史·地理志》、弘治《黄州府志》等文献记载相符。"

二、黄州州城的空间形态

城市是一个地域综合体，在社会关系、人文观念和地理环境的作用下，构成其物质空间的各个要素并非孤立地存在着，而是与其他要素存在着互动联系。北宋时期黄州城各要素组合的空间关系，以及要素间的相互作用和组织形式，是一个重要的研究对象，也是在对黄州东坡遗址定位过程中值得展开的考察视角。对黄冈市黄州区青砖湖社区内的宋代黄州城城垣的城门进行定位，可以分析城门与城墙、街道、衙署、军营、粮仓、码头等关联要素潜在的空间关系，同时可以引申出关联要素的更多面貌，增进对黄州东坡遗址形态的整体认识。

现在黄州区和蕲春县同属黄冈市管辖，距离96公里，根据黄州宋城遗址的考古调查，结合青砖湖社区内的宋代黄州城城垣的地形条件，在此基础上，笔者尝试对黄州宋城的空间形态进行研判，对相关的地理问题提出一些新的分析，以期推动黄州东坡遗址定位的研究工作。

（1）北宋初期黄州城市格局从"军事需要"慢慢进行蜕变，1080年军营和驿站已经废弃，由此可以看出城市功能的转变，黄州充分依靠长江水道的交通便利发展商贸，在区域经济交往的驱动下，到北宋末期—南宋初期成为"商贸重地",催生黄州的经济繁荣。景观面貌变得开放而富有人文色彩,城内外各区依军事安全——农业资源——商业地利——人文景观资源的次序发展。

(2)唐五代宋初,黄州城墙是夯土墙体,外侧无包砌砖石的城墙。

(3)城池基本成方形,并设朝宗、向日、龙凤三座城门。城市内设十字街,把城内分为四大区。城市道路主要由直线、曲线、折线这三种画线方式构成,通过错位交叉组合,产生"丁"字或"人"字路口。

(4)黄州城保留有典型的子城体系,西北方位的子城成为黄州政治中心,主要为官廨、仓库等的所在地,官廨位置坐北朝南,从仪门而入,军资、甲仗、钱帛、粮食、图书文献档案等都储藏在此。

(5)城池西部和南部有长江环绕,城南江水上涨即淹没或池低处。官署占据了大部分西北用地,城东是军事防御区,城门外有厢军营地等军事设施,有利于军事防守,可见在北宋初年黄州城仍然是一个军镇性质的"山城"。

(6)城外的乡野空间,丘陵地貌,舒展婉约,该空间呈现出淳朴自然、曲径通幽之感。

(7)黄州城的地形条件和城市形态比较特殊,没有一些轮廓匀称、地势平坦的城市所具有的中轴线。

(8)黄州城建筑物位置如下:

月波楼、竹楼(小竹楼)在西北。

涵晖楼、栖霞楼相邻,在黄州城西南。

定惠院位于黄州城东南边的柯山之上。

安国寺位于宋代黄州城东南边,坐北朝南。

临皋亭位于宋黄州城城南长江之滨的高阜之上。

南堂在江边高阜上,紧邻临皋亭。

临皋亭的东边就是夏澳(港口)。

雪堂在东坡(旧营地)上。

四望亭与雪堂相对，在雪堂的南边。

天庆观在宋代黄州城西南，明代黄州城一字门西南。

承天寺在宋代黄州城南门外，距离临皋亭不远。

快哉亭在宋代黄州城南。

君子泉在城北。

第二节　淮南路与淮南西路

宋朝，是中国历史的一个转折点。在宋朝之前，地方分权和中央集权不断斗争，反复不断；宋朝及其之后，中央集权加强，地方再无割据之力。

一、管理制度改革

(一)四大监司分散地方权力

宋朝建立后，行政区划在唐朝的基础上做出了很大的调整，出现了路制。路，顾名思义，和交通、行军有关，其来源和战争相关。在北宋统一过程中，中央向地方派遣了各路大军，后来就将某一路军队控制的地区称为"路"。如964年，宋军分北路军和东路军出征后蜀，蜀国灭亡后，就将两路大军控制地区合并为"西川路"。

北宋采取了兵财分治原则，因而作为地方长官的不是统率军队的指挥官，而是掌管财政的转运使。转运使，来源于随军转运使，原本是负责军队的后勤工作，如调配、运输粮草等。战争结束后，转运使负责将地方钱财、粮草等物资运往中央，因而掌控了地方财政大权，隶属于中央的"三司"管辖。宋朝统一战争中，转运使职务非常重要，进而演变为了地方长官，不仅有财政权，还有行政权。

随着全国不断统一，宋朝的路也不断增加。997年，形成了15个路，分别是京东、京西、河北、河东、陕西、淮南、江南、荆湖南、荆湖北、两浙、福建、西川、峡西、广南东、广南西。每个路设转运司为最高行政机构，路制粗具规模。到北宋中期，经过调整，最终形成了 23 个路。

宋初，路的最高机构是转运司，其权力较大，政务繁杂。为了解决这个弊端，宋朝陆续在转运司之外又设置提点刑狱司、提举常平司和安抚司来分割地方事务管理权。一是提点刑狱司的设置是为了分割转运司的司法权，两者在宋代分分合合，到 1033 年，提点刑狱司的设置成为定制。二是提举常平司是配合熙宁变法设置的，主要是负责农田水利、粮食等以推行新法，分割了转运司的财权。三是安抚司直接来源于宋初的各路行军都指挥司，其长官由文官担任，主要掌管地方的厢兵。

转运司、提点刑狱司、提举常平司和安抚司，都被称为"监司"。四路监司权力平行，互不隶属，相互牵制，有利于中央对地方的控制。在宋代，四监司经常合并和分离，但是转运司和安抚司一直是独立存在的，这体现了兵财分离的原则。

过去的行政区有固定的区域、治所、机构和人员，但是宋代四监司不仅权力不同，就连治所、管辖范围也不同。1051 年，宋仁宗下诏："诸路提点刑狱司廨舍与转运司同在一州者，并徙他州"，也就是不准提点刑狱司和转运司在同一个州办公，如湖南路的两者原本都在潭州（长沙），诏令发布后，湖南路提点刑狱司不得不迁徙到衡州（衡阳）。

四路监司的管辖范围也不同，甚至出现了路的数量不一致的情况。在北宋前期，出现了 18 个转运司路，但是提点刑狱司路却有 23 个路。路的设置，改变了汉唐区划固定区域、固定治所、固定机构、固定人员、权力集中的现象，采取分而治之、相互牵制的方针，对后世影响也非常深远。

（二）文官治国逐渐形成

州，是县级之上的机构。汉代，州是最高地方行政机构，管辖郡县，长官为节度使或者州牧；南北朝时，州的数量增多，其职权逐渐和郡混杂，于是隋朝选择州郡合一（或者是废郡留州），州取代了过去郡的地位。唐朝后期，节度使、团练使、防御使、刺史等成为藩镇长官，他们掌握军事、财政、行政大权，割据一方。

宋朝时期，州一级的机构除了州之外，还有府和军。府是重要地方的州级机构，而军是边疆军事重地的州级机构。宋朝初期，节度使等依然是州级机构最高长官。

为了防止唐后期藩镇割据局面的出现，赵匡胤通过一系列的措施来削弱节度使的权力，主要有：一是通过"杯酒释兵权"等措施，废除了节度使的兵权，将地方精锐调入中央，组建禁军；二是规定节度使不得干预除所驻州之外的政务，缩减其管辖范围；三是逐渐设置知州来取代节度使。

知州，全名为"权知某军州事"，权，也就是暂时的；知，就是管理。知州，最初就是由中央派遣到地方，暂时管理军务和政务的命官，他们基本上都是文臣。知州取代节度使，是北宋文官治国的重要步骤。

为了牵制知州，宋初又设立通判，作为州一级的监察官。通判的设置，使得知州处处受制于人，造成了行政效率的降低，正所谓"既非副贰，又非属官，故多与长吏忿争……长吏举动必为所制"。974 年，宋太祖明确了通判在州中低于知州的地位，通判从此成为州的副长官。

（三）县级机构的恢复运转

宋朝建立后，随着节度使的权力逐步被废除，县令开始恢复其县级的司法权。962 年，恢复了县尉的设置，由其掌管乡村地区的治安，于是节度使的治安权被限制在城镇。与此同时，知州的下属官员——知县也开始出现了。961 年，开封、洛阳等四县的县令被撤销，设置了知州。对于节度使控制的地区，则在县令之外再设知县，以分割其权力。

县之下，有镇。在宋朝之前，镇原本是边疆地区的军事机构，如北魏有六镇，唐朝天宝年间有十镇，其长官为节度使。唐朝后期，藩镇割据，将镇从边疆蔓延到了内地，并设置了镇将驻守，控制要害地区。北宋统一后，镇将逐渐退出了历史舞台，取而代之的是监镇。监镇是低级官员，归知县管辖。

北宋的经济发达，许多草市逐渐形成了市镇，全国新设置了大量的市镇。市镇经济的繁荣，使得北宋的商品经济从城市蔓延到了农村。为了适应形式的发展，北宋中后期在镇中设监税，负责征收镇中的商税和负责盐酒茶等垄断行业的经营等。北宋的镇，正式成为县级之下的行政机构，其职能也从军事转为了经济，一直影响至今。

二、行政区划

淮南路和淮南西路是宋代以"淮南"命名的行政建置。

（一）淮南路

北宋朝廷采取强化税收的手段以增加中央的收入，通过强化漕运管理以方便物资的交流，强化行政管理以保证社会的秩序，在区划管理上也采取相应措施。至道三年（997），北宋在唐朝"道"的基础上划全国为 15 "路"，以加强对府州县的管理。江淮间设置淮南路，统辖"东至于海，西抵滁涣，南滨大江，北界清淮"（《宋史·地理志》）的大片地区，拥有扬、亳、宿、楚、海、泰、泗、滁、真、通、寿、庐、蕲、和、舒、濠、光、黄等 18 个府州。地跨今天的江苏、安徽长江以北地区和湖北东北部。这一地区，"土壤膏沃，有茶、盐、丝、帛之利。人性轻扬，善商贾，廛里饶富，多高赀之家。扬、寿皆为巨镇"（《宋史·地理志》）。的确如此，寿州与扬州都是区域经济文化中心，繁荣程度远远高于其他州县。今淮南市境所在的淮西地区物产丰饶，兼得交通优势，南北寿春（寿春、下蔡）商业繁荣，经济地位、政治地位、军事地位都很突出，是京师以南的重要城市。

（二）淮南西路

宋神宗熙宁五年（1072），淮南路被一分为二，设置淮南东路和淮南西路，淮南西路治所设在寿春府，辖庐州、蕲州、和州、舒州、濠州、光州、黄州，另有六安军、无为军，辖33县。其中，寿春府，辖下蔡县、安丰县、霍丘(今霍邱，下同)县、寿春县和六安军，其中六安军辖六安县；庐州，辖合肥县、舒城县、慎县；蕲州，辖蕲春县、蕲水县、广济县、黄梅县、罗田县；和州，辖历阳县、含山县、乌江县；舒州，辖怀宁县、桐城县、宿松县、望江县、太湖县；濠州，辖钟离县、定远县；光州，辖定城县、固始县、光山县、仙居县；黄州，辖黄冈县、黄陂县、麻城县；无为军，辖无为县、巢县、庐江县。淮南西路辖地西越大别山至汉水流域，东界定远，南至长江，北达淮水，地跨今皖中、皖西、皖西南及鄂东北。

　　淮南路的分置是北宋朝廷加强地方统治的需要，也是王安石变法的一项举措。宋神宗元年(1068)，拜王安石为中书门下平章事，位同宰相。宋神宗即位时才20岁，一心要有所作为，十分欣赏王安石的才干，支持王安石推行变法，以期发展生产，富国强兵，振兴王朝。王安石变法以理财、整军为中心，涉及社会、经济、政治、军事、文化各个方面，是一场影响很大的社会变革运动。行政区划变小，朝廷可以摆脱尾大不掉之弊，也便于地方管理的精细化，更好地发展生产，振兴财政，做到"因天下之力以生天下之财，取天下之财以供天下之费"。此时，北宋北部边关持续吃紧，国家的粮食税赋主要依靠南方各州县，淮南地区有水陆交通便利，淮南西路多膏腴之地，既是北宋朝廷的粮仓，也是物资运输的重要通道，淮南西路的漕司、宪司、仓司、监司、兵司均驻在寿州。王安石变法虽然失败了，但区划的分置则保持了下来。

三、黄州的军营

　　元丰四年(1081)，苏轼家中用度"日益困匮"，靠着以前存留下来的一点存款维持一家人的生活，日子越来越难过了。前途茫茫无期，面对生活的压迫，他觉得该尽快想个办法了。"故人马正卿哀予乏食，为郡中请故营地数十亩，使得躬耕其中"(《东坡八首》叙)。适逢好友马正卿来黄州探望，得知苏轼日子过得入不敷出，在马正卿的帮助下，苏轼向太守徐君猷申请了 50 亩荒地贴补生活。这片地原是废弃了的营地，即黄州东坡故营地，过去为黄州厢军驻扎练兵场地，军队撤走后，留下遍地瓦砾，且地势西低东高，地面不平坦，并不适合耕种。然苏家已山穷水尽，黄州无其他无主熟地，苏轼带领家人，来到故营地，挥镐扬锄，清理茺墟，翻土试种。

笔者在此想从军事的角度，来谈一谈黄州东坡故营地的问题。

（一）宋朝的军队建制

北宋实行募兵制，也就是说，军队由强征变为招募，由自备资装变为国家供给。

不过募兵制有着天生的缺陷，就是容易出现将领拥兵自重，从而导致藩镇割据的问题，故而消除悍将拥兵自重现象成了完善募兵制的必经之路。

北宋初年，统治者采取了三种办法以改其弊：一是在强大的政治压力下，以"杯酒释兵权"方式，从高级将领手中夺回军权，集中于皇帝。二是削弱地方兵力，将军权牢牢地掌握在皇帝手中。当然，这也为宋朝的外强中干埋下了一个隐患。第三则是实行更戍法："分遣劲旅戍守边地，率一二年而更……故将不得专其兵。"

更戍法的好处在于，士兵们对将领不熟悉，也就基本不会发生地方将领拥兵自重的情况。但是从另一方面来讲，将不知兵，兵不知将，兵无常帅，帅无常师，如此状态既无法收拢军心，也无法增加军队的战斗力和凝聚力。

宋朝的正规军分为禁军、厢军、乡兵三种。

《宋史》记载："宋之兵制，大概有三：天子之卫兵，以守京师，备征戍，曰禁军；诸州之镇兵，以分给役使，曰厢军；选于户籍或应募，使之团结训练，以为在所防守，则曰乡兵。又有藩兵，其法始于国初，具籍塞下，团结以为藩篱之兵；其后分队伍，给旗帜，缮营堡，备器械，一律以乡兵之制。"

在黄州东坡上驻扎禁军的可能性不大。

厢军，比禁军的等级要低，相当于是在地方驻守的地方部队。名为常备军，实际上就是各州府和某些中央机构的杂兵。

兵源主要来自招募，受州府和某些中央机关统管，总隶于三衙，即殿前司、侍卫亲军步军司、侍卫亲军马军司。

厢兵从事劳役大概包括：筑城、制作兵器、修路建桥、运粮垦荒以及官员的侍卫、迎送等。有步军和马军两个兵种，编制分军、指挥、都三级，统兵官与禁军同，但地位待遇比禁军要低。

除此之外，还有乡兵和藩兵。

乡兵也称民兵，是由百姓自发组织或政府组成的不脱产的武装力量，是按户籍丁壮比例抽选或募集土人组成的地方民众武装。平时不脱离生产，农闲集结训练。

担负修城、运粮、捕盗或协同禁军守边等任务。各地乡兵名目很多，编制亦不统一，或按指挥、都，或按甲、队，或按都保、大保、保的序列编成，最多之时，陕西、河北、河东诸路总数达 42 万人。

而藩兵除了军士都是少数民族外，其余建制与乡兵是基本一致的。

初步判断，在黄州东坡上建营地驻扎的应该是厢军。

(二)营寨的选择

建立营寨的首要问题就是要选择合理的地点，古人立营择地，不外乎两种目的："自固""扼敌"。一是从"自固"的目的出发，就应该占据高山，据守险要的关隘，让敌人难以攻击。二是从"扼敌"的目的出发，就应该在水陆交通要冲立营，让敌人无法通过。如果是一般的驻营，也要遵循"背山险，向平易"的原则，使自己处于容易防守又便于出击的位置。

以黄州的实际情况来看，需要建营地，首先就要防范被水淹，所以不能驻扎在"潮湿之地"，尤其是夏天，应尽量驻扎在高处以防洪水。其次荆棘草木丛生的地方，容易有伏兵，容易遭受火攻，也是不可取的。但如果是树林的话，是可以选择的，因为树林不易燃烧，而且容易防守和隐蔽。最后要远离瘴气蔓延的地方，以防止传染病的传播。

黄州东坡的营地数十亩，应该符合古代军队的选址要求，一是通风条件好、阳光充足。二是与长江有一定的距离，地势相对较高，不会被江水淹没。三是营区有水井，没有用水困难的问题。四是黄州东坡坡度相对较高，处于易守难攻的状况，还可以防止敌人通过长江来做文章。五是地面坚硬，东高西低，背靠小山坡形成了自然排水的坡度，有效避免梅雨季节的内涝。

（三）宋神宗的军事改革

自 960 年宋太祖赵匡胤建立北宋政权以后，以武将身份称帝的宋太祖深知"兵权"的重要性，所以，宋太祖当即便针对兵权进行了相应的改革，而后又顺势推行了更戍法，借以实现对武将权力的进一步扣制，有效加强了中央集权进程。

但随着时间的变迁，更戍法却逐渐形成了"冗兵"之势，继而更是对北宋财政造成了极大的压力。宋神宗正是在这样的条件下，自治平四年（1067）登基伊始，就展开了针对更戍法弊端的改革进程。而后又顺势裁军、置将，有效打击了北宋"冗兵"之势，对军事体系的完善和发展产生了积极的影响。

熙宁二年（1069），宋神宗开始了对"禁军"的整顿，全军年龄 40 岁以上且战斗力不太合格的均会被削减掉相应的军饷。

同时，每年还会在禁军中筛选出一部分不合征战标准的人，并将这些人降级到"厢军"阵列当中，换言之，宋神宗此时的目的其实是为了提升

"禁军"的整体军事素质，同时也是为了能够在一定程度上缓解北宋所面临的财政压力。

到了熙宁四年（1071），宋神宗赵顼又再次下诏"拣诸路小分年四十五以下胜甲者，升以为大分"，这次的意思就很明显了，既然"禁军"已经整顿得差不多了，那接下来自然是要找"厢军"下手了。

但是，为了预防军营士兵产生不满的情绪，宋神宗在改革厢军之时，并未做出如同整顿禁军时那般的"打压"举措，而是选择了一个以"奖励"形式刺激官兵训练热情的政策，但目的其实还是换汤不换药，同样是为了提升军队的整体军事素质。

与此同时，宋神宗顺势提出了"五十以上愿为民者听"的改革主张，也就是要开始裁军了，毕竟经过几年的整顿，整体的军事素质已经有所上升，此消彼长之下，在"官兵人数"上面的需求自然也就变得越来越小。所以，对于这些已经年过半百，且战斗力急剧下降的北宋官兵，宋神宗自然也就没有必要去像凑数一般地将其保留在军营当中，而是还其民籍，让其回家种地去。

此举一方面间接提升了军队的战斗力，另一方面还能在一定程度上为朝廷"创收"，实属一举两得，"至是免为民者甚众，冗兵由是大省"，从而也就达到了有效打击"冗兵"之势的目的，军队人数大减，但军事实力却未跌落多少，甚至还略有增强。

为此，熙宁七年（1074），宋神宗专门下发了一道诏书，"诏颁诸班直禁军名额"，明文废除了更戍法，正式改推王安石所提出的"置将法"改革举措，也就是将各路驻军分为若干个小点的军事单位，然后又在每个单位置将，同时并置副将一人，且让其常驻，目的就是为了改变此前的"兵不识将，将不识兵"之弊，使得官兵与武将的配合可以在朝夕相处之下变得更为默契，起到进一步提升北宋军队"整体战斗力"的效果。

综上所述，可以看出，单从"盖熙宁之籍，天下禁军凡五十六万八千六百八十八人"的数据结果来看，宋神宗针对更戍法弊端的一系列改革举

措，其作用无疑是十分明显的。(《宋史·兵一》)

相较治平年间那将近66万的禁军人数来看，明显宋神宗时期光禁军就裁了将近10万人，至于"厢军"，自然也绝对不会少。

通过以上资料，笔者想说明，黄州东坡故营地的废弃，应是当时军事改革的后果。

第三节　黄　州　风　情

北宋时期黄州城因其僻陋简朴，是"在江淮间最为穷僻"(朱熹语)的下等州，一片萧索景状，是被政治中心边缘化的荒野，但其自然景色优美，开门见山，举步遇水，山明水秀，构成了独具特色的山水风光，并因祸得福，迎来了王禹偁、苏轼、张文潜等一批文学大家在此居住生活，将黄州城发展成为中国古典文学的高地，尤其是苏轼居黄，带来了独特的黄州东坡文化。

一、历史沿革

唐中和五年(885)，黄州城迁至赤壁东南的滨江之地，今黄州区青砖湖一带。至此，黄州城继邾城、西阳城之后又屹立于江淮之间，成为长江中游以北、大别山以南广大地域的政治、经济、文化、军事中心。

黄州在唐朝时管辖黄冈、麻城、黄陂三县，属下等州，地僻人穷。时任黄州刺史的杜牧如此描述当时的黄州城："伏以黄州在大江之侧，云梦泽南，古有夷风，今尽华俗，户不满二万，税钱才三万贯，风俗谨朴，法令明具，久无水旱疾疫，人业不耗，谨奉贡赋"，"孤城大泽畔，人疏烟火微"、"柳岸风来影渐疏，使君家似野人居"。但其时，黄州城亦有城池，有城墙，有城楼，粗具州城规制。至唐末，876—878年(乾符三年至五年)，王仙芝、黄巢率众屡战于黄州，使黄州城城池濒于荒废。884年(中和四年)，客居黄州的前杭州刺史路审中在黄州募兵3000人，占据黄州和鄂州之地，次年，路审中鉴于黄州城残破不堪，遂将黄州城由邾城旧址稍迁至赤壁东南的滨江之地（约今黄州市区青砖湖一带），并筑新城。但好景不长，次年他即被另一豪强逐出黄州城。此后，杨行密、杜洪、朱延寿、瞿章、朱友恭、马煦等地方割据势力相继在黄州城恶战争夺。至五代，黄州城属吴国，因与楚国相邻，于914年双方曾在黄州城激战。

937年，南唐建立，黄州城随之入南唐。后周立国后，其长期与南唐在江淮一带争夺，956年（南唐保大十四年）后周军队攻占黄州城，但不久仍归南唐。

958年（后周显德五年），南唐战败求和，割让淮南四州给后周，黄州也在其中。黄州城因之属后周。

960年，宋朝建立，黄州城平安归宋。黄州在北宋管辖黄冈、麻城、黄陂三县，仍属下等州，地域与经济相对偏僻落后，黄州城的市容市貌比较简朴。宋初黄州知州王禹偁在《月波楼咏怀》中记载："齐安古郡废，移此清江头。筑城随山势，屈曲还复周"，大致描述了黄州城的规制特点。当时，黄州有城墙，但破陋不堪，"雉堞圮毁，榛莽荒秽"。王禹偁做出了"渐修城壁"计划，不久因离任而未能实现。直到北宋中期，黄州城池仍残破不堪。

1066年（治平三年），荆州刺史郑毅夫路过黄州城时，如此描述当时的城垣："榜扶下坠，颓然其将颠。"宋代诗人张文潜在黄州先后住了七年，对北宋后期的黄州城了解颇深，对当时的黄州城池有如此记述："黄名为州，而无城郭，西以江为固，其三隅略有垣壁，间为藩篱，城中居民，才十二三，余皆积水荒田，民耕渔其中。"

北宋一朝，黄州城没有发生战乱，城池得到了发展。城内建筑物不少，比较著名的名胜和建筑有赤壁、竹楼、栖霞楼、月波楼、涵晖楼、安国寺、雪堂、定惠院、乾明寺、快哉亭、临皋亭、文宣王庙等。同时，黄州城作为滨江州城，南来北往旅客增多。1032年（明道元年），黄州刺史夏竦为解决江水湍急、黄州无港可泊的问题，凿江边水道藏舟，命名为"夏澳"。优良的黄州港带来了商业贸易的繁荣，沿江上下的客商多聚于此，张文潜在《齐安行》中描述当时港口的繁忙景象："客樯朝集暮四散，夷言啁哳来湖湘。"

靖康之乱后，北宋覆亡，宋室南渡，只剩半壁江山。黄州因处于国防前线，被确定为军事州。南宋一朝，黄州城始终处于抗金、抗蒙前线，长期处于战争氛围之中，市容市貌鲜有可观者。陆游于1170年（乾道六年）造访黄州州衙时写道："州治陋甚，厅事仅可容数客。"（《入蜀记》）州衙都如此，其他建筑可见一斑。

至端平年间，孟珙因抗蒙军事需要，组织军民力量，修葺了黄州城墙，并开浚了壕沟，黄州城墙逐渐形成一定规模。黄州城因紧靠水路，交通与商贸较为发达。如明弘治《黄州府志》载：1184年（淳熙十一年），黄州城江面暴风，坏船十艘，沉盐2000余袋，并刮破大小船只50余艘，死伤无数。从此次事故也可看出黄州城商贸规模之大。而其时，黄州城的文化教育尤其为人称道，特别是建于宝祐年间（1253—1258）的河东书院在全国享有极高声誉，《续文献通考》详载了南宋最有名声的23所书院，河东书院位列其中。

二、州城风貌

宋代的黄州城位于长江之滨赤壁山南麓，其城池具体位置可从田野考古调查和相关文献史籍记载两个方面进行确定。就田野考古调查而言，据《湖北黄州宋城遗址考古调查报告》称，宋代黄州城主要在今黄冈市黄州区青砖湖社区辖地内，城址的北垣抵今八一路，南垣至今西湖一路，东垣紧邻今青砖湖路，西垣在今沿江路以东，紧邻今启黄中学体育场。北宋时期的城垣用土夯筑，南宋城垣用陶砖维修加固。

对此，王禹偁、苏轼、张文潜、陆游的作品中皆有明言，历代省志、府志、县志中均有记载，如苏轼《黄州安国寺记》记述"得城南精舍曰'安国寺'"，则宋城在黄州安国寺以北。如明弘治《黄州府志》记载，宋城在明代黄州城以南二里，也就是说在明代清淮门、一字门、清源门以南。如此种种，不胜枚举。总之，综合田野考古调查和相关文献史籍记载可知，北宋黄州城池在黄州市区青砖湖至十字街启黄中学一带，但因城池仅"略有垣壁，间为藩篱"，内外界限并不明显。

北宋黄州城依山滨江，山清水秀。地势北高南低，其北面是长十余里的山冈，境内有赤壁山、南山、柯山、黄岗山、赤山等，因此有"临深负险，屹为雄镇"之说。周边众多关隘依山而成，主要有虎头关、双山关、木陵关、大成关、大胜关，其中以虎头关最为险峻，是南宋抵抗淮西来犯敌兵的一道屏障，具有重要的战略价值，而且，黄州"东望夏口，前介大江，襟带湘、汉，地连云梦，滨江带山"，处于长江中游与下游的衔接地段，长江沿着山势在此形成凹形的走向，其上游自北向南，其下游自西向东，沿长江北岸设有多个渡口。因此从周边山水环境来看，古城黄州背靠北侧的赤壁山，南侧为长江环抱，故古人既将其称之为山城，又称其为江城。

北宋后期黄州属于淮南西路，为两淮地区最靠西的一州，南岸与武昌（今鄂州）相对，北与光州相通接入淮河，西南与长江相通接荆湖北路，东边为蕲州和安丰军，是淮南两路的西入口，因此是两淮地区的要冲之地。南宋黄州城依托汉朝邾城之地而建，其地处山水之间的自然条件和复杂险要的地理环境在客观上为南宋提供了天然的军事屏障，有利于南宋政权战略布防，为精简节约战斗兵力提供了条件。

北宋将全国州划分为望、紧、上、中、下五等。其标准是：州辖4万户以上为望，3万户以上为紧，2万户以上为上，1万户以上为中，不满1万户为下。黄州在北宋辖黄冈、麻城、黄陂三县，因经济落后，属于僻陋之地，被定为下州。

作为下等州的北宋黄州城，城池很小，张文潜调侃说"莫笑江城大如斗"。因地势低洼，湖塘荡漾其间，城池建筑非常简陋，宋初以藩篱围护，几乎没有城墙，王禹偁任知州时，曾组织"渐茸城壁"，但他离开后，筑城工程随之下马。整个北宋时期，黄州城墙修建始终没有完工，东南北三面城垣断断续续，有的地方干脆用藩篱和湖泊来应付，防御功能较差，城内城外界限并不明显。

黄州城比较简朴，就像一个大村庄，田园风光浓郁。张文潜在黄州先后住了7年，他在《明道杂志》中记述："城中居民，才十二三，余皆积水荒田，民耕渔其中。东傍湖泊，水涨淹没不常。"他在《同晁郎及秬秸步游乾明晚逾柯山归》中写道："野水菰蒲秀，荒陂荞麦长。卑田留积雨，荒寺掩斜阳。远树连云梦，群山近武昌。言归日己夕，村径度牛羊。"他在《齐安行》诗中还说："黄州楚国分三户，葛蔓为城当楼橹。江边亭井数十家，城中平田无一步。土冈瘦竹青复黄，引水种稻官街旁。客樯朝集暮四散，夷言啁哳来湖湘。使君丽谯涂垩赭，门狭不能行两马。满城蛙噪乱更声，谷风谷谷黄鸦鸣。"

黄州城门。北宋时期有东门和朝天（朝宗）门，另外的城门记载不详。苏东坡在三首诗中记载了黄州东门，"日日出东门，步寻东坡游"；"乱山环合水侵门，身在淮南尽处村"；"却寻流水出东门，坏垣古堑花无主"。他在《菩萨蛮·七夕》中记载了黄州朝天门。南宋人王象之在《舆地纪胜》中记载："赵龙图忠显庙，在城东怀化门外。……临皋馆，在朝宗门外。"

城中民居。多用竹茅为屋顶，用陶瓦者较少，王禹偁在《黄州新建小竹楼记》中介绍了这种特色："黄州之地多竹，大者如椽，竹工破之，刳去其节，用代陶瓦，比屋皆然，以其价廉而工省也。"他并记载其工艺道："吾闻竹工云：'竹之为瓦仅十稔，若重覆之，得二十稔'。"

四大名楼。月波楼、竹楼、涵晖楼、栖霞楼被称为北宋黄州城四大名楼，是有名的"黄州东坡诸胜"（陆游语）重要建筑物，是北宋黄州城作为文化兴盛的重要标志。

月波楼约建于五代，但历久损毁，王禹偁任黄州知州时重建。清光绪版《黄冈县志》记载："月波楼不知名始何代。宋王禹偁诗：'郡城无大小，雉堞皆有楼'，盖宋时城楼也。今城自明代展筑，或以今汉川门城楼当之，似误。宋王禹偁诗并序曰：月波之名不知得于谁氏，《图经》故老皆无闻焉。因作诗一章，凡六百八十字，陷于楼壁，庶使兹楼之名得与诗俱不泯也。"月波楼居高临下，瞰视大江，气势宏阔，向为黄州绝胜。王禹偁有《月波楼咏怀》赞誉此楼，现摘几段：

齐安古郡废，移此清江头。筑城随山势，屈曲复环周。
兹楼最轩豁，旷望西北陬。武昌地如掌，天末入双眸。
平远无林木，一望同离娄。山形如八字，合会势相勾。
三国事既远，六朝名亦休。远从唐末来，争夺互仇雠。
斯楼备矢石，此地控咽喉。终朝望烽燧，连岁事戈予。
可怜好诗景，牢落无人收。皇家统万国，远迩尽怀柔。
三圣四十年，荡荡文德修。淮甸为内地，黄冈压上游。

栖霞楼始由宋初王义庆创建，后有黄州太守闾丘孝终重建。它立于高阜，下临大江，气势宏伟。时人评赞："轩豁爽垲，坐挹江山之胜，为一郡奇绝。"栖霞楼是当时官员、文人雅聚之地，苏轼谪居黄州期间，就与黄州太守徐君猷相约，每年重阳节登临斯楼，饮酒赋诗，共度良宵佳节，并作《水龙吟·黄州梦过栖霞楼》词序："闾丘大夫孝终公显，尝守黄州，作栖霞楼，为郡中绝胜：

闾丘大夫孝终公显，尝守黄州，作栖霞楼，为郡中胜绝。元丰五年，余谪居黄。正月十七日，梦扁舟渡江，中流回望，楼中歌乐杂作。舟中人言：公显方会客也。觉而异之，乃作此词。公显时已致仕在苏州。

小舟横截春江，卧看翠壁红楼起。云间笑语，使君高会，佳人半醉。危柱哀弦，艳歌余响，绕云萦水。念故人老大，风流未减，独回首、烟波里。推枕惘然不见，但空江、月明千里。五湖闻道，扁舟归去，仍携西子。云梦南州，武昌东岸，昔游应记。料多情梦里，端来见我，也参差是。

此楼至南宋尚存，南宋著名诗人陆游到黄州时，曾造访此楼，并在《入蜀记》中介绍道，楼本是知州闾丘公显所造。苏轼《水龙吟》词云："小舟横截春江，卧看翠壁红楼起"，正谓此楼也。下临大江，烟波微茫，远山数点，亦佳处也。今楼修建于赤壁公园内。

涵晖楼距栖霞楼不远，建于宋初，韩琦在黄州安国寺读书时，曾登此楼吟诗作文，其《涵晖楼》诗赞誉了登楼后所见的黄州山水风光：

> 临江三四楼，次第压城首。
> 山光遍轩楹，波影撼窗牖。

苏轼在黄州时，曾多次登楼观景饮酒作诗，如元丰五年(1082)的重阳节，他与徐君猷除了登临栖霞楼外，还登临涵晖楼，并作有《南乡子·重九涵晖楼呈徐君猷》词：

> 霜降水痕收，浅碧鳞鳞露远洲。酒力渐消风力软，飕飕。破帽多情却恋头。
> 佳节若为酬，但把清尊断送秋。万事到头都是梦，休休。明日黄花蝶也愁。

竹楼为宋初王禹偁所建。王禹偁在《黄州新建小竹楼记》中讲述竹楼情况：

> 子城西北隅，雉堞圮毁，榛莽荒秽，因作小楼二间与月波楼通。远吞山光，平挹江濑，幽阒辽夐，不可具状。夏宜急雨，有瀑布声；

冬宜密雪，有碎玉声；宜鼓琴，琴调虚扬；宜咏诗，诗韵清绝；宜围棋，子声丁丁然；宜投壶，矢声铮铮然——皆竹楼之所助也。公退之暇，披鹤氅，戴华阳巾，手执《周易》一卷，焚香默坐，消遣世虑，江山之外，第见风帆沙鸟、烟云竹树而已。待其酒力醒，茶烟歇，送夕阳，迎素月，亦谪居之胜概也。

北宋黄州是下等州，因此士人视为畏途，北宋到黄州任职的多数是遭贬谪的官员，正如张文潜在《齐安秋日》中所说："齐安荒僻郡，平昔放逐臣。"

2013 年，在市区紫金城居民小区基建中发现一座纪年砖室墓，砖室用长方形青灰砖砌成，平面呈"凸"字形，单室，由甬道、封门墙、壁龛、祭台、棺床构成。青灰砖从纹饰上分铭文砖、几何纹砖和素面砖，铭文砖一侧面模印为"淳化三年三月一日□□□"，阳文楷书反体。"淳化三年"为公元 992 年，属北宋早期，据此，该墓的下葬年代当在"淳化三年"左右。残存随葬品有釉陶炉、执壶、瓷盏(3 件)、釉陶罐(2 件)、麻丝品、铜钱等 9 件。其中，绿釉熏炉造型独特，风格古朴典雅。这座墓规模较大，随葬品精美，推断墓主人应是北宋早期黄州城的富贵人士。

三、夏澳码头

960 年，宋朝建立，黄州城属宋国，为淮南西路黄州治所。黄州城据长江之滨，又是南北陆路的中点，占据交通便利优势，南来北往、东奔西走之客人，均须在黄州城歇息。但城垣始终断断续续，防御功能较差，城内外界限不明。1032 年(明道元年)，时任黄州刺史夏竦为了解决江水湍急、黄州船舶无法停泊的问题，在江边凿水道为港，命名为"夏澳"。新建的黄州港有效促进了当地商业贸易的发展，使得经过的商客们有地可憩。

南宋淳熙十一年(1184)，商旅陆太等八人告发黄州税务暴行，官吏扣留大批船只于江上，夜间大风，坏船十只，沉盐 2000 余袋，并刮破其他大小船只 50 余艘，死伤无数。从这次事故中也可看出黄州城商业贸易规模之大。商业活动的频繁，增强了黄州的知名度。

夏澳码头

四、风土人情

北宋黄州城的民风民情习俗与江淮之地大致相同，其典籍有载并引人注目之处有十。

淳朴友善。苏东坡在《书韩魏公黄州诗后》介绍："黄州山水清远，土风厚善，其民寡求而不争，其士静而文，朴而不陋。"

知尊爱贤。苏东坡对这一点颇有感受，所以在《书韩魏公黄州诗后》中津津乐道地赞扬黄州"虽闾巷小民，知尊爱贤者，曰：'吾州虽远小，然王元之、韩魏公尝辱居焉'，以夸于四方之人。元之自黄迁蕲州，没于蕲，然世之称元之者，必曰'黄州'，而黄人亦曰'吾元之也'。魏公去黄四十余年，而思之不忘，至以为诗。"

崇佛信道。黄州城的佛禅道教氛围浓郁，上至达官贵人，下至庶民百姓，崇佛信道者众，念经事佛，修炼悟道，布施祈福，成为人们精神生活的重要寄托。城内可考寺院有安国寺、定惠院、乾明寺、承天寺，可考道观有天庆观、神霄宫。

祭祖祀先。张文潜在《一百五歌》中展示了北宋黄州山民祭祖郊游的风俗画卷：

> 山民岁时事莽卤，犹知拜扫一百五。平明士女出城闉，黄土冈前列尊俎。
>
> 箬包粉饵蒸野蔬，富家烹羊贫荐鱼。日暮肩舆踏风雨，江乡人家无犊车。
>
> 插花饮酒山边市，醉后歌声动邻里。南人闻歌笑相寻，北人闻歌泪满襟。

在《寒食歌》里介绍了当时寒食清明祭祖情形：

> 东风芳草长，寒食春茫茫。人家掩门去，鸡犬自相将。
>
> 原头簇簇柳与花，行人往来长叹嗟。旧坟新冢累累是，裂钱浇酒何人家。
>
> 桑上鸣鸠唤山雨，雨脚萧萧山日暮。归来门巷正春寒，花底残红落无数。
>
> 北里悲啼夜未休，清弦脆管起南楼。古今歌笑何时尽，芳草白杨春复秋。
>
> 去年巧笑鞦韆女，今年嫁作东家妇。彩绳画柱似当年，只有朱颜不如故。
>
> 百人学仙无一成，麻姑不见但闻名。万斛春醪须痛饮，江边渔父笑人醒。

聚会高歌。山歌又称鸡鸣歌，北宋黄州人喜唱。苏轼在《书鸡鸣歌》中说："余来黄州，闻黄人二三日皆群聚讴歌，其词固不可分，而其音亦不中律吕，但宛转其声，往返高下，如鸡鸣耳。与庙堂中所闻鸡人传漏，微有相似，但极鄙野耳。"他在分析了汉晋"鸡鸣歌"渊源后指出："余今所闻，岂亦《鸡鸣》之遗声乎？土人谓之山歌云。"苏东坡的记载，使人们了解了宋代黄州山歌的特征。古代之歌词绝大多数配有固定之曲，苏轼深谙词律，他说黄人"不中律吕"，正说明他们唱的是自编的民歌。其特色是旋律宛转，多次重复，演唱时吐字与行腔基本分离，行腔部分用高音区演唱。这与明清之花鼓戏和黄梅采茶戏等的声腔特征颇相似，可见宋代黄州山歌上承汉晋鸡鸣歌遗韵，下启鄂东戏曲之先河。

春日踏青。黄州人有每年春天到郊外踏青郊游的习惯，苏东坡对这个习俗十分欣赏，每年正月二十日，他都要邀约朋友到黄州城郊寻春，并写诗记载。

水产丰盛。北宋黄州城滨江带湖，水产较多，苏东坡说："长江绕郭知鱼美，好竹连山觉笋香。"张文潜在《齐安春谣五绝》中称：

江上鱼肥春水生，江头花落草青青。

蒌蒿芽长芦笋大，问君底事爱南烹。

沿江居民耕渔并重，渔业生产兴旺，形成独特的鱼类加工技术，并销售江西等地。黄州官府因此设置鱼货出境税卡，获利甚丰。据张文潜在《明道杂志》中记载，黄州税卡每征二艘淡鱼船税，"则一日课利不忧"。

美酒佳酿。北宋时黄州生活饮品中最具名气的是黄州酒。王禹偁在黄州有"待其酒力醒，茶烟歇，送夕阳，迎素月，亦谪居之胜概也"的雅致。苏东坡在黄州有"日欲把盏为乐，殆不可一日无此君"的乐趣。张文潜在绍圣四年（1097）任黄州监酒务税，更是遍享黄州酒，三位文豪一致推崇黄州酒，说明黄州的确有"佳酿"。黄州酿酒以"压茅柴酒"名气最大，据清朝学者王文诰考证，此酒平和，不晕头，"饮之一热便过，剧熄如压茅柴"。因压茅柴酒质佳名大，全部为官府掌握，严禁私自酿制和销售，连苏东坡也难得一尝。他在《岐亭五首》中叹息："三年黄州城，饮酒但饮湿，我如更拣择，一醉岂易得，几思压茅柴，禁网日夜急。"张文潜在黄州尝过此酒后感慨道："黄州压茅柴酒可亚琼液，适有佳匠也。"

竹茅草屋。黄州民居多用竹茅为屋顶，用陶瓦者较少。

溺婴陋习。苏轼在《黄鄂之风》中记载："近闻黄州小民，贫者生子多不举，初生便于水盆中浸杀之"，并组织救婴活动，"俾立赏罚以变此风"。

五、黄州游记

受战争影响，南宋黄州城没有明显的发展和变化，城中名胜，以"东坡诸胜"为主调。南宋文学家陆游和范成大曾对"东坡诸胜"作了详细的记载，是难得的南宋黄州城实录。

陆游(1125—1210)，南宋杰出的文学家。他曾两次莅临黄州城，徜徉赤壁山水，追寻苏轼遗迹。其中，他完整记载了南宋乾道六年(1170)的黄州之行。这一年，朝廷任命他为夔州(今重庆奉节)通判，他于八月十八日至二十日船停黄州江岸，在黄州城内仔细瞻仰了心仪已久的苏轼居黄遗迹——"黄州东坡诸胜"，并在《入蜀记》中清晰记载了当时黄州赤壁一带的城镇样貌、名胜古迹和所见所闻。

十八日。食时方行，晴时至黄州。州最僻陋少事，杜牧之所谓"平生睡足处，云梦泽南州"。然自牧之、王元之出守，又东坡先生、张文潜谪居，遂为名邦，泊停临皋亭，东坡先生所尝寓，与秦少游书所谓"门外数步即大江"是也。烟波渺然，气象疏豁。见知州右朝奉郎直秘阁杨由义，通判右奉议郎陈绍复，州治陋甚，厅事仅可容数客，居差倅胜。晚移舟竹园步，盖临皋多风涛，不可夜泊也。黄州与樊口正相对，东坡所谓"武昌樊口幽绝处"也。汉昭烈用吴鲁子敬策，自当阳进驻鄂县之樊口，即此地也。

十九日。早，游东坡。自州门而东，冈垄高下，至东坡，则地势平旷开豁。东起一垄颇高，有屋三间，一龟头曰居士亭。亭下面南一堂，颇雄，四壁皆画雪，堂中有苏公像，乌帽紫裘，横按筇杖，是为雪堂。堂东大柳，传以为公手植。正南有桥，榜曰小桥，以"莫忘小桥流水"之句得名。其下初无渠涧，遇雨则有涓流耳。旧只片石布其上，近辄增广为木桥，覆以一屋，颇败人意。东一井曰暗井，取苏公诗中"走报暗井出"之句，泉寒熨齿，但不甚甘。又有四望亭，正与雪堂相值，在高阜上，览观江水，为一郡之最，亭名见苏公及张文潜集中。坡西竹林，古氏旧物，号南坡，今已残伐无几，坡亦不在古氏矣。出城五里，至安国寺，亦苏公所尝寓，兵火之余，无复遗迹，惟绕寺茂林啼鸟，似犹有当时气象也。郡集于栖霞楼，本太守闾丘孝终公显所作，苏公乐府云："小舟横截春江，卧看翠壁红楼起。"正谓此楼也。下临大江，烟树微茫，远山数点，亦佳处也。楼颇华洁，先是郡有庆瑞堂，谓一故相所生之地，后毁以新此楼。酒味殊恶，苏公斋汤蜜汁之戏不虚发。郡人何斯举诗亦云："终年饮恶酒，谁敢憎督邮。"然文潜乃极称黄州酒，以为自京师以外无过者，故其诗云："我初谪官时，帝问司酒神，曰此好饮徒，聊给酒养真。去国一千里，齐安酒最醇，失火而得雨，仰戴天公仁。"岂文潜谪黄时，适有佳匠乎？循小径绕州宅之后，至竹楼，规模甚陋，不知当王元之时，亦只此耶？楼下稍东，即赤壁矶，亦茅冈尔，略无草木。故韩子苍待制诗云："岂有危巢与栖鹘，亦无陈迹但飞鸿。"此矶《图经》及传者皆以为周公瑾败曹操之地，然江上多此名，不可考质。李太白《赤壁歌》云："烈火张天照云海，周瑜于此败曹公。"不指言在黄州。苏公尤疑之，赋云："此非曹孟德之困于周郎者乎？"乐府云："故垒西边，人道是当日周郎赤壁。"盖一字不轻下如此。至韩子苍云"此地能令阿瞒走"，则真指为公瑾之赤壁矣。又黄人实谓赤壁曰赤鼻，尤可疑也。晚复移舟菜园步，又远竹园三四里。盖黄州临大江，了无港澳可泊。或云旧有澳，郡官厌过客，故塞之。

二十日。晓，离黄州。江平无风，挽船正自赤壁矶下过。多奇石，五色错杂，粲然可爱，东坡先生怪石供是也。挽行十四五里，江面始稍狭。隔江冈阜延袤，竹树葱倩，渔家相映，幽邃可爱。复出大江，过三江口，极望无际。泊戚矶港。

南宋孝宗淳熙四年（1177），著名文学家范成大在四川安抚制置使兼知成都府任上，奉旨回朝廷述职，乘船东下，八月二十三日，途经黄州城，他停船进城，游历赤壁，并在日记《吴船录》中记述了这段旅程。

庚寅（二十三日）。发三江口，辰时过赤壁，泊黄州临皋亭下。赤壁，小赤土山也，未见所谓"乱石穿空"及"蒙茸巉岩"之境，东坡词赋微夸焉。郡将招集东坡雪堂，郡东山垄重复中有平地，四向皆有小冈环之，东坡卜居时，是亦有取于风水之说。前守鸠材欲作设厅，已而辍作雪堂，故稍宏壮。堂东上屋榜曰东坡，堂前桥亭曰小桥，皆后人旁缘命之。对面高坡上新作小亭曰高寒，姑取水调中语，非当时故实，然此亭正对东岸武昌数峰，亦登览不凡处。晚过竹楼，郡治后赤壁山上方丈一间耳。转至栖霞楼，面势正对落日，晖景既堕，晴霞亘天末，并染川流，釅黄酽紫，照映上下，盖日日如此，命名有旨也。楼之规制甚工，问其人，则曰故相秦申王生于临皋舟中，黄人作庆瑞堂于其处，近年撤而作栖霞云。黄冈岸下素号不可泊舟，行旅患之，余舟亦移泊一湾渚中。盖江为赤壁一矶所擪，流转甚驶，水纹有晕，散乱开合，全如三峡。郡议欲开澳以归宿客舟，未决。

辛卯（二十四日）。发黄州。四十里过巴河，水清澈，自北岸入浊流，如汉口。

第四节　黄州安国寺出土的宋代瓷片

黄州安国寺，建造于唐高宗李治显庆三年(658)，已有1300多年的历史，现址位于黄州区西湖一路与宝塔大道的交会处，自唐代以来，享誉江淮大地，与古城黄州相映生辉。

北宋年间原名护国寺，宋仁宗诏改护国寺为"安国泰平讲寺"，并赐玉印"敕赐唐代祖庭安国禅林之宝"，安国寺由此得名。

一、北宋名相韩琦读书处

韩琦(1008—1075)，字稚圭，自号赣叟，河南安阳人，北宋政治家、名将。

北宋天圣年间(1023—1031)，韩琦之兄韩琚任黄州知州，将黄州治理得井井有条。韩琦云："余兄天圣中，尝任齐安守。兄才无不宜，吏治敦可偶。"韩琦因父母去世，家中无法安身，便由安阳来黄州投靠兄长。韩琚就在安国寺寻一安静之处，让他闭门苦读诗书，以图日后宏图大展。

韩琦在安国寺中"白昼青灯，风雨无怠"，勤奋读书，苦读之余，也遍览黄州山水名胜，在游览黄州四大名楼之一的涵晖楼后，欣然写道："临江三四楼，次第压城首。山光拂轩楹，波景撼窗牖。原鹊款集中，万景皆吾有。"

黄州安国寺读书的经历，使韩琦成为才华横溢的饱学之士，治国韬略，尽悉心中。天圣五年(1027)，韩琦弱冠之年考中进士，名列第二，授将做监丞、通判淄州(今属山东)。

韩琦的一生功勋卓著，他相三朝、立二帝，相继辅佐宋仁宗、宋英宗和宋神宗三位皇帝，扶立宋英宗和宋神宗两位皇帝，为北宋中期的最高权力平稳过渡起到了重要的作用；他在20岁弱冠之年通过科举，考中榜眼，走上仕途，相继在山东、河南、江苏、陕西、河北等地为官，为官一任，造福一方，是深受百姓爱戴的一代名臣；值得一提的是，他曾经在北宋中央政府担任宰相10年，在担任宰相期间，调处两宫，协调了宋英宗和曹太后之间的关系，稳定了北宋朝廷的政治局面，展现了高超的政治智慧；在保卫国家主权和领土完整这一国家核心利益面前，他以文臣身份大力进行兵制改革，举荐北宋著名文臣范仲淹领兵，并和范仲淹一起抵御西夏，促进了中原农耕文明的稳定和发展；面对北宋积贫积弱的局面，由他倡导，并揭开了"庆历新政"的政治改革，他和范仲淹、富弼、欧阳修等著名文臣一起推动北宋王朝政治革新，为推动中国历史发展做出了卓越的贡献。

韩琦的著作有《二府忠论》5卷、《谏垣存稿》3卷、《陕西奏议》50卷、《北奏议》30卷、《杂奏议》30卷、《安阳集》50卷及《家传集》等。

二、湖田窑和吉州窑的产品

黄州安国寺位于黄州城南长江之滨的宝塔公园内。2001年，当地政府开始有计划地扩建，新工程占地81.6亩，建设有大雄宝殿、天王殿、观音殿等。

2002年大雄宝殿的地基开挖，在施工过程中，发掘出大量宋代碎瓷片，主要是景德镇湖田窑的产品，以碗类为主；黑釉瓷片，以茶盏为主。

从出土的残片判断主要窑口是宋代湖田窑和吉州窑。

(一)景德镇湖田窑

湖田窑位于景德镇市东南湖田村。创烧于五代，至宋代成为青瓷的主要产地，产品居于景德镇诸窑之冠。五代时烧造青瓷和白瓷，青瓷胎色青灰，白瓷洁白，产品以盘、碗为主。

宋代湖田窑装饰方法有刻花、划花、印花、雕花。划花始于北宋早期，南宋早期最为流行。划花青白瓷，一般采用一边深、一边浅的所谓"半刀泥"的刻花法，刻画的线条有深有浅，有宽有窄，参差不齐，变化多端。瓷器在烧造时，刻纹深处积釉厚而呈绿色，浅处为白与青绿之间的中间色。

北宋中晚期是湖田窑的鼎盛繁荣期。制瓷工艺炉火纯青，青白瓷器物品空前增多，造型丰富多彩，出现大量陈设瓷、人物雕塑瓷等新器型，装饰手法多样，制作规整，精工雕作，胎体洁白细腻，有些胎薄如蛋壳，几可透光，瓷化程度高，胎釉结合良好，少脱釉及冰裂开片现象。釉色纯正的青白瓷，晶莹剔透，滋润可人，获得"饶玉"之美称。除主烧青白瓷外，湖田窑还兼烧少量青瓷、白瓷、黑釉瓷等。

（二）吉州窑

吉州窑在今江西省吉安永和镇，吉安在唐宋时称吉州，故名吉州窑，也称永和窑，是中国古代江南地区著名的民间瓷窑，始于晚唐，发展于北宋，极盛于南宋，元以后逐渐衰落。其窑址分布于今江西省吉安县永和镇为中心的赣江两岸，主窑场有彭家窑、永和窑、临江窑等。

该窑的产品种类繁多，有建窑的黑釉瓷，有定窑的白釉瓷，有景德镇的青白釉瓷，有仿"哥窑"的百圾碎瓷，还有磁州窑的白地黑花釉瓷等，虽是五花八门，但各有特色。在这些产品中以黑釉瓷独具风格。

宋代，随着经济的大发展，包括书法、绘画在内的文化艺术随之迅速发展，涌现出众多有一定文化水平的民间艺人，极大地丰富了社会文化市场，加之宋代几位皇帝对书画艺术的推崇，更使社会文化氛围浓厚。吉州窑的工匠们在磁州窑白地黑绘技法的启发下，吸收了深受人们喜爱的传统水墨画和书法艺术的技法，创造了具有水墨画风格的彩绘瓷画艺术，与磁州窑一起开启了我国瓷器彩绘装饰的新纪元。这种彩绘瓷，黑褐色的图案装饰在米黄色的瓷胎上，黑白分明，对比强烈，突出了作品神形兼备的神韵，深化了吉祥如意的主题，体现出清新雅致、富于情趣的艺术风格，给人以美的感受。

第二章　苏轼来黄州

元丰二年(1079)，"乌台诗案"案发，苏轼七月二十八日被逮捕，在狱中被关押了 130 天，每一天对于苏轼而言都是煎熬。

十二月二十九日，圣谕下发，宋神宗对苏轼从轻发落，免去死罪，贬其为黄州团练副使，不准擅离黄州，弟弟苏辙被贬到江西，好友王巩被流放广东。轰动一时的"乌台诗案"就此了结。

1080 年正月初一，早晨，刚从御史台监狱放出来两天的苏轼，在两位差役的押解之下，由儿子苏迈陪伴，离开满城沉浸在春节喜庆氛围中的开封，押解前往被贬的黄州。此时，身后京城里千家万户此起彼伏的爆竹声，与刚刚死里逃生的诗人惊魂未定的惶恐心情，形成鲜明对照。在阴沉的天空下，4 个人走出京城的城门时，谁也没说话；离开喧嚣的都城很远了，苏轼胸中有无限感慨，却连回头看一眼宫殿巍峨的心情都没有。

隆冬时节，去往黄州的路上，窗外潇潇的雨声已成了漫天飘零的飞雪。

北宋时期的黄州，即将要慷慨收留苏轼的黄州，还是一片萧索之地，荒凉的黄州与外界陆路连接的是一条古老破败的老驿道。

二月初一，历经 1 个月的颠簸，苏轼终于由开封一路风尘、失魂落魄地到达了黄州。

第一节　为什么是黄州

介绍苏轼一生时总是绕不开乌台诗案，这是他命运的转折点，一夜之间从风头正劲的才子佳人成为仕途失意的落魄犯人，那么乌台诗案到底是怎么回事，为什么苏轼受伤最深？乌台诗案，这场针对苏轼的"文字狱"背后到底是哪股势力在兴风作浪？

一、乌台诗案

（一）乌台诗案的经过

元丰二年（1079）四月，苏轼调任湖州知州。这一天他接到弟弟苏辙信件，内容让他大吃一惊："兄长已被小人陷害，朝廷钦差马上就会来押你进京，兄长要作好准备，不过请兄长放心，我们一定会尽全力营救你。"

苏轼顿感茫然，熙宁二年（1069）王安石推行新法，自己上书呈奏变法诸多弊端，引来改革派的不快，便自请出京任职，至今已有 8 年。在这 8 年间，自己在杭州、密州、徐州政绩斐然，也未曾参与朝堂之上的党争，况且此时王安石已经下野，到底是何人与自己为难？

苏轼被押解开封后，被关进御史台监狱。因为御史台外柏树上经常栖息着大量乌鸦，乌黑一片，时人便将御史台称为乌台，经过一通审讯后，苏轼算是明白了，自己遭到了小人暗算。

问题出在他上任湖州知州时写的《湖州谢上表》，这是官员调任后的例行公文。在这份谢表中，苏轼也不能免俗地对宋神宗歌功颂德，谦虚地表示自己毫无政绩，能到湖州做官都是宋神宗的恩德等，在谢表的末尾，苏轼来了一句：陛下知其愚不适时，难以追陪新进；察其老不生事，或能牧养小民。

这是苏轼自谦，说宋神宗知道我愚昧不堪，无法与时俱进，难以和变法派共事，又知道我为人随和不爱生事，因此把我外派做了地方官。然而监察御史何正臣跳出来说苏轼这句话中"老不生事"是在暗讽变法派生事，暗讽支持变法的宋神宗无事生非，这是保守派死灰复燃，抨击新政！

何正臣的挑拨点燃了变法派御史们的"激情"，御史舒亶为此"潜心钻研"苏轼作品 4 个月，希望能找出苏轼更多罪证，"功夫不负有心人"，他带着"成果"和御史中丞李定、国子博士李宜之联名上奏宋神宗，希望宋神宗给苏轼治罪。

"赢得儿童语音好，一年强半在城中"，讽刺青苗法执行不力，官吏一边强迫百姓借钱，一边从百姓口袋中掏钱。

"读书万卷不读律，致君尧舜知无术"，讽刺变法派培养的官员只知律法，不知儒家道义，难以辅佐明君。

"东海若知明主意，应教斥卤变桑田"，讽刺变法派兴修水利，劳民伤财。

"岂是闻韶解忘味，尔来三月食无盐"，讽刺变法派推行盐业官营导致民众无盐可吃。

"生而盲者不识日"，讽刺儒生不知儒学，只知王安石的《三经新义》。

苏轼任职多个地方，对变法结果还是有怨言的。随着审判进一步深入，不仅仅是苏轼本人，与苏轼相关的司马光、黄庭坚、王诜以及弟弟苏辙等人也牵扯在内。

（二）对苏轼的审判

宋神宗看了这些罪状，决定对苏轼正式立案调查。

乌台诗案这个词很容易让人误解，认为从批捕、审讯、关押、定罪直到量刑全是御史台一手操办的，这就太小看宋代的法律文明了。御史台只负责到审讯为止，就连审讯也不是御史台独立完成的，皇帝还会从其他机构抽调人手，和御史台官员联合审讯，称为杂治，后面还有一系列的制衡措施，以避免冤假错案的发生。

所以我们在乌台诗案里看到，虽然御史台的几位官员咬牙切齿想治苏轼的罪，想要牵连更多的旧党人士，但御史台并不能一手遮天，尤其是定罪量刑的事情并不归御史台管，定罪归大理寺负责。

大理寺从苏轼的供状里总结出三条罪名，大体上说，一是与皇亲国戚王诜有不正当的钱物往来。二是受审期间不肯老实交代问题。三是诽谤朝政。罪名定好了，就有相应的量刑，这三条看起来都挺重的，但是，其实没那么严重，原因有三个：

第一，宋代量刑不搞累加，如果犯人有两项罪名，各判 80 大板和 100 大板，那么并不会合计打 180 大板，而是只罚最重的罪名，只打 100 大板。二是杖刑和徒刑都可以用铜来抵罪，铜是硬通货。三是官当制度，犯罪的官员可以拿自己的官职抵罪。所以七折八扣下来，苏轼只要降职来抵消相应徒刑就可以了。

更好的消息是，因为宋仁宗皇后去世的缘故，朝廷照例举行大赦，苏轼连降职都不必了。御史台当然不能满意，他们辛辛苦苦从检举到拘捕再到审讯，忙活了一场，难道眼睁睁看着苏轼安然无恙地回去？

最终，宋神宗为乌台诗案给出裁决，圣旨原文是：苏轼依断，特责授检校水部员外郎，充黄州团练副使，本州安置。

所谓"依断"，就是认可大理寺和审刑院的意见，但重要的是后面这个"特责"，是皇帝对苏轼加以特责，意味着宋神宗虽然认可大理寺和审刑院从法律层面的判决，但自己觉得不能就这样轻饶了苏轼，必须贬他的官，扣他的钱，让他"流放"到黄州。

御史台不干了，自己一帮人千辛万苦挖出这么一大瓜，是打击保守派最好的机会，怎么能这样轻飘飘地放过苏轼呢。御史中丞李定直接上奏宋神宗，要求对苏轼"特行废绝"，直言苏轼抨击新政居心叵测，"所怀如此，顾可置而不诛乎"，要求宋神宗杀了苏轼，否则难以震慑保守派！宋神宗为难了，一时不知如何是好，好在吉人自有天相，这时苏轼的后援团发力了，这当中作用最大的是王安石、章惇和曹太后。

王安石听到御史台要杀苏轼，在南京赋闲的他立即给宋神宗上书，劝宋神宗千万不能杀苏轼，安有盛世而杀才士乎？一旦杀了苏轼，您老在史书上的盛名就全没了呀。很显然这句话宋神宗听进去了。想当初王安石变法时，苏轼出言讽刺，现在苏轼有难，王安石不计前嫌出言相救，也许这就是那时的君子之风吧。

章惇和苏轼是同年进士，两人本是好友，后因为变法一事走到对立面，按理说宋神宗杀了苏轼，对保守派是一次极大的震慑，对变法派的士气是一次大提振，对章惇非常有利，但是他还是在宋神宗面前据理力争，为苏轼求情。变法死对头都为苏轼求情，神宗一时犯难。

曹太后是宋仁宗的皇后，按辈分是宋神宗的祖母。她是苏轼的"迷妹"。她告诉宋神宗，当年宋仁宗在世时，常常以苏轼、苏辙兄弟俩在本朝入仕感到欣慰，认为这是为后世子孙找到了两位贤相。现在苏轼因为写了几首诗被关进监狱，一定是仇家恶意中伤，你一定要明察秋毫，切莫因此伤害中正和平之气。此时曹太后已经病入膏肓，所言恳切，宋神宗只得答应。

最终审刑院复审宣判，同意大理寺判定，驳回御史台上奏，同时为了表示对苏轼的惩戒，依宋神宗指示将苏轼贬为黄州团练副使。

乌台诗案到此结束，我们不禁要问，御史台为什么要掀起这场"文字狱"，为什么受伤的是苏轼？

(三)背后的党争

熙宁二年(1069)，王安石推行变法，因为触及了太多人的利益，在朝野之中掀起了变法派和保守派的党争，在宋神宗的支持下，变法派占据上风，保守派代表人物司马光、苏轼、范纯仁等先后离开政治中心，吕惠卿、章惇、蔡确、李定等人得到重用。

王安石变法的出发点是富国强兵，可是因为太多实际情况没考虑到，加上用人不当，新法推行出了很大偏差，搞得朝野沸腾。熙宁七年(1074)，保守派以天灾为由，陈述新法之过，绘制流民图献给宋神宗，暗指百姓因新法而流离失所，宋神宗听到民众的呼声，再也扛不住压力了，只得革除王安石职务。

王安石举荐变法派二号人物吕惠卿接任推行变法，然而吕惠卿却想自立门户，他担心有一天王安石会回朝夺走自己的权势，因此处心积虑搞垮王安石，不过宋神宗还是更信任王安石，次年便召其回朝，主导新法，吕惠卿被贬。

吕惠卿的背叛造成了变法派内部的分裂。

王安石回到开封后，发现自己与宋神宗的观点差异越来越大，宋神宗对新法的支持也不像之前那样坚决，而且经过吕惠卿折腾，变法派内部出现分裂，不再以推行新法为主要目的，反而演变成权力的争斗，恰巧长子突然病故，让王安石瞬间感到心力交瘁，一年后他辞去宰相之职，到江宁赋闲。

王安石、吕惠卿两位主将离去，让变法派失去了主心骨，宋神宗以吴充为宰相，虽然他也算变法派，还是王安石的儿女亲家，但政治立场偏中立，无法扛起改革的大旗；副相王珪是个"三旨相公"，即上殿取圣旨，宋神宗签批后领圣旨，下朝后给具体执行的人，叫传圣旨，整个流程没有自己的主见，就是个传声筒。

正相、副相虽然都是变法派，但都无法扛起变法派大旗，这和宋神宗越来越激进的变法意图发生了严重冲突，若无法满足宋神宗的意愿，变法派失宠只在朝夕，因此李定、舒亶等人急了，他们必须发动一轮对保守派的打击，阻止保守派回朝夺权。

打击保守派，最好的人选当然是司马光，然而他老老实实在洛阳编书，找来找去没有什么突破口，倒是苏轼写的《湖州谢上表》让他们找到一点机会，这时沈括把之前整理的苏轼诗词中抨击时政的内容交给了舒亶等人，沈括就是那个写《梦溪笔谈》的沈梦溪，舒亶得到"证据"如获至宝，加上苏轼名声很大，很多人奉他为保守派智囊，如果能拿下他必定会重创保守派，于是针对苏轼的乌台诗案就应运而生。所幸苏轼虽然因此受贬，但并未丢掉性命。

二、被贬黄州

如果问：为什么苏轼被贬到黄州？大家都会说出标准答案是因为"乌

台诗案"。

我们可以换一个角度来看，他为什么被贬黄州，1079 年的黄州在朝廷官员心中是什么样子？

从黄州的角度来分析一下，选择把苏轼贬到黄州，我认为主要原因有三：

第一，用贫困来拖垮他。黄州是穷乡僻壤、经济落后的荒野蛮夷之地。

第二，从思想上整垮他。在京都(开封)官员的心中，均认为黄州是全国最差的地方，这个地方能把文人折腾到死。咸平四年(1001)，王禹偁从黄州到蕲州上任，一个月后就死了，时年48岁。王禹偁与苏轼有很多相似的地方，如此推算，估计苏轼不能活着走出黄州。

此时，不得不说一下王禹偁这个人。

世人皆知，黄州成就了苏轼的人生巅峰，也知道苏轼成就了黄州的逆天故事，东坡之后再无东坡。而东坡之前，有一个人，足以令黄州铭记，东坡之后，他依然足以被黄州铭记。

这个人，便是宋初白体诗人、散文家、史学家王禹偁，山东菏泽人，比苏轼早82年来到黄州，宋真宗咸平元年(998)因言开罪当朝宰相，被贬到黄州，被后世称"王黄州"。与同样被贬到过黄州的杜牧、苏轼相比，他没有京兆宰府的显赫家世，没有一门父子三词客的门第荣耀，但只有他，被冠以"黄州"之称。

北宋时期隐逸高士林逋(976—1028)说："方达有唐惟乐天，纵横吾宋是黄州。"在林逋心中，能够"纵横吾宋"的这位"黄州"，就是王禹偁。

王禹偁和苏轼一样，也是满腹才华，胸怀天下，有着和苏轼一样的脾气，经常是直言讽谏。988年，刚刚成为一名京官，他就大出风头，上《端拱箴》，规讽太宗皇帝。在他为官的18年中，三起三落，在地方历2县6州。不知苏轼是否受到了这位前辈的影响，在其所撰《王元之画像赞并序》，称他"以雄风直道独立当世"，"耿然如秋霜夏日，不可狎玩"。可见，被贬到黄州的苏轼，当时对这位前辈是相当认可的。

在黄州知州任上，王禹偁于城西北修建了小竹楼，并写下了那篇脍炙人口的《黄州新建小竹楼记》："夏宜急雨，有瀑布声；冬宜密雪，有碎玉声；宜鼓琴，琴调虚扬；宜咏诗，诗韵清绝；宜围棋，子声丁丁然；宜投壶，矢声铮铮然。"

1001 年，王禹偁因为黄州境内出现异事，于是自己陈述过错，请求惩治。皇帝派人来安慰他，并为其作法占卜，听说"守土者当其咎"，又把他调到上等州的蕲州。王禹偁上表谢恩，有"宣室鬼神之问，不望生还；茂陵封禅之书，止期身后"之语，果然，不到一个月，才 48 岁的王禹偁就去世了。

第三，借刀杀人对付他。苏轼曾写文章侮辱过陈季常的父亲，陈季常一定会把苏轼当做仇人，苏轼到黄州后自然就不会有好日子过。

下面，说一说苏轼与陈季常父亲的恩怨。

1061 年的冬天，苏轼带着夫人王弗和不满 3 岁的儿子，由河南入陕，前往凤翔出任签书判官。这一年，苏轼 24 岁。4 年前，他以殿试二等的成绩被钦点为进士，声名鹊起，初入政坛。制科考试后，苏轼被朝廷任命为大理评事、签书凤翔府判官。这个职务，掌管五曹(兵、吏、刑、水、工)文书，相当于市政府的秘书长。

苏轼却遇到一位"难缠"的顶头上司——军人出身的凤翔太守陈希亮，陈季常的父亲。

因苏轼曾在名为"贤良方正能直言极谏科"的制科考试中崭露头角，凤翔府一位差役尊称他为"苏贤良"，这让陈希亮非常生气。"一个小小的判官有什么贤良的?"他打了这位差役几板子，让苏轼十分难堪。

尤其让苏轼感到痛苦的是，当时他自认为才华名动京师，可他撰写的公文，陈希亮却要处处刁难，一再要求删改甚至打回重写，即便是苏轼登门拜见陈希亮，这位太守仍摆足架势，久久不出面接见。

两人不和，似乎已成路人皆知的秘密。陈希亮甚至上奏章弹劾苏轼，告他不服从命令。

其实，陈希亮也是眉州人，论辈分，他要比苏轼的父亲还长一辈。一次，陈希亮修建了一座高台，就安排苏轼写一篇纪念性的文章，并镌刻到石碑上予以纪念。

终究是年轻气盛、社会阅历不足，苏轼借着这个机会，用一篇《凌虚台记》含沙射影地讥讽陈希亮狂妄自大："夫台犹不足恃以长久，而况于人事之得丧，忽往而忽来者欤！"大致意思是说，一座高台尚且不足以长久依靠，更何况人世间的得失，本就来去匆匆。

陈希亮自然明白苏轼的言外之意。可是，他非但没生气，反而将这篇文章一字不改地镌刻到石碑镶嵌到凌虚台上。

这件事一下子就传开了，人们都知道，陈季常父亲不喜欢苏轼，苏轼写文章讽刺陈季常父亲，与陈家结下了仇恨，此时的陈季常在湖北麻城隐居，人人都认为苏轼到黄州不会有好日子过，可造化弄人，陈季常最终与苏轼成了好友，成为苏轼的"死忠粉"。

三、黄州的辖区范围

宋初承袭唐制，在比较重要的城市设州。北宋初，设州297个。神宗熙宁八年（1075），减为242个。

州下设县、镇、寨。县是宋朝在府、州、军、监之下设置的一级行政机构，是地方行政区划两级建制中最基层的一级。县以下，在居民稠密和工商业稍为发达或地形险要之地设置镇、寨。

北宋元丰年间，黄州属淮南西路，为下等州，辖黄冈、麻城、黄陂三县。其中，黄冈县为望县，有十乡及齐安、久长、灵山、团风、沙湖、龙陂等七镇；麻城县为中县，有四乡及岐亭、故县、白沙、永泰、桑林、永宁六镇；黄陂县为上县，有四乡及城关镇。

四、苏轼是个怎样的人

（一）苏轼、苏辙名字的由来

关于苏轼、苏辙名字的由来，这就不得不说到他们的父亲——苏洵，这位 27 岁才开始发奋读书的人。很多家长到了苏洵这个年纪，都会把自己未完成的心愿强加在孩子身上，但苏洵不太一样，一方面，他并没有完全放弃自己，认真读书写文章，把自己活成表率，另一方面不对孩子作过高的要求，这事通过取名便能看出这位老父亲的良苦用心。

苏轼的"轼"和苏辙的"辙，都是车字旁，本义都和车有关。

轼是车上的一个部件：人站在车厢上，面向前方，手扶的横杆就是轼。苏洵说，车轮、辐条、车轴等都是重要的车身部件，功能意义很强，只有轼好像什么用处都没有，但一辆车如果没有轼，也就不是一辆完整的车了。

辙是车辙，车跑起来都会留下车辙，车辙对于车子不起任何作用，但是，即便车翻了，马死了，车辙永远安然无恙。

翻译过来，就是你俩要"享受人生，平安幸福"。

恐怕家长会觉得督促孩子读书很重要，苏洵为啥话里话外让孩子泄气？很简单，如果家长不学习，孩子很难喜欢上学习这件事，因为家庭教育身教大于言传。苏洵整天闭门读书思考，也不完全是为了科举考试，苏轼和苏辙就是在这种学习环境下耳濡目染长大的。

读书一旦摆脱了功利性，眼界就会开阔，偏见就会弱化，理解也会更加深刻。苏家父子博览群书，今天我们读"三苏"的文章，会发现他们的风格非常接近，苏轼的某些新奇观点往往能在苏洵的文章里找到呼应点。

（二）北宋文科状元，历史最高分

苏轼是宋仁宗嘉祐二年（1057）春天在东京参加的"高考"，这一年的

"高考"可以说是北宋乃至中国千年科举史上最为星光璀璨的一次：

主考官就是当时的文坛领袖、翰林学士欧阳修，考官中还有被誉为宋诗"开山祖师"的著名诗人梅尧臣。

上榜的考生中，既有位列"唐宋八大家"的苏轼、苏辙、曾巩，也有名列北宋"理学五子"的张载、程颢，还有后来在变法运动中官至宰辅的新党领袖吕惠卿、曾布，堪称史上最牛龙虎榜。

苏轼正是在这次考试中一举成名天下知。不过，他在这次"高考"中，却因为一个误会而受了些委屈。

当时参加阅卷的梅尧臣看到苏轼所写的考场作文《刑赏忠厚之至论》后惊喜不已，要求主考官欧阳修将其列为第一。

欧阳修看了文章之后，也觉得文章极好，但又怀疑这么好的文章，会不会是自己的学生曾巩写的呢？

为了避免招人闲话，欧阳修决定将其列为第二名。就这样，苏轼因为欧阳修的"误会"而屈居第二。

不过对苏轼来说，进士考试仅仅是牛刀小试，真正展现其考神实力的，还是他参加嘉祐六年（1061）举行的制科考试。

与定期举行的进士考试这种常科不同，制科考试是为选拔优秀人才而临时下诏举行的特别考试。

这种特别考试首先需要应试者提交策、论 50 篇，经过层层审核后参加阁试，要写 6 篇 3000 字以上论文；通过阁试者，再参加由皇帝亲自主持的御试。

据说参加阁试的人都来不及打草稿，而苏轼却能先打草稿而后修订交卷，而且写得异常精彩。

最后苏轼在这次考试中被评定为第三等。你可能会觉得才第三等，一般般嘛！

其实，第三等就是最高等级了。因为制科考试成绩分五等，第一、二等只是虚设，从来没有人考到过，整个北宋一百六十七年，也只有四个人考到第三等。

当时苏轼的弟弟苏辙也参加了这次考试，被评定为第四等。

据说，宋仁宗看到苏轼兄弟的考卷后，非常兴奋，高兴地说："我为子孙选了两位宰相之才啊！"

这场考试相当繁琐，考生先要提交一大堆的论文，然后才是正式考试，考试面对的是洋洋洒洒好几百字的题目，提出的问题几十个，几乎涵盖了时政的所有方面，这可不是皓首穷经的书呆子能应付得了的，写作技巧也派不上多大的用场。

苏轼的回答中，最有意思的是一个边疆对策，问题是：现在边境很安定，但军队还是撤不回来，这是为什么呢，又该怎么办呢？

苏轼先从剖析题目入手，说所谓边境安定，其实只是假象。我们知道当时北宋的版图不大，东北有辽国，西北有西夏。在苏轼看来，辽国和西夏类似以前的匈奴，那么，历史上是怎么解决匈奴威胁的，最值得时人参考的，即要想制服匈奴，必须先通西域。

北宋要想打通到西域的通道，似乎做不到，因为灵州（宁夏灵武）一地，早已经被西夏占领了，而宋朝的军队又战斗力低下，取胜把握不大。

苏轼想出来一条奇谋：第一步要做的，是让秦地（陕西省）独立。苏轼认为，陕西独立之后，陕西人自己会去和灵州的西夏人打，宋朝不必干预。从此陕西是陕西，宋朝是宋朝，各过各的日子。

陕西变成了战国时代的秦国，这对于宋朝来说，能得到战国格局的全部好处，还能避免战国乱世的害处，灵州的西夏人肯定打不过独立之后的陕西人。灵州人肯定熬不住，等他们熬不住的时候，就一定会归顺我们宋朝，这样一来，就可以考虑下一步通西域的计划了。

陕西人的战术可以非常简单，集中壮劳力在边境屯田。屯田是以耕养战、自给自足的好办法，屯田的壮劳力拿起锄头是农民，放下锄头，拿起弓箭，就变成了士兵。这样一来，就避免了"以不生不息之财，养不耕不战之兵"的困境。这个认识，在他以后治理边境城市河北定州的时候，用上了。

苏轼这个办法无论是高明还是愚蠢，至少在今天看来足够惊人，更惊人的是，这样的言论非但没有被北宋朝廷治罪，反而给苏轼赢来了前所未有的高分。

(三) 苏轼的相貌

自北宋开始，历朝历代均有艺术家为苏轼画像、造像，但画像各异，苏轼到底长什么样？

作为苏轼同时期挚友的李公麟，苏轼与其亲密交往长达20年，因此，李公麟创作的《扶杖醉坐图》于情于理算是还原了苏轼的真实面貌，该作品也被苏轼以及苏轼的学生黄庭坚评价为最像苏轼本人的画像，如黄庭坚所言："庐州李伯时近作子瞻按藤杖，坐盘石，极似其醉时意态。此纸妙天下，可乞伯时作一子瞻像，吾辈会聚时，开置席上，如见其人，亦一佳事。"所以，李公麟所作的这幅苏东坡像也成为其后图绘苏东坡形象的图像底本。

结合李公麟所创作的《扶杖醉坐图》以及历史上记录苏东坡形象的文献资料，可以完整地还原苏轼的基本外貌特征。

第一，脸型长阔、高颧骨。米芾在《苏东坡挽诗五首》中写道：方瞳正碧貌如圭。圭是古代帝王或诸侯手持的一种玉制礼器，造型为长条形，上尖下方，可见东坡脸长。东坡本人写有《传神记》，谈及自己相貌：吾尝于灯下顾自见颊影，使人就壁模之，不作眉目，见者皆失笑，知其为吾也。目与颧颊似，余无不似者。可见，东坡长相是有特色的，映照在墙壁上，从影子也能认出是他来。从这段文字描写可以看出，他的颧骨比较高。

第二，双目明亮、眉毛细长。与苏轼同时代的米芾和孔仲武都见过东坡，他们都有诗写过东坡相貌。孔武仲《谒苏子瞻因寄》一诗"华严长者貌古奇，紫瞳奕奕双眉垂"，以及北宋米芾在《苏东坡挽诗五首》(其一) 中描述的"方瞳正碧貌如圭"，说明苏轼眼睛不大，眉毛不浓，相貌清秀。

　　第三，胡须稀疏。这记录在苏轼与学生秦观的闲谈中，宋人邵博在《邵氏闻见后录》卷三十中记载了一则故事，秦观与苏轼两人在一起闲谈，苏轼取笑秦观胡须太多，秦观反问老师："君子多乎哉!"苏轼则打趣地回答说："小人樊须也!"由此可知，苏轼胡须确实并不茂密，只有少许胡须，这在李公麟所绘《扶杖醉坐图》中有所体现。

黄州苏东坡纪念馆苏东坡像

　　第四，身材修长。苏东坡个子高这点，可视为外甥随舅。他在给表弟的诗中就写道：长身自昔传甥舅。他和弟弟苏辙个子都很高，苏辙的诗中写道：颀然仲与叔，就是说自己和苏轼个子都很高。在杭州时，苏轼还作诗给弟弟，戏说学舍太矮，苏辙个子太高，以至于伸个懒腰都能碰到屋顶，"常时低头诵经史，忽然欠伸屋打头"。孔武仲在一篇赋中写道："东坡居士壮长多难，而处乎江湖之滨……颀然八尺，皆知其为异人。"

宋元时期的八尺折合现在两米有余，虽然可能有夸张，但无疑身材高大，在178~182厘米之间，再配以苏轼长阔脸、高颧骨的长相，在古代真可谓"异人"长相了。

（四）苏轼反对科举改革

王安石的科举改革方案看起来合情合理，而且操作难度不大，主要内容就是取消诗赋考试，只考经义和策论。

表层原因很好理解，写诗的才能不同于从政的才能，李白和杜甫都不是做官的料，所以考试的内容不如更加务实一点。

深层原因是，王安石面对的改革阻力实在太大，所以他才认为有必要亲自编写儒家经典的注释版，天下人只要想考试做官，就必须认真学习王安石思想。

王安石的科举改革方案，连反对派的精神领袖司马光都表示赞同，偏偏苏轼提出了反对意见。他所表达的那些深刻见解，即便拿到今天来看，也能给我们一点启发。

苏轼认为，追求实用没错，就文字的角度讲，策论比诗歌有用，但是，就执政的角度讲，策论和诗歌同样没用。他认为，考试能力和行政能力是两回事，所以考试到底考什么科目并不重要，既然不重要，当然也就没必要更改，否则只会平白兴起许多波折。

设置科举的首要目的是安定人心，给天下人一个向上的通道，让那些有上进心的人可以把精力消磨在这里，免得生事，次要目的才是选拔人才。通道需要一个门槛，而这个门槛无论怎么设置，目的就是暂时阻拦一些人。至于拦住的是哪些人，放进来的又是哪些人，其实并不很重要。当跨进来的人获得了行政岗位之后，才是真正判断其工作能力的时候，才是可以选拔人才的时候。

（五）苏轼更早发现了黄宗羲定律

历史学界命名过一个"黄宗羲定律"，这项定律的大意是：封建朝廷总有加税的倾向，在常规税收之外不断巧立名目，征收各种税费。拿来命名这个定律的黄宗羲，是明清时期的思想家。

其实，苏轼比黄宗羲更早地发现了这个定律，要论证这件事，还得从王安石变法说起。

王安石当时要解决的是富国强兵的问题，他主张必须利出一孔，方法有两种：要么扩大税收范围，加强税收力度，要么变私营为官营。

当时王安石举的例证是汉武帝和桑弘羊。当时汉武帝也如北宋政府一样，遇到过严重的财政困难。汉武帝起用了商人家庭出身的桑弘羊，搞了一系列的改革，完美地解决了财政赤字。

在桑弘羊的新政里，最著名的就是盐铁官营。我们知道，食盐和铁器都属于生活必需品，几乎没有需求弹性，无论价格高低，需求量都是基本固定的。谁也不会因为食盐降价了每天就多吃两勺，也不会因为涨价就不吃，铁器对于农民来说也是一样的。

在王安石看来，商人才是最奸恶的，永远都在追求利润最大化，不像政府，为了政治稳定的缘故，还要平抑物价，不能眼睁睁看着老百姓缺盐少铁。

苏轼在这方面就务实很多，表现出了真正意义上的真知灼见。苏轼说，桑弘羊的政策不但不是成功先例，反而是前车之鉴要引以为戒，因为它的后果是私营经济严重萎缩，盗贼横行，天下几乎大乱，所以到了汉武帝的接班人那里，才顺应民意，逐步废除了桑弘羊的政策，这才天下归心，社会稳定。

苏轼在万言书里的原话有："商贾之事，曲折难行"，正因为要赚点钱很曲折，很艰难，需要"多方相济，委曲相通"，才能赚到翻倍的利润。

一旦改为官营，首先需要设置庞大的官营机构，成本绝对高于私营，经办的官员又不可能像私营商贾一样用心，在各个环节里也免不了营私舞弊，所以同一件商品，官营的售价注定比民营的贵。

如果对于官营机构只看利润，不看隐性成本，那就好比有一个为主人家放牧牛羊的仆人，偷偷用一头牛换来五只羊，他不告诉主人那一头牛去了哪儿，却拿那五只羊找主人邀功。王安石变法取得的那些成绩，和这五只羊如出一辙。

我们必须想到，在古代重农轻商的传统里，王安石的看法更加符合直觉和常识：商人并不创造财富，没道理凭着囤积居奇和巧取豪夺就比农民和手工业者赚到更多的钱，所以剥夺商人的利益实在合情合理。

苏轼却能够正视商业利润的正当性，这在当时是何等的难能可贵，更难能可贵的是，苏轼认为既不能低估商人的道德感，也不能高估政府工作人员的责任感和履职能力。

苏轼认为，一项制度的确立会产生长远的影响，所以制度的设计者既不能短视，也不能一厢情愿地把制度的执行人都想象成既善良又能干的人，政府的人也有天然的为自己和身边人谋利的冲动，如此观点，可谓惊世骇俗，几百年后的黄宗羲应该受到了苏轼论文的启发。

(六)苏轼骂王安石是奸人

尽管王安石年长苏轼 16 岁，但是苏轼看问题或许比王安石更深刻。苏轼的万言书里有一段分析"内外轻重"的内容，特别能体现苏轼看问题的深度。

苏轼总结出一个规律：内重之弊，必有奸臣指鹿之患；外重之弊，必有大臣问鼎之忧。意思是说，在外轻内重的格局里，皇帝身边容易出现奸臣弄权，皇帝形同傀儡；在外重内轻的格局里，地方诸侯容易拥兵自重，不听中央号令，甚至兴兵造反。

北宋建国，把唐朝军阀混战当成前车之鉴，做出内重外轻的规划，全国财税由中央政府统一管理，京城一带驻扎着规模惊人的由中央直辖的禁军。

在这样的结构里，任何一名地方大员都没有足够的实力搞叛乱，但是，怎么才能避免皇帝身边奸臣弄权呢？宋太祖其实想到了规避办法，这个办法，就是台谏制度（职业挑刺，且无性命之忧）。

苏轼说王安石利用人事操作，把台谏官员一一换成自己的支持者。长此以往，皇帝就被孤立了，外轻内重的弊端就要显形了。这真是很深刻的见解，说明苏轼眼光超前。

五、弟弟苏辙

苏辙曾说：一生被我哥照耀，但毫无阴影。

苏辙这个人很不一般，他内心强大到似乎从来没产生过一丝恍惚。"三苏"名扬汴京时，人们说老苏文章老辣，大苏才华卓然，小苏也不错。他就像那个买一送一的赠品，形同凑数的。

步入仕途之后，他和哥哥同时反对王安石，他哥好歹还能谋到一个杭州通判的差事，接下来在地方主政 8 年，也算做出一番事业，在民间和朝野都打下好口碑。

他呢，先是因为直言仁宗功过，被王安石认为卖弄求名，他为自证清白，竟然就不做官了，回家侍奉老爸，一晃 3 年。3 年后终于得以出仕，才去大名府做了不到 1 年的小官，父亲去世回家守丧，又是一个 3 年。守丧结束，哥俩一同回到汴京，原本想大干一场，结果遇到王安石变法，不到一年双双被排挤到地方去。

当哥哥在杭州"欲把西湖比西子"时，苏辙却在陈州这个地方做州学博士，很高的个子，很窄的办公室，苏轼看到弟弟窝在这种地方办公，写诗打趣他，可他却乐此不疲。乌台诗案，风雨欲来，所有人都断定名满天下的大苏在劫难逃。

苏辙也吓坏了，赶紧给神宗写信，请求罢免自己官职为兄长赎罪，只求保住哥哥一命。他虽外放多年，但心如明镜，他对神宗说：我哥写的那些反对变法的诗，都是在王安石主政时期，王安石退隐江宁，由您亲自主持变法之后，我哥就一个字也没说过了。

神宗当然也知道，苏轼不会真的反对自己，乌台诗案雷声大雨点小，苏轼最终保住了一条命，被贬黄州。

当时苏轼和长子一路从开封出发去黄州，苏辙因受牵连被贬筠州，在去筠州之前，他先护送兄长的家眷们到黄州。兄弟俩在黄州相聚 10 余天，到对岸的西山一日游，苏轼写下《与子由同游寒溪西山》。

苏轼到此时还不改天真，他说：子由啊，要不你也搬到这里，咱哥们好好相聚。苏辙苦笑，作为一个罪官，他哪有自主选择居住地的权利。

此后很多年，当苏轼在黄州淬炼自己的心性，打磨自己的诗文，一篇篇绝世佳作流水似的写出时，苏辙在筠州做他的盐酒小吏，每天与小商贩打交道，闲暇时间一概没有，就连自己亲手种下的百余棵竹子也没空欣赏。

神宗去世，哲宗继位，旧党全面回朝。苏轼、苏辙也被召回，短时间内官跃数级，进入朝廷中枢这个核心圈子，成为最有权力的当朝大臣。

这个时期的苏辙，表现出比苏轼更果决的一面。他打击新党毫不手软，对他们的朋友也没有手下留情。比如和苏轼相识多年，在乌台诗案中帮过苏轼，经常与黄州的苏轼写信往来的章惇，被挤出朝廷，苏辙是主力，苏轼选择隔岸观火。

这件事也给兄弟俩埋下巨大的安全隐患，等章惇重新掌权时，打着工作名义对大小苏进行肉体摧残和灵魂侮辱。苏轼被贬儋州，苏辙被贬雷州，就是章惇一手安排的。

兄弟俩重回朝廷中枢那些年，表面看苏轼花团锦簇，又是帝王之师，距离宰相仅一步之遥，但苏辙才是那个沉稳做事拼命揽权的人，他最高职位做到参知政事，相当于副宰相。他极力弥补过去这些年，因王安石变法的激进，对国家产生的不良影响，同时还要处处照看才高卓绝但嘴不饶人导致处处树敌的哥哥。

等兄弟俩被贬天涯海角，以为毫无北归希望时，哲宗去世，徽宗继位。可以北归的消息传来，苏轼尚磨磨蹭蹭和海南文友今天告别一场明天再告别一场，净拖延时间了，苏辙却嗖地一下回到了汴京周边。

苏辙没能等来起用的消息，却等来了兄长的死讯。苏轼，64 岁，于常州病逝，当时是宋徽宗建中靖国元年，1101 年 8 月 24 日。

苏辙为兄长写了 7000 多字的墓志铭，详细记录他一生大事，我们熟知的许多关于苏轼的传说，都出自苏辙这篇墓志铭。

苏轼死后，苏辙在颍昌又生活了 12 年，他将哥哥一家接来，带领两家人一起生活。雄心壮志早已消散，眼见蔡京等奸臣一点点将大宋拖入深渊，而他却无能为力。

此时欧阳修、王安石、曾巩、他的父亲与哥哥早已不在人世，就连后辈秦观、黄庭坚也已去世了，他是大宋仅存的诗文名家，是新的文坛之主，但又有什么用呢？

政和二年(1112)10 月，73 岁的苏辙死在家中，被子侄们葬于郏县小峨眉山上，陪伴在哥哥苏轼的墓旁。

六、黄州在等待苏轼的到来

一位哲人说过："人的一生中有两个生日，一个是自己诞生的日子，一个是真正理解自己的日子。"

苏轼在黄州迎来了另一个生日——他真正理解了自己。

苏轼就此死了，而另一个"苏轼"就此活了。在黄冈历史上，也许没有哪个人比东坡先生更有影响力了。从北宋元丰三年到元丰七年(1080—1084)，在黄州谪居的这段时间是苏轼人生中的至暗时刻，也是他蛰伏、沉淀、自醒，在苦难中超拔，实现人生和文学大突破的巅峰时期。黄州成就了苏轼，黄州也因为有了"东坡居士"而声名远播。

后人有云，眉州是苏轼的故乡，而黄州是苏东坡的故乡，感谢乌台诗案为黄州送来了苏东坡。

在中国文化史上，苏轼的地位如同天上的星辰，他的生命历程是难以复刻的，对他的研究也是永无止境的。

黄州，长江边上的一座小城。

山清水秀，人杰地灵。文豪贤哲纷至沓来，抒怀吟唱，李白的"烈火张天照云海，周瑜于此破曹公"，杜牧的"折戟沉沙铁未销，自将磨洗认前朝"，追慕了黄州的灿烂历史；王禹偁的"郡城无大小，雉堞皆有楼"，韩琦的"临江三四楼，次第压城首"描述了黄州的冈峦体势。

黄州，仍在默默等待，等待着她的代言人的到来，将她的丰饶意蕴向世人充分展示，让她的生命就此放射出绚丽华彩！

"长江绕郭知鱼美，好竹连山觉笋香"，终于有一天，脸上略显疲惫甚至是失意的苏轼站在了她的面前。

"拣尽寒枝不肯栖，寂寞沙洲冷"，是苏轼的孤独自傲；"小舟从此逝，江海寄余生"，是苏轼的超尘绝俗。在他看似平静甚至是失意的情绪下，激荡着的是豪迈雄浑的洪流。

黄州知道，眼前的这个苏轼就是自己苦苦等待的生命中的知己。她抑制住内心的激动，静静地倾听苏轼内心的诉说……

> "待他自熟莫催他，火候足时他自美"，这是热爱美食的苏轼；
> "只恐夜深花睡去，故烧高烛照红妆"，这是恬静闲适的苏轼；
> "若言琴上有琴声，放在匣中何不鸣"，这是哲思睿智的苏轼；
> "门前流水尚能西，休将白发唱黄鸡"，这是奋发图强的苏轼。

斗转星移，自贬居至黄州已4年有余，苏轼扎根于此，"见自己、见天地、见众生"，完成了一次人生的超级大逆转。"满血复活"的他，拥有了一个新的名字"苏东坡"，"东坡"透射出一种经天纬地的绝世才华与历经生死考验、宦海沉浮的生命力，豁达而坚韧。

今天提到黄州，游客就会想到耳熟能详的东坡赤壁和东坡肉，文化学者就会想到苏轼和他的"东坡雪堂"，书法家们就会想到传世名帖《黄州寒食诗帖》和《赤壁赋》，水墨画家们会想到赞誉不绝的《赤壁图》与《赤壁泛舟》……在时间的漫漫长夜里，苏轼看似短暂的4年多黄州生涯，却历久弥新，闪耀出千年的光芒。

在黄州，苏轼用诗词温暖社会，用美味鼓舞人心。在跌宕起伏的官宦生涯中用诗词和美味尽情展现着他的倔强与不屈，向世人传递出积极乐观的生活态度。他将美食与文化完美融合，每每吃到兴起，总不忘吟诗一首。若他活在当下，想必也会热情地在朋友圈分享美食与诗词。他所记述的不仅是黄州美食，更是一种旷达的人生态度，在经历了生命的曲折与困苦之后，依然能温情地注视着人世间。

苏轼在黄州喜欢夜游。黄州的夜晚不是漆黑一片，一定有月，或圆或缺；一定有酒，或独自饮后醉卧草丛，或与友人饮酒酬唱。这样的夜晚，他有时精神亢奋，飘飘欲仙；有时黯然神伤，欲遁迹江海。但不管怎样，他似乎总在寻找。本来"解衣欲睡"，可一见月色便心血来潮，要去寻找同样心头有伤的人一道赏月，去抚平伤痛。但不是每个夜晚都能找到可交谈之人，那就在梦中寻找羽衣蹁跹的仙人吧。

夜晚的静谧沉淀了白日里的喧嚣与浮躁，虚伪和造作的假面具摘下来了，生命回归了本真。应该感谢苏轼，是他让黄州夜晚的孤独、凄凉、惆怅、思念都得到诗意的宣泄与慰藉。

苏轼赋予了夜晚中国文人式的诗情画意，月夜亦治愈了他心头的伤痛。可以说，黄州的夜拯救了苏轼，也成就了苏轼。

明月、小舟、美酒佳肴，面对滔滔的长江之水，苏轼眼前闪过无数的风流人物，他们都一闪即逝，留下"雄姿英发，羽扇纶巾"的周公瑾。神游于"谈笑间，樯橹灰飞烟灭"的赤壁，千古一叹"人生如梦"。

这不是一声叹息，倒更像是一声告别，告别"长恨此身非我有，何时忘却营营"的外在追寻；这又不仅仅是一声告别，更是"一蓑烟雨任平生"的人生态度宣示。这一声慨叹，不见丝毫颓废，反而让人感受到一种不可遏制的奔腾不息的浑厚生命力。

此时，面对黄州赤壁，听着低沉雄浑的涛声，涛声幻化成战马嘶鸣，将士呐喊，刀剑撞击；如雪般翻起阵阵浪花，幻化成万千挥舞的战旗。遥想消逝于历史烟尘中的英雄豪杰，苏轼感慨万千，情难自已，文思泉涌，一挥而就千古名篇前、后《赤壁赋》(为了行文方便，书中称为《赤壁赋》《后赤壁赋》)及《念奴娇·赤壁怀古》。

"江山如画，一时多少豪杰。"自此，黄州不再仅是文人笔下聊作的点缀品，她因为苏轼的到来而显现出磅礴的生命气象，传递了质朴纯真的人文情怀，承载着丰富且厚重的历史内涵，幸获新生。

第二节 中 年 危 机

苏轼反对新法，被人捕风捉影在诗文里找到"罪证"，结果深陷"乌台诗案"。历经 130 天的痛苦折磨后，他被发配到了黄州——长江边的一个贫困小城(下等州)。那一年他已 43 岁，给他治罪的宋神宗比他还年轻 10 来岁，完全看不到复出的希望。

一、苏轼在黄州的职位

圣旨授予苏轼的官职是：诏贬苏轼为检校水部员外郎、黄州团练副使、本州安置，不得签书公事。

"水部员外郎"是水部(工部的第四司)的副长官，但"检校"则表示这只是一个荣誉称号。

"团练副使"是专门用于安置犯官的十等散官之一，不是散官阶。

本州安置，就是人搁在黄州，看管起来。

用现代的语言表达就是，建设部水利司挂职到黄冈军分区任军事助理官(实际不设置这个职位)，享受副科级待遇，但是当地社区要对他履行看管职责。

元丰三年(1080)二月初一到达黄州的苏轼，第一件事就是写一首诗对这个官名开玩笑："逐客不妨员外置，诗人例作水曹郎。只惭无补丝毫事，尚费官家压酒囊。"(《初到黄州》)

二、政治环境

朝廷给他安排了个黄州"团练副使"，但只是虚职，权力、待遇基本没有，说白了，他是被当地官府重点看管的人，不能随意离开本地。一句"小舟从此逝，江海寄余生"，吓得黄州的"一把手"魂飞魄散，以为苏轼逃走了。如果和被发配沧州的林冲相比，除了脸上没有打上金印，不用去看守草料场以外，其他的差别并不大，且朝廷里的政敌们还没收手，正在翻他主政徐州时的陈年旧账，罗织新的罪名。这政治压迫的阴影一直盘踞在他心头。

苏轼在黄州有 4 年 3 个月的时间，在此过程中，神宗皇帝仍然惦记着他，而那些恨他的人也在抓住各种机会来算计他，阻止他的复出。宋王巩的《闻见近录》载：

> 王和父尝言：苏子瞻在黄州，上数欲用之，王禹玉辄曰："轼尝有'此心唯有蛰龙知'之句，陛下龙飞在天而不敬，乃反求知蛰龙乎？"章子厚曰："龙者非独人君，人臣皆可以言龙也。"上曰："自古称龙者多矣，如苟氏八龙，孔明卧龙，岂人君也？"及退，子厚诘之曰："相公乃覆人家族邪？"禹玉曰："此舒亶言尔。"子厚曰："亶之唾，亦可食乎？"

三、居住环境

苏轼刚来时，没地方住，只能暂时住在定惠院的寺庙里，后来，家里最少有 7 口人都迁到黄州，没地安顿。经人帮忙，把长江边的临皋驿站，当成了全家的落脚之地。

苏轼在写给好友陈季常的信中提道：临皋虽有一室，可憩从者，但西日可畏。承天极相近，或门前一大舸亦可居，到后相度。

他写这封信的背景是想邀请好友来黄州聚会，但总要有一个朋友留宿的地方。

怎么办呢？

苏轼说，我家（临皋亭）只有一间屋子，但我家旁边就是承天寺，家门前还有一艘大船，你要来了，可以借宿在寺中或船上。

要知道，当时苏轼家中至少应该有7口人，其中包括苏轼夫妇，侍女王朝云（当时尚未纳其为妾），乳母任氏，还有三个儿子。

这年八月，老太太任氏身故，但小小的亭屋内，仍要挤塞下不少于6人，其生活之窘迫，可见一斑。

后来在好友蔡承禧帮助下，为苏轼修建了南堂，落成后，苏轼的心情更好了，他在写给好友蔡承禧（景繁）的信中有一段文字：临皋南畔，竟添却屋三间，极虚敞便夏，蒙赐不浅。

也就是说，南堂是由三间屋子组成的，在临皋亭的南边，面积很大。

四、每月的开支

刚来时钱不够用，苏轼只得拿出自己的积蓄，精打细算，把一个月开销的4500文铜钱分成30份，挂在屋梁上，每天取下1串，刚好150文，够家里1天最基本的开支。即便如此节俭，这钱也只能撑上1年。

在黄州的这段时期，是苏轼从高处跌入低谷的官场打压，也是他自食其力谋生活的开始。

正所谓没有对比，就没有伤害。

我们来对比大家熟悉的人物的收入，来清晰感受一下苏轼在黄州的境况。

在北宋前期，普通官吏的基本月薪是100贯。

1贯是1000文钱。宋朝时候1000个钱串成1串，叫1贯。

但是各种补贴高。

比如服装费、餐费、茶钱、酒钱、煤炭钱、马料钱、招待费（公使钱）。地方官还配有大量职田。逢年过节还有红包。

提到官员的收入，咱们当然不能算那些贪官污吏，因为他们非法收入多，咱只谈那些好官。

首先，咱聊聊包拯，也就是包青天，他比苏轼大 37 岁，

嘉祐七年（1062），63 岁的包拯去世，此时，苏轼在陕西凤翔做判官。

有人给包拯算过，他的实际年收入超过 2 万贯。如果腰缠万贯就算有钱，那么包拯半年就可以腰缠万贯。

按宋仁宗嘉祐年间的《嘉祐禄令》，包拯作为龙图阁直学士，每年就有 1656 贯以及 10 匹绫、34 匹绢、2 匹罗和 100 两棉的收入。

作为"开封府尹"，按《宋史·职官志》记载，他每月还有 30 石粮食（米和麦子各一半），1500 贯公使钱。再据《嘉祐禄令》，权知开封府事每个月另有 100 贯的添支。除此之外，包拯还享受 20 顷的职田补贴，且不需要缴税，按每亩收租 1 石来算，一年就可收 2000 石。

若是与普通人的收入相比，包拯相当于今天的年薪千万。

按照当时的房价，包拯一年的收入，可以在黄州城买十几套房子，或者在一线城市买一座超大豪宅。

苏轼在黄州每个月的开支是 4.5 贯，是黄州普通官员的 22 分之一，北宋时期最穷的人一个月收入是 3 贯钱。

宋神宗时期，两浙地区城市家庭家产不到 200 贯，农村家产不到 50 贯的人可以不用出免役钱。这是北宋时期贫困家庭的标准。

由此可知，苏轼在黄州是何等悲催！

五、苏轼的工资

苏轼来黄州，俸禄一月有多少？

中国古代读书人挤破脑袋参加科考，有的甚至考了一辈子，一方面确实是为了实现自己远大的政治理想，另一方面也不能不承认很多人是为了官俸。白居易写有诗歌"吏禄三百石，岁晏有余粮"，可见中国古代官员的

俸禄是很可观的。

除了明朝，因为朱元璋是穷苦出身，所以明朝官员的俸禄是历朝历代中最低的。

而历代官员中俸禄最高待遇最好的，当属北宋，这一方面得益于北宋的社会经济繁荣，北宋都城汴京是当时世界上第一大都城，也是张择端《清明上河图》的创作地。据考证北宋 GDP 约占全球经济总量的 3/4。中国最早的纸质货币交子就出现在北宋，这也是世界上最早的纸质货币，足见宋朝经济之繁荣。另一方面，宋朝"重文轻武"，对士大夫十分优待，所以在宋朝做官是十分幸福的事。

可是既然宋朝对士大夫待遇这么好，苏东坡为什么会在给秦少游的信里哭穷：度囊尚可支一岁有余……意思是说积蓄最多支撑一年，一年过后就没钱吃饭了。那么苏东坡在贬谪黄州时的"工资"到底是多少？

这里首先来了解一下宋朝的官俸制度。据《宋史·职官志》记载，宋朝官员的俸禄大致可分为"正俸""加俸""职田"三类。正俸包括俸钱，春冬服装衣料等。根据记载，宰相、枢密使每月俸钱 300 贯，春冬衣料每年绫 40 匹，绢 60 匹，棉 100 两，罗 1 匹，每月禄粟 100 石；地方官员如大县（万户以上）县令每月俸钱为 20 贯，小县县令 12 贯，每月禄粟五至三石，且地方官员还配有职田。除正俸之外，还有各种补贴，如茶、酒、厨料、薪、蒿、炭、盐、喂马的草料及随身差役的衣粮、伙食费等，数量与具体官职挂钩。

宋朝部分官职为月俸。宋朝的官职，在元丰五年（1082）改制之前，文官通常有官、职、差遣三种职衔。官，也称正官，指三省六部及寺监等各种官称，它只作为官员定官位和俸禄高低的官称，称为寄禄官或阶官。苏轼在湖州时的官就是祠部员外郎，为从六品。

职，也称职名，指馆、阁、殿的学士、直学士、侍制、修撰、直阁等，在馆阁中实际任职的称为馆职。其他朝廷和地方官员多带有修撰、直阁等较低的"职"，称为贴职，官员并不担任其职，只作为文官的荣誉衔，需通过考试获得。苏轼在湖州时的"职"为直史馆。

差遣是官员担任的实际职务，也称"职事官"。"差遣"本身无品级。差遣名称中常带有判、知、权、直、试、管勾、提举、提点、签书、监等字，如知县、参知政事、知制诰、直秘阁、判祠部事、提点刑狱公事之类，如苏轼在湖州为"知湖州军州事"，暂时代理的则为"权"，如苏轼在徐州、密州，为"权知徐州、密州军州事"。不过值得一提的是，官阶可以按年资升迁，即使不担任差遣，也可依阶领取俸禄，但差遣则根据朝廷的需要和官员的才能，进行调动和升降，所以真正决定其实权的不是官阶，而是差遣。

现在我们来看看苏东坡被贬黄州时的官职是什么？元丰二年（1079），苏轼在湖州任上被奸佞小人构陷入狱，史称"乌台诗案"。同年十二月二十六日被判贬谪黄州。他的正式官衔是——责授检校水部员外郎，充黄州团练副使，本州安置，不得签书公事。

水部员外郎是工部第四司水部的副长官，著名的唐朝诗人张籍也做过这个官。但前面有"检校"一词，"检校"在当时是代理或者寄衔的意思，并非正任之官，也就是散官。这是苏东坡被贬后的官。再看看他的职，根据前面的介绍可以知道此时苏东坡没有了"职"。再来看看他的差遣是团练副使，团练副使本是地方军事助理官，但这里也只是挂名而已，因为后面写了"不得签书公事"。所以总体来说，苏轼在黄州为七品散官，差遣为从八品散官，无权参与公事，实际上近似于被黄州负责看管的流放官员。

据《文献通考》记载，元丰改制前，团练副使从八品官员的俸禄为"禄米 62 石/年、月俸 650 钱、食料 300 文/月（以实物折抵）。但是苏轼在写给秦少游的信里说："初到黄，廪入既绝，人口不少，私甚虑之。"所以苏轼在贬谪黄州期间，是几乎没有实际薪俸的，不但没有收入，连住的地方也没有，苏轼刚到黄州的时候住在定惠院，"拣尽寒枝不肯栖，寂寞沙洲冷"。

"检校"官员没有实际薪俸，只能以实物折抵，得到的多半是官府用过的过滤酒的袋子。这些醅袋(压酒囊)是可以在市场出售的。这在苏轼的《初到黄州》诗里提到过:"逐客不妨员外置,诗人例作水曹郎。只惭无补丝毫事,尚费官家压酒囊。"

在诗句的末尾,他说惭愧的是自己政事已毫无补益,还要耗费官家俸禄,领取压酒囊,从这里也可以看出他领到的是实物折抵,没有现钱。

有人说此时苏轼每月的俸禄是 4500 文钱,这是不对的,一是和北宋官俸制度不符,二是在给秦少游的信里已经说了:廪入既绝……度囊尚可支一岁有余。"度囊"就是积蓄的意思,所以这每月的 4500 文钱是从苏轼的积蓄中拿出来的,而不是领到的俸禄。

另外苏轼当时拖家带口最少有 7 人,养活这些人已是一笔不小的支出。

上面提到的每月 4500 文钱的计划开销不光是家用,还包括苏轼的亲友如苏辙、陈慥、巢谷、杨世昌、参寥等人来时用于接待的开支。前面说了苏轼初到黄州连住所都没有,先是住在定惠院,后来搬到了临皋亭,没有固定住所。所以他不是在向秦少游哭穷,他是真的很艰难。

一年后,弹尽粮绝之际,幸亏朋友的多方奔走和努力,终于在黄州城东批给了苏轼一块荒地。为了生活,苏轼带领全家早出晚归,开垦荒地,自给自足。第二年,趁着农闲,苏轼还在这里盖了几间农舍,苏轼为其取名雪堂。

多年后,苏东坡重回庙堂,身居高位,却无比怀念雪堂前的小桥流水。

六、凄苦谁人知

43 岁前,苏轼的人生波澜不惊:读书、应试、中举、做官,顺风顺水。

苏轼初到黄州的时候,心中只有沉郁悲凉,虽然免于一死,却最后以罪臣的身份带着大儿子来到贬谪之地,因为他是罪臣身份,当地政府并不给他提供住所、食宿,苏轼无奈,只能去寺庙借宿,从他初到黄州的诗文中我们可以感受到他因孤独产生的恐惧。黄州地处偏僻，信息闭塞，几乎与世隔绝。很多朋友为自保，都不往来了。他偏又是个不甘寂寞的主，这整日没有朋友一起把酒言欢，就愈加闷闷不乐。他感叹："黄州真在井底。"

从旁观者的角度观察，此时的苏轼如过山车般，够悲催的了，一波打击足以让他心灰意冷，愁肠郁结。

面对困厄，他的前辈屈原一沉了之，以死谢罪；李白一醉了之，举杯浇愁。

苏轼绘《枯木竹石图》（上海博物馆藏）

他只好白天整日睡觉，晚上出去瞎逛。写点文字，处处小心翼翼，害怕祸从口出；喝点小酒，也不敢酩酊大醉，唯恐酒后失言。

他觉得自己就如同定惠院小山坡上那株海棠花一样，只能幽独地开放在黄州这个苦寒之地——"雨中有泪亦凄怆，月下无人更清淑。"除了孤芳自赏，别无选择。

这一切的凄苦，都被他浓缩在那首《卜算子》的词里——"谁见幽人独往来，缥缈孤鸿影"，"拣尽寒枝不肯栖，寂寞沙洲冷"。

第三章 "苏东坡"在黄州诞生

在黄冈历史上，也许没有哪个文人比东坡先生更有影响力了。黄州成就了苏东坡，黄州也因为有了"东坡居士"而声名远播。

第一节 初居定惠院，洗心安国寺

苏轼作为古代的读书人，正经出路只有一个，那就是熟读四书五经、正史经略，接受儒家文化，理想便是读书当官，经世济民；当更大的官，做一个辅弼良臣，最终实现自己的政治抱负。43 岁的苏轼遭遇到中年危机，人生已过大半，竟然一事无成，不但功业未立还成了罪臣，他焦虑，他痛苦，他彷徨，他难过，他犹疑不决，他进退两难。他不知该如何自处，他不知该如何与黄州人交往，在这个关键节点上出现的定惠院和安国寺，算是给他带来了一丝慰藉。

一、缥缈孤鸿影

刚到黄州的时候，苏轼和长子苏迈寄居在一个名叫定惠院的寺庙僧舍里，父子两人就在那里蹭和尚的斋饭吃。

虽然居住的时间不长，但定惠院于苏轼却有着格外特殊的意义。

这个自生下来之后就不懂得什么叫抑郁的人，偏偏在这座小寺庙里，差一点就染上了抑郁症。

这也是苏轼一生中离抑郁症距离最近的一次，在此之后，人生的高低起伏，命运的湍流激荡，都不再能让他抑郁了。

往后 20 年间，那个内心无比强大的苏东坡的灵魂，很大程度上，正是在定惠院这一块小小的土地上修炼、提炼及锻造出来的。

苏轼在定惠院只住了几个月，但即便后来搬家了，依然常回来看看、逛逛、聊聊。

在定惠院东侧的小山上，有一株海棠，非常繁茂。

元丰三年（1080）初入定惠院后，苏轼很快便发现了这株海棠，此后每年，海棠花开的时候，他都会带着一众好友前来赏花饮酒，而且每次都会喝醉。

他在定惠院暂居时写的第一首诗为《定惠院寓居月夜偶出》，观题思景，即便是晚上，他也不是天天出来放风，只是偶尔一个月色不错的夜晚，才走出屋子，来到天地之间，透透气。

一边写着诗，一边孤独地喝着酒，苏轼真的醉了，但刚刚结束的乌台诗案的恐惧却深埋在他心中，总在不经意时，又翻腾出来作祟了。

长江滚滚，奔流不息，头上的白发，却越来越多了。

想到这里，苏轼又动了归隐田园的念头，却可叹，因为没有几亩田地，自己想当一个隐士都没有资格，纵然写了那么多超越古人的诗歌，又有什么意思？

苏轼曾经以为，年少时多受些苦，哪怕像吃蓼草一样，又苦又辣也无妨，只要年老后，至少可以苦尽甘来，像吃甘蔗一样清甜。

谁料想，现在却混到这么不堪的境地，虽然还谈不上饥寒交迫，尚有一地安居。尽管乌台诗案已结案，似乎当初的惊恐与担忧都可以消除了，但苏轼还会时常在睡梦中感到惧怕。

很长一段时间，他不敢写词吟诗，不敢给朋友写信，甚至不敢喝酒——万一酒后说出什么不应该说的话，岂不又引祸上身？

无事可做，无友可会，无酒可饮，能做的，不过是蒙头大睡，一觉睡到日头偏西。傍晚时分，从床上爬起来，到外面散会儿步，聊以消遣。

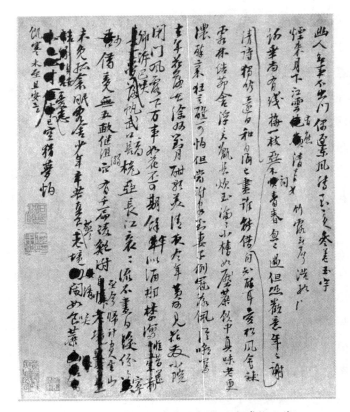

苏轼行书《定惠院二诗草稿卷》(故宫博物院藏)

那天荒地老的寂寞,那旷日持久的孤独。

他不再乐观,不再豁达,不再潇洒,不再豪迈。

他所拥有的,唯有孤独。他有可能要抑郁了。

他还是苏轼,他是古今天下最乐观的第一人啊,他怎么可能、怎么可以和这种可怕的病症有一丝一毫的联系呢?

那么,他是如何自救,怎样自愈的呢?

二、安国寺沐浴

在黄州,苏轼很快就走出了抑郁的阴霾,他的自我治疗手段就是:洗澡，去安国寺洗澡。他的养生理念为"更新自己的身体"，归纳一下，其实就是两个常规动作：梳头、洗澡。所谓新陈代谢，一方面可以让肉体获得更多新鲜健康的原料与补给，另一方面，对于一位可能要得抑郁症的人，自己对自己进行心理疏导尤为必要。

我们用现代医学常识来解释人为什么要洗澡。

人如果 3 天不洗澡，可能会感觉无事，因为身体不会有什么现象。三天以后呢？你的身体已经在搞小动作了。

人一天要出 600～700 毫升汗液，汗液不知不觉积累起来，大概两听可乐，每小时会掉落 60 万张死皮，他会混着汗液附着在身体上，外界的细菌也会来凑热闹，这时你的身体就像一个雪球，脏东西越滚越多。5 天后，身体出现不可描述的气味，这是因为身上的细菌在分解汗液，汗液是无色无味的，但是细菌分解了里面的蛋白质就会产生臭味，长时间不洗澡换衣身体油脂腺分泌会滋生细菌，导致大量细菌繁殖，脱落的细胞和油脂一起黏附在表皮上引起瘙痒；油脂腺会堵塞毛孔导致长痘痘、皮肤瘙痒等临床症状，会影响人体免疫力，容易患上皮肤病。

我们可以明白，苏轼来黄州后为什么经常到安国寺去洗澡的原因。

> 老来百事懒，身垢犹念浴。衰发不到耳，尚烦月一沐。
> 山城足薪炭，烟雾濛汤谷。尘垢能几何，翛然脱羁梏。

看来古人洗澡不容易，每月沐浴一次都可称道一下。

> 披衣坐小阁，散发临修竹。心困万缘空，身安一床足。
> 岂惟忘净秽，兼以洗荣辱。默归毋多谈，此理观要熟。

苏轼在安国寺洗的不仅仅是澡，洗的是心，洗掉心里的压力和思想上的包袱。

他在洗澡之时能够感受到自己身体有脱离桎梏的轻松，出浴之后披衣坐在竹间亭内，让微风吹干湿漉漉的头发，顿觉神清气爽。苏轼又由此而阐发出哲理，他认为沐浴不仅是清理身体的污垢，同时也清洗了人生的屈辱。

初到黄州的苏轼有与世隔绝的感觉，他已不清楚朝堂上的明争暗斗，苏轼到安国寺内焚香静坐，与安国寺住持继莲成为无话不谈的朋友，即将离开黄州已是汝州团练副使的苏东坡写下的《黄州安国寺记》回忆了初到黄州的窘迫：

> 元丰二年十二月，余自吴兴守得罪，上不忍诛，以为黄州团练副使，使思过而自新焉。其明年二月至黄。舍馆粗定，衣食稍给，闭门却扫，收招魂魄，退伏思念，求所以自新之方。反观从来举意动作，皆不中道，非独今以得罪者也。欲新其一，恐失其二，触类而求之，有不可胜悔者，于是喟然叹曰："道不足以御气，性不足以胜习。不锄其本，而耘其末，今虽改之，后必复作，盍归诚佛僧，求一洗之？"

可见他前往安国寺洗澡的另一个目的乃是舒缓郁闷的心情，思考在黄州要怎么活下去，《黄州安国寺记》回顾了这段艰苦而自在的岁月，透露出身处逆境却依然旷达洒脱的秘诀：

> 深自省察，则物我两忘，身心皆空……一念清净，染污自落。表里翛然，无所附丽。

不抱怨，不计较，不苟且，心无杂念，万事无忧。就像一则禅宗公案所言：该吃饭时吃饭，该睡觉时睡觉，即为修行。

人生在世，最忌妄念。在追名逐利的路上，功利性太强，很可能事与愿违。

以清静之心，做喜欢之事，说不定无心插柳柳成荫。

安国寺

第二节　迁居临皋亭

苏轼在安国寺通过反思总结过往，汲取经验教训，明确了今后要走好的路。他的反思，不是对自我的彻底否定，而是要通过重新审视自己，调整方向，建立起更符合规则更加理性的处世态度。不是丢掉"过去的苏轼"，而是从旧转变到新，是要在"旧我"基础上建立"新我"。

一、长江边的临皋亭

前文已说过，刚来黄州时，苏轼与儿子寄居在定惠院里，后来，他的家人也过来在黄州团聚，定惠院无法容身，一家 7 口（一说有 20 人）就挤在一座废弃的临皋亭驿站里。他在给好友范子丰的信中说：

> 临皋亭下八十数步，便是大江，其半是峨眉雪水，吾饮食沐浴皆取焉，何必归乡哉！江山风月，本无常主，闲者便是主人。闻范子丰新第园池，与此孰胜？所不如者，上无两税及助役钱耳。

眉州与黄州，共饮一江水，何必要回老家去呢。江山风月，谁是主人，是皇帝吗？也是也不是。皇帝躲进深宫，连宫门都不出，何曾见过他的大好河山？实在憋得受不了，就劳民伤财，让各地运来奇花异木、嶙峋美石，什么太湖石慈溪石灵璧石，精心雕琢，百般拼凑，搞成一处处人造景观，而那些天成佳境，反倒无缘得见。

山川之秀、花木之美，是属于那些处闲居、得闲暇、有闲情的"闲人"的。因这些事无关吃喝，故常被人以为无用，可见人之五官，待遇的确不同。其实在有用的事情之外，人总要做些"无用"的事，在忙碌之余，品茶、赏月、看花、听雨，即所谓领略自然之天籁，庶几关乎一颗怜悯之心的养成。

苏轼得意扬扬地说，子丰先生新修葺的小花园，能与我身边的大江相比吗？我不如你的地方，无非是我穷得叮当响，不用交税不用交免役钱罢了！

"我们的生活有太多不确定的因素，你随时可能会被突如其来的变化扰乱心情。与其随波逐流，不如有意识地做一些让你快乐的事，帮助自己调整心情。"坏情绪人人都有，若任由它们积压成山，只会身心俱伤。但是只要正确面对它，就可以把对生活的影响降至最低。

临皋亭和南堂是见证奇迹的地方，见证了苏轼走向苏东坡，见证了苏东坡的伟大，苏东坡在黄州的历程，教会了让我们改变心态从容面对生活的四种方法：

（北宋）乔仲常绘《后赤壁赋图》（美国纳尔逊·艾特金斯艺术博物馆藏），图中描绘的建筑物是临皋亭驿站

第一，拥抱自然多游玩。

苏东坡的一生颠沛流离，他辗转游历了中国30多个州县，在湖北黄冈、浙江杭州、广东惠州、山东诸城等18个城市留下了500多个纪念性景点。在黄州，他炖上猪肉；在惠州，天天吃荔枝；在海南，他炭烤生蚝。苏东坡以"此心安处是吾乡"的千古佳句，留下了他对"故乡"的注解。这些

曾让苏东坡"此心安处"的"故乡"被诗人的行迹和作品紧紧拴在了一起，形成中国文化史上一条壮丽的生命线。这18座城市共同形成的"东坡文化"印记，让文脉千年传承，成为中华文化的雄伟丰碑和世界文化的绚丽瑰宝。

东至山东蓬莱，西至陕西凤翔，北至河北定州，南至海南儋县，苏东坡用豪放恣肆的文风、豁达洒脱的性情、亲自制作的美食，给这些"故乡"留下了数不尽的文化遗产，他写下的诗词文章和流传下来的故事，形成了这18座城市特有的人文底蕴和历史记忆。

苏东坡刚到黄州，就得到了黄州官员的庇佑，行动上几乎不受限制，他出城游、跨州游、夜不归宿成为常态，让我们一起来见识一下他的奇幻之旅。

一是泛舟长江游赤壁，感悟人生。从记载来看，苏东坡先后10余次游赤壁。长江，奔流不息的大河文明，说不尽的长江故事，道不完的诗意人生。沿岸孕育了太多中华文化地标、历史文化名城和中华英杰，形成了推动中华大地不断更新发展，塑造我们共同的民族品格与家国记忆的强大文化力量。

苏东坡笔下的长江，想象不出大江如何地险要，却勾勒出风流儒雅的周郎如何谈笑间，樯橹灰飞烟灭，甚至想江东美人大小二乔如何倾国倾城，长江依然只作道具般的陪衬。长江卷起千堆雪也有水波不兴，人生的浪花无处不飞溅。长江奔流一去不复返，人生的光阴消逝不可追。长江气象万千瑰丽多姿，人生的风景同样跌宕起伏摇曳生姿。长江气势衔远山吞大海，人生的气势可以惊天地泣鬼神。长江的目标是融入大海，人生的归属是魂归自然……

苏东坡感悟到人生可以平凡，不可以平淡。人生可以没有丰功伟绩，不可以没有执着的追求和信仰。纵然是一滴水，也要折射出七彩的光。要有长江不朽的灵魂，升腾的气魄，奔流的执着，淡定的婉约，一往向前的勇气。江水滚滚东逝，光阴千金难买，短暂的人生应该得到丰盈，生命不息，奔流不止，生命消逝，魂灵不死，便是最完美的人生。

为何东坡常泛舟游于赤壁之下？从深层次来讲，这是东坡自我化解被贬苦楚困顿情绪的积极方式之一，一叶扁舟和水的柔软带给东坡的不仅仅是惬意，更是心灵的自由和释放。

在精神上，小舟代表了摇曳的自由，某种程度上的抽离，是摆脱俗世烦扰的工具，乘上一叶扁舟，便寻得了一份自在。处于舟上，即处于不断变化之间，是以我之静，观外界之变，未尝不是一种体悟和修行。

舟中的东坡与月亮对话、与江水对话、与清风对话，更是在与自己对话，这一问一答的对话让东坡思考，思考宇宙、人生、古今、得失以及终极，这种哲思也让东坡更澄明、更通达、更纯粹，成为了真正的苏东坡。

二是摆渡长江游西山，缓解乡愁。苏东坡在临皋亭中能看到鄂州的西山，他经常在天晴日朗、江水伏息之时，近百次乘渔舟过长江到对岸的武昌（今鄂州）游玩，与寓居鄂州的友人饮酒交谈，从中获得精神上的愉悦。

元丰三年（1080）四月十三日，在第一个来黄州看望东坡的友人杜道源的邀约下，苏轼与杜道源及其二子（杜孟坚、杜硕甫）和武昌县令江延第一次登上了西山，作诗《游武昌寒溪西山寺》寄怀；六月二日，弟弟苏辙送东坡家眷抵黄州后，哥俩乘船过江游武昌西山，武昌县令江延闻讯，携酒菜前来陪游，东坡作诗《与子由同游寒溪西山》寄怀；十月，好友李公择从光州来到黄州看望东坡，相聚数日后，东坡陪李公择过江浏览武昌西山寒溪诸胜，并作《菩萨泉铭》抒怀。

元丰四年（1081）三月，苏辙的二女婿王子立自筠州回徐州参加秋试，顺道到黄州看望伯岳父东坡，东坡也与其泛舟过江同游武昌西山，临别时作诗《武昌酌菩萨泉送王子立》相赠。

元丰五年（1082）二月二十一日，东坡同前来拜访自己的蕲水县令李婴乘舟过江游武昌西山，武昌主簿吴亮、赵安节、王齐愈、潘丙等闻讯携酒前来同游，苏东坡高兴地在崖壁上题字留念：“苏轼、李婴、吴亮、赵安节、王齐愈、潘丙，元丰五年二月二十一日游。”

元丰六年（1083）寒食节，东坡与郭兴宗等人一起乘舟过江游西山寒溪，武昌主簿吴亮携酒相迎，郭兴宗喜作挽歌，他对东坡说可惜没有好词，东坡听罢，略改白居易《寒食野望吟》，高歌一曲。

常言山水可纵情、可明志、可致远，近百次的鄂州之游，是东坡的一段形式上的精神自度之旅，是东坡在积极找寻他与朋友们精神共鸣的伊甸园。鄂州的地理位置虽不远，仅一江之隔，但正是在这江上的数回摆渡之间，东坡明了心志、得以自度、达到致远，真正找到让自己安宁，不受外界纷扰的快乐法门，也即苏辙在《武昌九曲亭记》中感慨的"盖天下之乐无穷，而以适意为悦"。

三是岐亭访友陈季常，敞开心扉。在黄州诸多友人中，东坡与陈慥（字季常）的友谊最为绵长，虽然与其父陈希亮在凤翔时就经常意见不合、关系僵硬，但丝毫不影响与陈季常的感情，东坡还专门为陈慥写《方山子传》。

> 凡余在黄四年，三往见季常，季常七来见余，盖相从百余日也。七年四月，余量移汝州，自江淮徂洛，送者皆止慈湖，而季常独至九江。（《岐亭五首前序》）

元丰七年（1084）四月东坡离开黄州时，陈季常是送他至最后也是送至最远的唯一一个朋友，东坡把与陈季常往来的次数、相处的天数记得如此清楚，两人有100多天在一起，可见二人情谊之深。这条三次以访友为目的的出游路线符合东坡的心意，也别具情义：

元丰四年正月十九日，苏东坡决定启程前往岐亭（今麻城市境内）看望老友陈季常，这是他第一次外出看望陈季常，沿途一边赏景一边感悟，"十日春寒不出门，不知江柳已摇村。去年今日关山路，细雨梅花正断魂"。二人相见甚喜，相携纵游岐亭山水。

元丰四年十二月初，东坡第二次自黄州到岐亭看望陈季常，并请陈季常约淮南西路提刑李公择到岐亭一聚，三人畅游山水，雪中赏梅，欢聚数日。

元丰五年十一月，东坡第三次到岐亭看望陈季常，题诗陈季常的静庵壁上，意在与陈季常共勉，当以四海为家，"久厌劳生能几日，莫将归思扰衰年。片去会得无心否？南北东西只一天"。

东坡的一生朋友真还不少，但在人生"低谷"不忌讳彼此，还经常走动的那才算是真朋友，陈慥就是那位让东坡在黄州居住 4 年 3 个月时常挂念和惦记的一位友人，两人相见频繁、书信不断，流传于世的东坡书法作品中，经常能看见"季常"两个字，那是陈季常的字号，都是东坡写给他的信；陈季常的哥哥去世了东坡去信哀悼与慰问，有一饼上好团茶也要寄给他品尝，就连黄庭坚的舅舅来了也让他过来陪。东坡与陈慥相看两不厌的相互牵挂的友情已经在这段往返数次的颠簸旅途中得以充分体现。

东坡在黄州期间扁舟草履，放浪山水；躬耕东坡，对话雪堂。东坡已从"乌台诗案"中的"故我"到黄州初期的"今我"再到东坡躬耕后的"非我"，人生境界不断提升，在与山水的交流、对话、省悟中排遣忧愁，忘却杂念，已将真实清澄的自我与天地融合，穿越时空，达到忘我之境界，也因此东坡成为人类历史长河中的重量级人物，成为人类精神高地的永恒标志之一。

苏东坡用他的行动告诉我们，当觉得生活失去意义时，可以多出去走走。

走出去，去亲近大自然，感受黄昏、落日和晚风，体会自然的纯粹与美好。

走出去，结识三五好友，听听他们的故事，体悟不一样的人生，会有更宽阔的视野与更超前的智慧。

走出去，既为生活增添了乐趣，还给了自己放松的机会，调整好心情，每一天都是新的开始。

第二，内外兼修重养生。

美国科学家曾经用35年时间做了一项实验，得出一个结论：坚持锻炼的人，在智力和反应方面明显高于很少运动的同龄人。研究还表明，运动能改善负面情绪，令人心情愉悦，可以有效预防和治疗神经紧张、失眠、烦躁及抑郁等症状。运动可以让我们调整状态，以一个积极的心态去面对生活的难题。苏东坡坚持运动，收获多多。

一是注重养生练气功。中国养生内容繁多，儒释道养生法门各有特色。在黄州时期，苏东坡常"闭门却扫，收召魂魄，退伏思念，求以自新之方"。其"自新之方"之一，就是在黄州广为吸纳佛家养心、道家养气、儒家修身的各种养生理论与方法，并根据自己的参悟，将养心、养气、修身融为一体，"择其简易可行者，间或为之"，往往"有奇验"。在临皋亭苏东坡于每夜子时以后，盘足，叩齿36通，握固、闭息、去虑、调匀呼吸，"使心源湛然，诸念不起"。随之内观五脏，想着自己的心为红色、肝为青色、脾为黄色、肺为白色、肾为黑色。同时，闭口不语，待津液满口，"即低头咽下，以气送入丹田"。接着，用两手热摩涌泉及脐下腰脊间，使其热透，两手摩熨眼、面、耳，使其热极，再揉鼻左右各5至7下，梳头百余梳而卧，熟睡至天亮。

苏东坡首创的这套按摩术，可以增进人体内脏器官的活动，促进新陈代谢和血液循环。尤其是对肾脏、眼睛和双脚益处更大。其后，元代的李治、清代的张大复都对他的按摩术推崇备至，说它能达到"卧不及鼾，神血清稳，梦亦无异"和"功用不可量，比之服药，其力百倍"的效果。

二是注重饮食有节制。苏东坡认为，饮食有节是长寿的基本条件。他主张少食、素食、食有节度，提倡"已饥方食，未饱即止"。他说这样可以"宽胃以养气"，且饥而后食，纵然是粗饭淡菜，也觉得味美可口，犹如珍馐。他的名言"晚食以当肉"，讲的就是这个意思。东坡平时所食，每餐是一荤一菜一汤，从不暴饮暴食。他所说的素食，并非指油脂一点不吃，而是少食油脂，以素为主。

苏东坡善于做菜，也很乐意自己做菜，除了家喻户晓的东坡肉，对各种蔬菜的做法也有很多记载。苏东坡很重视饮食养身，特别是素食养身。他对豆粥养生情有独钟，曾赋《豆粥》诗云："江头千顷雪色芦，茅檐出没展烟孤。地碓春光似玉，沙瓶煮豆软如酥。我老此生无著处，卖书来问东家住。卧听鸡鸣粥熟时，蓬头曳履君家去。"苏氏一生喜食豆粥，在黄州因生活贫困，便将大米和小豆煮粥食用，其妻苦中作乐起名曰"二红饭"。他感喟道"身心颠倒不自知，更知人间有真味"，将食粥的神奇感觉留传给世人。

有关应时的春菜，他写道："蔓菁缩根已生叶，韭菜戴土拳如蕨。烂蒸香荠白鱼肥，碎点青蒿凉饼滑。"这其中他写了三种菜：一是"蔓菁"，又叫"芜菁"，可以鲜食或盐腌；二是"香荠"就是荠菜，荠菜蒸白鱼，滋味尤可人；三是"青蒿"，又叫"香蒿"，可以入药，与面制成"青蒿凉饼"，香滑可口。

苏东坡在黄州，"时绕麦田求野荠"，琢磨出一种荠菜羹。他给朋友徐十二写信，专谈荠菜羹："今日食荠极美。念君卧病，面、酒、醋皆不可进，唯有天然之珍，虽不甘于五味，而有味外之美。……君今患疮，故宜食荠。其法，取荠一二升许，净择，入淘了米三合，冷水三升，生姜不去皮，捶两指大，同入釜中，浇生油一蚬壳多于羹面上，不得触，触者生油气，不可食。不得入盐、醋。君若知此味，则陆海八珍，皆可鄙厌也。天生此物，以为幽人山居之禄，辄以奉传，不可忽也。……羹以物覆则易熟，而羹极烂则佳也。"

另外，还有"东坡豆腐""东坡玉糁羹"。

苏轼还发明了一种青菜汤，叫做东坡汤。这原本是穷人吃的，他推荐给和尚吃。方法就是用两层锅，米饭在菜汤上蒸，下面的汤里有白菜、萝卜、油菜根、芥菜，下锅之前要仔细洗好，放点儿姜。在中国古时，汤里照例要放进些生米。在青菜已经煮得没有生味道之后，蒸的米饭就放入另一个漏锅里，但要留心莫使汤流进米饭，这样蒸汽才能进得均匀。

苏东坡主张少吃肉，说"甘腻肥浓"，是"腐肠之药"，使人肥胖。他认为用少量的肉与蔬菜同炒，吃了会使人不胖不瘦，保持健美体形。他还认为环境优美、空气清新比吃肉更重要，从而主张在住的周围要广植竹木。

民间广为流传一首他饮食长寿的诗：宁可食无肉，不可居无竹。无肉令人瘦，无竹令人俗。

三是下地耕种炼身体。苏轼在黄州躬耕东坡，做了有文化的农民，从此，这块城外东部的坡地，就成了苏东坡排解愁绪的劳动乐园，虽然经一家老小辛勤劳作后，城东瓦砾遍地的 50 余亩坡地，能给全家带来有限的"春食苗，夏食叶，秋食果，冬食根"之喜，但由于家里人口多，苏东坡仍时常面临岁有饥寒之忧的困顿。于是他又到"黄州东南三十里"的沙湖，买田置地，稼穑其间。苏东坡于东坡、沙湖买田置地，"躬耕其中"，起初，是为了解决现实生活问题及"遂欲买田而老焉"的余生生计。但是，不久之后，才智卓绝的苏东坡，就把枯燥繁重苦累的田间劳作，融入个人的养生活动，并自得其乐地提炼成为一种独特的养生样式。如，他在《策别十六》中说："善养身者，使之能逸而能劳……使其四体狃于寒暑之变，然后可以刚健强力。"他认为，人只有勤于四体，才会有刚健的体魄，才能适应大自然气候的更迭。因此，为强健自己的体魄，他寓养生于躬耕劳动之中，悉心磨砺四体。

第三，放松自己睡好觉。

有句话说得好："不好的事情，糟糕的情绪，睡一觉就忘了。"睡眠是非常有效的解压方式，通过睡眠，可以让疲惫的身体、倦怠的心灵得以放松。

苏轼在黄州吃好、喝好、玩好，安心睡好觉。

> 扫地焚香闭阁眠，簟纹如水帐如烟。
> 客来梦觉知何处，挂起西窗浪接天。

此诗写出了苏轼"开心吃、安心睡"的人生态度。此时苏东坡 44 岁，在黄州悠闲自得的感情表露无遗，睡前焚香扫地，睡在细密的蕲竹席上，帐子非常轻柔。"帐如烟"，形容纱帐似云烟缭绕一般轻软。

这种闭门焚香昼夜的境界与苏轼《黄州安国寺记》所写的"焚香默坐"的心境是一致的。但见西窗外水天相接，烟波浩渺，呈现出一种清幽绝俗的意境美。

美景、美境、美好的心情，美美地在江景房中睡一觉。

不管是什么环境下，都能睡得好，"相与枕藉乎舟中，不知东方之既白"。

从另一个方面来看，这也说明苏轼的睡眠质量很好。

苏轼是一位会睡觉的高人，他认为睡眠不仅能调养精神，而且有慰藉内心的独特养生功效，他在写给朋友的信中提到"养生亦无他术，独寝无念，神气自复"。

虽然苏轼爱睡觉，可他却从不睡懒觉。该起床的时候就起来，倘若白天又困了，稍微眯一会儿，便会精神百倍。

也许是得益于这样的睡眠养生方法，苏东坡一生始终通达乐观，直到晚年仍精力旺盛，创作不衰，为后人留下了众多的文学巨作。

第四，书中领略万千风景。

要么旅行，要么读书，身体和灵魂，必须有一个在路上。读书是对心灵的洗礼，是一辈子都值得去做的事。

坚持阅读抄汉书。苏东坡在黄州辛勤写作，还坚持读书不辍。有个故事，颇能说明他用功之深。苏东坡看书喜欢边看边抄，他曾对弟子说过，他每读一部经典，都是从头抄到尾的。他曾把《过华清宫》等诗作，抄了三四十本，还曾手抄《金刚经》。关于苏东坡抄书，南宋陈鹄所著《西塘集耆旧续闻》还记载了一件趣事：

苏东坡在到黄州时，司农朱载上正在此地管理粮仓，他们成了好朋友。

一天，朱载上又来见苏东坡，可是过了好长时间，苏东坡才出来见他，满脸惭愧地感谢朱载上久久等候的诚意，并解释刚才是在做每天的"功课"，才耽误了些时间，有失远迎。长谈过后，朱载上好奇地问："先生所说的每天的功课，是怎么回事？"苏东坡回答说："我正在读《汉书》，每天都是边读边手抄。"朱载上听后，很是吃惊，说道："凭先生的天赋，打开书卷，一经浏览，就会终身不忘，怎么还要用手抄这种费力的办法呢？"苏东坡说："非也！我读《汉书》，到今天一共手抄了三遍！最初是一段事手抄三个字作为标记，第二次减少为两个字，现在则减少到一个字就行了。"

朱载上离开座位虔诚地请教说："不知先生所抄的书稿，能否有幸一见？"苏东坡就从书架取来一册。朱载上看了，根本不懂是何意思，苏东坡说："你可以随便找出我标记中的一字为例，我来背诵。"

朱载上便照他说的随便找出一个字，苏东坡就应声背出了那一段几百字的内容，结果与《汉书》原文无一字相差。朱载上接着又挑了几个字试验，均无差错。朱载上感叹良久，不禁说道："先生真是天上的文曲星下凡。"

苏轼在读《汉书》的时候，第一遍读治道，读它的政治发展，只读政治发展，其他什么都不看，第二遍读它的人物，第三遍读官制，第四遍读军事领域的东西，再往后读经济，这些读完之后，"不待数过，而事事精窍矣"，当把这些反复读完之后，一本《汉书》就被他读透了。

持续地大量地阅读，带给一个人的，不仅仅是短暂的平静与喜悦，还有对你思维认知的提升。

在极其艰苦的条件下，苏东坡仍刻苦读书，勤奋写作，每天晚上三更以后才睡觉，4 年下来，成就斐然，传承下来的文学作品有 740 余篇，平均 2 天 1 篇文学作品，其中诗 220 首，词 66 首，文 170 篇，书信 228 封。他挥毫泼墨，留下的皆是惊世杰作：《念奴娇·赤壁怀古》《赤壁赋》《后赤壁赋》《浣溪沙》《江城子》《定风波》《记承天寺夜游》……他的书法形成了尚意书风，在黄州写下了被称为天下第三大行书的《黄州寒食诗帖》。

在这期间，他不仅书法、绘画、词文达到了艺术巅峰，就连农学、美食、医学等方面也都得到了提升。

人生进退是常事，关键在一个"熬"字。好像做东坡肉，"火候足时他自美"，滋味自然就有了。人生的滋味如粥，如药，如汤，都必然是在悠悠岁月中熬出来的，不忘初心熬得住，才有柳暗花明时。

二、身边的女眷

苏轼才气横溢，风趣诙谐，而真正与他相濡以沫、风雨与共，走进他的生活的只有三个女人，王弗、王闰之、王朝云。后人说，她们三个就是那个"王"字的"三横"，苏东坡就是贯穿那"三横"的"一竖"。

不管是王弗、王闰之两位夫人，侍妾王朝云，还是其他迷妹，苏东坡为她们都写了不少诗文，倾注了丰富的情感。其中有着"十年生死两茫茫"的深切回忆，有着"不似杨枝别乐天"的衷心感谢，也有着"写尽回文机上意"的蜜意深情等，也正是这些深情厚爱，成就了苏轼许多超绝古今的抒情诗篇，交织出苏轼文化人格中一个重要的侧面。让我们一起走进苏轼的感情世界，来看看追随苏东坡来黄州的女人。

（一）乳母任采莲

苏轼的乳母任采莲，四川眉山人。父亲叫任遂（sui），母亲姓李。任氏是苏轼母亲的婢女，侍奉苏母程夫人35年，她哺育过苏轼、苏八娘姐弟两人，又照看了苏轼的3个儿子，对苏家三代皆有恩劳。她还曾跟随苏轼宦游，到过杭州、密州、徐州和湖州，最后在元丰三年（1080）八月壬寅，死在了苏轼贬谪的黄州，享年72岁。从铭文看，任氏生前大概曾有生育，但可惜并没有得到子女的孝养，死后非但未能归葬故里，甚至连定期的祭奠都难以获得。以下就是苏轼亲自书写的墓志铭。

乳母任氏墓志铭

赵郡苏轼子瞻之乳母任氏，名采莲，眉之眉山人。父遂，母李氏。事先夫人三十有五年，工巧勤俭，至老不衰。乳亡姊八娘与轼，养视轼之子迈、迨、过，皆有恩劳。从轼官于杭、密、徐、湖，谪于黄。元丰三年八月壬寅，卒于黄之临皋亭，享年七十有二。十月壬午，葬于黄之东阜黄冈县之北。铭曰：

生有以养之，不必其子也。死有以葬之，不必其里也。我祭其从与享之，其魂气无不之也。

从苏轼的笔下可看出，任氏的一生主要经历了3个角色。

一是苏东坡母亲的婢女。任氏15岁就侍奉14岁的程氏，任氏的少女时期是在程家做婢女度过，侍奉苏母程氏长达35年。

二是苏东坡姐弟的乳母。18岁的程氏嫁给苏洵，任氏也在天圣五年（1027）随程氏到苏家。景祐二年（1035），苏洵的女儿八娘出生，景祐三年十二月十九日（1037年1月8日）苏轼出生。苏轼姐弟出生后，任氏受命哺乳喂养，时年27岁。从苏轼姐弟出生到程夫人去世的22年间，任氏是在眉山的苏氏老家度过的。这20多年，正是苏家由颓转盛，"三苏"先后发愤苦读之期。可知这20年来，"三苏"特别是苏洵因要忙于功名，对于家事，颇难顾及。所以，夫人程氏需要内事外事一并处置。而任氏作为程夫人的贴身侍妾又兼为苏轼姐弟的乳母，在操持家务、养育孩童乃至张罗诸子的亲事上想必付出了不少辛劳。对苏轼来说，这也是他个人与乳母建立起亲密且深厚感情关系的主要时期。

三是苏东坡三个儿子的保姆。治平二年（1065），苏轼妻王弗卒于京师。次年，苏洵亦卒于京师，苏轼兄弟始离京归蜀葬父。值得注意的是，王弗死时，苏轼长子苏迈年仅六七岁，而父丧期间苏轼不能再娶，所以这三四年间苏迈的照看也是由年近六旬的任氏负责。《墓志铭》言任氏"养视轼之子迈"，或尤指这一时期。

任氏生命的最后一个阶段，是跟随苏轼在各地宦游中度过的。苏轼在服丧期满后即回京任官，不久便出仕于杭州、密州、徐州和湖州，任氏都一并跟随，且在此期间，苏轼的二子苏迨和三子苏过相继出生，任氏当有养视之劳。这种跨越两代人之间的养育恩情，恐怕使得任氏早已不被苏家视为婢女，而是如家人一般的长辈，特别是孩子们更会如此看待任氏。

四是任氏可能是苏洵之妾。任氏哺育苏轼姐弟，年岁尚在二十七八，且此时当已有孕育。按常理，苏洵不应迟至10年后才纳任氏为妾。又，任氏与苏洵同岁，《宋史·苏轼传》谓"（轼）生十年，父洵游学四方"，后因洵父卒，苏洵方才归蜀。以此观之，苏洵38岁前后，纳妾的条件很难具备。若任氏果为苏洵之妾，则嫁时年岁或在二十七八岁更妥。

元丰二年（1079），苏轼因遭御史弹劾，在湖州被捕。而此时任氏已是70岁高龄，亲历如此横祸，身心所受打击可想而知。次年五月，苏轼谪至黄州，任氏亦同往。八月壬寅，任氏卒于黄州。考虑到苏家在黄州生活困顿，舟车劳顿且又水土不服，任氏之死恐与此有关。

任氏自入苏家一直到去世，前后53年，可谓"工巧勤俭，至老不衰"，说她把整个生命都贡献给了苏家，亦不为过。

十月壬午，任氏葬于黄州东阜的黄冈县北。苏轼亲自为其撰书墓志铭。这对一生鲜为他人作墓志铭的苏轼来说，已属罕见之举，足见他对任氏的深厚情感。

现存苏轼所作墓志铭计14篇，其中女性5篇，分别是刘夫人、亡妻王弗、侍妾朝云、乳母任氏、保姆杨氏，而杨氏之墓志铭乃代苏辙所作。

苏轼在这段时间与友人的书信中也屡次提及此事。他称任氏为"老乳母"，言对其"悼念久之""悼念未衰"，以致"文字与书，皆不复作"。（分见《与王庆源书五》《与王定国书八》《与杜几先一首》《答秦太虚书四》）

甚至在苏轼离开黄州之后，还曾写信请人专事照看任氏之坟，定期在坟前烧纸祭奠。他在《与潘彦明书九》谓："两儿子新妇，各为老乳母任氏作烧化衣服几件，敢烦长者叮嘱一干人，令剩买纸钱数束，仍厚铺薪刍于坟前，一酹而烧之，勿触动为佳。恃眷念之深，必不罪。干浼，悚息！悚息！"

这些细节一再透露出苏轼及其家人对于任氏的感念之深，而对于将任氏葬于黄州，苏轼对此还有几分愧疚，并不如墓志铭所显露的那般豁达。

(二)贤妻良母王闰之

王闰之是苏轼第一任妻子王弗的堂妹，比苏轼小 11 岁。王闰之在王弗去世 3 年后便嫁给了苏轼。她虽说不通诗文，但性格温柔贤淑，更是将王弗遗子苏迈视为己出，一日三餐，悉心照料。

王闰之的聪明不仅表现在她善于持家，还表现在她对于丈夫的清醒认识。那时，苏东坡跟一些歌女走得很近，为她们题诗，带她们出游。换作一般的妻子，大概很难有好脸色吧。王闰之却深信丈夫对那些职业女艺人绝对不会迷恋，她所能做的，就是去信任他。

王闰之头脑清爽，性情稳定，而苏东坡往往急躁，灰心丧气，喜怒无常，每当遇到烦心事，王闰之总能用她"润物细无声"的爱去化解。

王闰之在黄州时期，且不说日常生活中对苏东坡的照顾，单讲到苏东坡一生文学的最高光时刻——《赤壁赋》的后篇，即有赖于这位贤惠的妻子。

那一夜，苏轼与朋友自雪堂归家途中，仰见明月，叹息道，有朋友没好酒，有好酒没佳肴，可惜了。同行的朋友说，我下午刚捕了一条沙塘鳢鱼，现在就缺酒了。

请记住这个历史中微不足道的细节，王夫人虽然不懂诗词歌赋、笔墨文章，但她理解丈夫的精神通道需要什么牵引，当然是酒。

妇曰："我有斗酒，藏之久矣，以待子不时之需。"

王闰之早已在家中珍藏好美酒，就知道丈夫在某一个兴致浓厚的时刻，一定可以派上用场。

正是这一斗酒，成就了流传千古的《后赤壁赋》。

她虽然没有王弗的聪慧、知性，不能够在仕途上及时为自己的丈夫出谋划策，但她用她的一片真情，深深地打动了苏轼，她以一个女人无与伦比的细腻，于春雨润物般浸入苏东坡的心中，融入了他的世界里。

王闰之一生大部分岁月都在陪宦海沉浮的苏东坡颠沛流离，苏轼流放、回朝，不管是大富贵，还是大灾难，她都随遇而安，无怨无悔。最为难得的是，王闰之对王弗的孩子视如己出，和自己所生的孩子同等对待。她温柔敦厚，其最大希望就是家庭的安定与温馨，家人的周全与健康。

王闰之陪伴苏东坡 25 年，早已成为苏轼生活中不可或缺的一部分。不经意间，苏东坡的内心深处已留下了她不可磨灭的印记，以致王闰之去世后，苏东坡悲痛到不能自已，泣然写下"……惟有同穴，尚踏此言……"的祭文。10 年后，其弟苏辙将过世的苏东坡和王闰之同穴安葬，成全了他和王闰之的生平夙愿。

茫茫天地间，如若有神灵的存在，想来泉下相会的两人，一定会过着琴瑟调和、无忧无虑的神仙般生活！

王闰之，这个活在苏轼背后的女人，这个在《后赤壁赋》为东坡备酒的妇人，是唯一得到苏东坡"唯有同穴"承诺的妻子。王闰之逝后，苏轼不再娶妻。

(三)红颜知己王朝云

"水光潋滟晴方好，山色空蒙雨亦奇。欲把西湖比西子，淡妆浓抹总相宜。"这首流传至今的《饮湖上初晴后雨》有人附会是苏东坡游西湖初识王朝云时即兴所作。年方 12 岁的王朝云是西湖画舫中的舞女，她天生丽质，聪颖灵慧且能歌善舞。

王朝云本是王闰之在杭州时买的一个丫鬟，当时只有 12 岁，到了苏家才开始读书写字的，极具灵气和悟性的王朝云进步很快，颇受苏轼青睐。苏轼从她的身上依稀看到了故妻——王弗的影子。

苏东坡在黄州头一年的七月七，在黄州城朝天门上过了一个七夕，写下《菩萨蛮·七夕黄州朝天门上》二首，是写给谁的呢？王闰之，还是王朝云？

画檐初挂弯弯月，孤光未满先忧缺。遥认玉帘钩，天孙梳洗楼。佳人言语好，不愿求新巧。此恨固应知，愿人无别离。

风回仙驭云开扇，更阑月坠星河转。枕上梦魂惊，晓檐疏雨零。相逢虽草草，长共天难老。终不羡人间，人间日似年。

有人说是写给王闰之的，有人说是写给王朝云的，笔者觉得来黄州的七夕是苏东坡和王闰之与王朝云一起过的，一首写给王闰之，一首写给王朝云。

第一首词写给王闰之，此时，王闰之来黄州已近两个月，七月七日夜苏东坡登上邻近临皋亭的朝天门（宋代黄州城东南门）城楼，苏东坡祷告道："王闰之善于辞令，不愿向你织女星乞求新的巧。这一痛苦你织女星应该体会够了的，我乞求的是夫妇不分离。"

第二首词写给王朝云，这首词写的时令为"更阑月坠星河转"的拂晓时刻，从"月坠"便可以看出。七夕之夜牛郎织女的依恋难舍之绵绵深情，纵然一夕相逢，来去匆匆，相会短暂，但是牛郎也好，织女也好，两情久长，不在朝朝暮暮。生命是永恒的，爱情更是让人向往的。

1081 年，在黄州的东坡雪堂，在王闰之极力撮合和操持下，苏东坡正式纳王朝云为妾，妻子的丫鬟升而为丈夫的妾，同时，随了王闰之的姓氏姓"王"，但是她却一直没能得到苏东坡夫人或者妻子的名号。

此后余生，这位妙龄少女成为苏轼最重要的红颜知己。那首《念奴娇·赤壁怀古》里"小乔初嫁了"，看来苏东坡想像周瑜一样去建功立业，把王朝云比作了小乔。

她陪他度过了黄州和惠州的艰苦、窘迫的日子，她用她的歌声、舞姿为官场失意的苏东坡排忧解闷，变着法子让心力交瘁的苏东坡高兴、轻松起来，从而解脱出来……

他们曾有过一个儿子，生下 3 天后举行了洗礼仪式，苏东坡写了一首诗：

> 人皆养子望聪明，我被聪明误一生。
>
> 惟愿我儿愚且鲁，无灾无难到公卿。

这首诗充满自嘲之意，但也透着喜得幼子的欢欣。可是，这个孩子却福薄，在 10 个月的时候患病夭折。这对苏东坡和王朝云都是莫大的打击，尤其是王朝云，终日躺在床上，精神恍惚，东坡曾有诗云："我泪犹可拭，母哭不可闻"，可以想见那是怎样的痛彻心扉。后来，王朝云没有再生第二个孩子。

王朝云死后，苏东坡一直一个人，再也没有婚娶。

"不合时宜，惟有朝云能识我；独弹古调，每逢暮雨倍思卿。"这是苏东坡为纪念王朝云，在其墓地所筑亭榭——六如亭上书写的楹联。从这副楹联中不难品味出苏东坡对王朝云的一往情深和深深的眷恋。

王弗、王闰之、王朝云是陪伴苏东坡的三个女人，尽管她们每一个人都没有陪伴着他走到人生的最后，但她们每一个人都为他付出了人生的全部。苏东坡一生坎坷，先后有三位好女子相伴，将他的"一生一世"过成了"三生三世"，让后世之人感慨又羡慕。

她们在苏东坡人生中的每一个隘口出现：或尽心相助于初涉官场的无知，或茫然奔波于身陷囹圄的牢房死地，或不离不弃、不畏艰辛、长途跋涉于外贬的"不毛之地"。

正是有了她们默默的付出，才有了"不改初心，爱民如子"深受百姓喜爱的东坡居士；才有了如今为我们所熟知的"豁达开朗、诙谐风趣"，文学造诣"无人能出其右"的苏东坡。

反过来，我们从史书中亦不难看出，深受百姓喜爱的苏东坡，对自己心爱的女人是多么的深情。他作为一个丈夫，为自己"相濡以沫，荣辱与共"的女人"青史留名"，更是体现出了一个男人的应有担当！这在"男尊女卑"的封建王朝是不多见的，可以说是"惊世骇俗"的。

苏东坡千余年来一直被人们津津乐道，他的故事一直流传至今，为我们所熟知、喜爱，这与他敢于"打破世俗、爱憎分明"的真性情是分不开的。

三、出手相助的三位皇后

苏东坡是大宋第一个男神，人见人爱，从青楼歌姬，到少妇，再到皇后、皇太后，都是他的粉丝。

苏东坡一生坎坷起伏，前后有三位皇后出手相救。

第一次，宋仁宗的曹皇后。当他遭受"乌台诗案"的迫害，受到审讯时，是仁宗曹皇后救了他的命，这件事传到曹皇后的耳朵里了，曹皇后（当时已是太皇太后）对神宗皇帝说："当年你爷爷仁宗皇帝在殿试中取中苏轼兄弟，特别高兴，回来就对我说：'我为子孙们找到了两位好宰相。'听说现在苏轼因为作诗而被关进监狱，是有仇人害他吧？再说，文人们写诗本来就比较随便，要是从诗句里挑错，这也太小题大做了吧？我的病已经很重了，还请皇帝别因为冤枉好人而伤了中和之气。"

这番话说得很有水平，一句也没提政治观点，即新旧党争，只是跟神宗讲他爷爷当年对苏轼的欣赏，又讲自己生病了，想要积点福报。

这不是说教，而是说情，说得宋神宗都流下了眼泪，马上就轻判了苏轼。苏轼的主要作品都是"乌台诗案"之后写的，也就是说，曹皇后通过自己的努力，给我们留下了一个大文豪，这是多么大的功劳啊！

第二次，宋英宗的高皇后。在短短的几个月内让苏东坡从八品升至三品"翰林学士知制诰"的，离不开高皇后在背后的发力。

第三次，宋神宗的向皇后。在苏东坡已经 64 岁时，宋徽宗即位后大赦天下，苏东坡才得以被召回。苏东坡于北返途中死于常州。要不是宋神宗的向皇后代摄政事，招苏轼回京复命，苏东坡就会客死海南边远之地。

第三节　躬耕建雪堂，号东坡居士

元丰四年（1081），苏轼家中用度"日以困匮"，"故人马正卿哀予乏食，为郡中请故营地数十亩，使得躬耕其中"（《东坡八首》叙）。在黄州城外的东坡之上开荒种地到次年二月雪堂在东坡落成，这 1 年多时间苏轼为生计所迫，脱冠扶犁，躬耕劳作，几乎天天与下层劳动人民交往，俨然一介农夫，心态渐趋平和。苏轼把这城东的一片坡地定名"东坡"，自己则变成地地道道的农夫，并自号"东坡居士"，从此以后世人只知"苏东坡"，"苏东坡"比"苏轼"的名气大得多。

一、躬耕在东坡

元丰三年（1080），苏轼从一场牢狱之灾中死里逃生，被贬去黄州。

从庙堂之上的官员，一下子成为山林之间的农夫，苏轼没有怨天尤人，而是既来之则安之，带领家人建设家园，过起归园田居的生活。

从嘉祐六年（1061）就跟随自己的马梦得，到郡里帮着张罗，黄州知州徐君猷遂将黄州城东门外 50 亩废弃的旧营地批给了苏轼。

这块地是黄州东面的坡地，营地久荒，遍布瓦砾。苏轼在《东坡八首》里曾经是这样形容的："刮毛龟背上，何时得成毡？""崎岖草棘中，欲刮一寸毛。"可想而知开垦这块地是多么的艰辛。

在这里，除了种田、植树、栽花、筑水坝、挖鱼塘，他还因地制宜，研究出东坡肉、东坡羹，以此改善家人伙食。大雪天，盖成了几间房屋，作为与友人品茶饮酒、谈诗论词的客房。

林语堂认为，苏东坡最可爱之时，莫过于自食其力谋生活的时候。

在劳作中体验到生活的艰辛。苏轼出身书香世家,在当时"官本位"的影响下,万般皆下品,唯有读书高,读书人种地是为人所不齿的事情。志不求易、事不避难。他在事上练、石上磨,重担子压出了铁肩膀,苦差事练出了真本事。

"东坡地既久荒,为茨棘瓦砾之场,而岁有大旱,垦辟之劳,筋力殆尽。"(《东坡八首》序)为了复垦废弃的荒地,他效法北山愚公,自率家人披荆斩棘,搬运瓦砾,辟出一块数十亩的田园。"去年东坡抱瓦砾,自种黄桑三百尺。今年刈草盖雪堂,日炙风吹面如墨。"(《答孔平仲》)久旱逢甘雨,诗人喜出望外:"沛然例炀三尺雨,造化无心悦难测。老夫作罢得甘寝,卧听墙东人响屐。腐儒奋砺支百年,力耕不受众目怜。"昔日的"食肉者",假如不是今天亲身参与劳动,是不可能有如此体验的,也不可能有描述得如此真切的作品。

从元丰四年(1081)二月开始,东坡买牛买农具,率领全家老幼晨起夕归,开垦荒地。这处废旧营地遍布荆棘瓦砾,当年又久旱不雨,让全家人吃尽了苦头。

> 废垒无人顾,颓垣满蓬蒿。谁能捐筋力,岁晚不偿劳。
> 独有孤旅人,天穷无所逃。端来拾瓦砾,岁旱土不膏。
> 崎岖草棘中,欲刮一寸毛。喟焉释耒叹,我廪何时高。

在劳作中安抚抑郁的心情。黄州东门外这个缓坡,不是酒足饭饱之后徜徉其中的杭州美景,不是大观园中刻意营造的稻香村,也不是雇人耕种坐等收税的庄园,而是苏东坡一家生活之所系。锄禾日当午,汗滴禾下土,哪有闲情逸致吟出"采菊东篱下,悠然见南山"?真正的躬耕之余,所有人想的都只能是——收成。

东坡位于黄州城东一里之外,苏轼每日往返,日晒风吹,脸晒得黝黑。土地多年荒秽不种,倒是有很好的肥力,犁起来的泥土泛着光泽。他兴冲冲地蹲在高处，找几个朋友参谋，一起盘算稼穑农桑。他打算在低处种水稻，东面边界种上枣树和栗子，老乡王文甫答应给他一些桑树苗，桑树一定要栽的。竹子是他的最爱，宁可食无肉，不可居无竹呀，可是一想到竹子的根系在地下四处流窜，东家种竹西家遭殃，还得琢磨琢磨。有了田，自然要盖房，得把房址的方位圈出来。孩子兴冲冲地跑过来，说发现了一处暗井，顺流循之，原来水源在远处山岭上的一处幽泉，再远处是一个占地10亩的大水塘，一路逶迤，涓滴汇聚，这还真是一块风水宝地呢！

天有些旱，幽泉逐渐干涸了，这时候，下雨了。雨有一犁深，正是清明时节，这个时候种稻，真是老天爷眷顾。稻子从地下钻出来，如针尖一般纤细，农夫叫它稻针。细雨如牛毛，蜘蛛丝一般轻柔地飘落，在近处看不见，远处那稻田却弥漫得朦朦胧胧的。初夏以后分秧，长势越发喜人，出息得一片葱翠，像绿茸茸的毯子一样，一块一块在冈峦上廷伸开去。夏天的夜晚，月亮撒在稻田里，叶子上坠着圆润的露珠；到了秋天，稻秆顽强地挺直脊背，奈何还是要低下头来，田间蚱蜢纷飞，这样的野趣，有几人体验过？从前吃的都是官仓中的陈粮，肯定没有我的稻子香哦。

然而这些都是他的想象。把荒地拾掇妥当以后，已经来不及种稻子了，只能种一季麦子。种子落地一个月，田野里已经满眼都是郁郁葱葱了。邻家的农夫跑过来说，麦苗太密集了，株距不够，得把牛羊放出去践踏，这样产量才能上去。东坡听从了农夫的指点，果然获得了大丰收。

在丰收中得到满足的欢愉。这一年苏家收获了20石大麦。正好这时候稻米吃完了，便将大麦舂以为粒，麦粒粗糙，难以下咽，嚼起来吱吱有声，小孩子说就像嚼虱子。于是用米汤泡一下，感觉好多了，苏轼笑称"有西北村落气味"。后来东坡又和家人不断调剂，将红小豆和大麦掺和在一起煮食，别具风味。夫人王闰之说："这种新式做法，叫二红饭"。

东坡乐颠颠地把这件事记载下来，篇名就叫《二红饭》，只有短短100多字，却是妙趣横生。什么是生活，生活就是你心灵的映射，它像一面镜子，你对它笑，或是对它哭，它都会给你相同的反馈。苏东坡总是能从一些日常生活琐事中，去发现别人忽视的生活乐趣，去捕捉一切美好的光影，从而把坎坷磨难消弭在旷达辽远的心境之中。

苏轼几乎把全部精力投入到东坡之上，种稻播麦，植树种菜，忙得不亦乐乎。在这年十月所作的诗《东坡八首》中，掩饰不住诗人满怀的丰收喜悦。"种稻清明前，乐事我能数。"从春季听到稻针出水的好消息，到夏季看到苗壮的秧苗在月下挂满珠露的欢愉，再到秋天手捧着沉甸甸的谷穗的喜悦，特别是想到将要尝到玉粒般的新米饭，此中味道一定会远胜于官仓陈米，心中的自豪和满足更是无以言表，满腹的烦愁早已抛于脑后。

他在劳作中施展着自己的才华。苏轼几乎变成了一位农业专家，精心谋划，几乎把东坡设计成一个经营品种齐全的家庭农场。他建筑农舍，打井修塘，改善生产条件；把桑、茶、果树与稻、麦、菜安排到不同的区域。他还虚心向老农学习技术，把控制冬麦旺长的方法记录在诗中；他对鄂东的秧马推崇备至，后来将这种省力、便捷的劳动工具推广到岭海地区，还编成《秧马歌》补编进农书《禾谱》之中。苏轼的政治才干和文学才华此时转化为经营农业的智慧。

苏轼就是这样的人，他打破了文人不事农耕的世俗偏见，同时也打破了自己无力养活全家人的困境。他不顾世俗人的眼光，率家人披星戴月，撸起袖子，辛勤耕作，垦荒辟壤，耕田犁地，播麦种豆，修塘打井，躬耕其中。

苏轼觉得种地也是有很大学问的，就虚心向黄州的老农请教。他将数十亩田地作了统筹安排，将一部分变成水田，插了水稻；开了十亩地，种了小麦；还种了竹、桑、枣、栗、松，并特别写信给大冶一座寺庙长老，要来"桃花茶"的种子，种在东坡，做到"不令寸地闲"。经历了躬耕东坡，后来苏轼在农业、水利上颇有造诣。

劳动不仅磨练了他的筋骨，更改变了他的心态。苏轼体验到了稼穑的艰辛，感受到了民间的疾苦，而自己劳动的汗水不仅换来丰收的果实，解决了现实的生计问题，而且洗刷了心灵的积垢，使心境开始变得宁静、平和。

种地盖房子完成普通人的梦想。苏东坡开始盖房子，在黄州东坡的一侧修建五间草房，这里地势较高，左邻右舍的朋友们帮了不少忙，终于在元丰五年（1082）二月竣工。房子竣工时，正值大雪纷飞，东坡遂名之为"雪堂"。他自题"东坡雪堂"四字榜书，悬于门楣。室内除一床一几，再无别物。作为文人画的标志性人物，自然不劳别人动手，他在四壁皆绘飞雪，不留任何缝隙，起居环顾，皆是飞雪，仿佛置身天地之间，没有任何拘束。他作《雪堂记》，又作《江城子·梦中了了醉中醒》，东坡雪堂是苏轼在黄州时唯一体面的固定资产，他在这里接待慕名前来拜访他的黄州人士，或者是远道而来探望他的亲朋好友，苏轼自己主要还是和家人一起住在江边的临皋亭。

雪堂下将泉水引出，在堂前流过，溪流上横一小桥。堂东为手植柳树，旁边就是孩子们发现的暗井，现在已经疏浚，成为家人取水之处，泉寒冻齿。缓坡下有桃花茶树橘树，有菜畦，有枣树桑树栗树，远远望去，十足士大夫向往的田园景象了。

苏轼在黄州放下士大夫的矜持，他亲自种地，用躬耕来养活家人，也要在躬耕中寻找田园的乐趣。

白居易贬忠州刺史时，也曾在州城东门外垦荒种植，还吟有《东坡种花》："朝上东坡步，夕上东坡步。东坡何所爱，爱此新成树。"可见诗人若是没种过地，那诗也不会有乡土气息，苏轼觉得自己有机会学习偶像白居易的生活方式了，遂自号"东坡居士"。

从此东坡居士和东坡雪堂就成为黄州最厚重的文化基因。

墙壁上写养生箴言养身心。在黄州期间，苏东坡开始反省自己过去所作所为，"焚香默坐，深自省察"，勇于解剖自己、勇于直面自己的人生缺陷，他反省说：以前所作文章，引经据典，高谈阔论，看上去是洋洋洒洒，非常震慑、有气势，殊不知这些文章大多是空泛无用的书生之论，与现实生活，切合者甚少。

(南宋)夏圭绘《雪堂客话图》(故宫博物院藏)

所以我们喜欢苏轼，不仅仅是因为他会作诗、会作文、会做官，最重要的是，他在艰苦的生活当中，表现出了一个善于开展批评与自我批评、热爱生活、积极进取的一个真实的自我，正是这个真实的自我，打动了千百年之后的人，对他投去敬重的目光。

苏东坡把个人存在问题和不足的原因分析后写在雪堂的墙上，每天警醒自己：

出舆入辇，厥瘗之机。洞房清宫，寒热之媒。
皓齿娥眉，伐性之斧。甘脆肥脓，腐肠之药。

我们用现代的语言来描述就是说：

一是出门就坐车，上下楼离不开电梯，这样是在让自己的腿变得无力衰老，提前报废。

二是夏天上班开空调，回家开空调，就会容易身患伤寒、暑热的病症。

三是翻墙上网，平时所见，都是花花绿绿的世界，这都是耗散精神，透支性命。

四是饮食上，喜欢吃各类煎炸烧烤，甘美爽脆或肥腻、味厚的食品，贪图甜腻重口的美食，就容易侵腐肠胃，损害健康。

苏东坡还认为，清心寡欲是长寿的关键因素。他生性达观，常以"安分以养福""无事以当贵"自慰。他说"养生难在去欲"，人生在世，不必追求功名利禄，不要留恋官位权势，不宜看重荣辱得失。如果贪欲无度，永无满足之时，便会亏损心神，耗伤气血，妨碍健康。对于酒、色、财、气，切勿迷恋沉溺，不知控制，不能自拔，而贻害自己。他在雪堂墙壁上挥毫题写的"四戒"是一段精辟论述，可算是规劝人们关注养生保健的宝贵箴言。

苏东坡又认为，动静结合是长寿的重要保证。他告诫人们不要贪图安逸，久坐不动。应多走路跑动，提倡"安步以当车"，多运动以活动筋骨，畅通气血。他喜爱爬山，说登山既可锻炼腰腿，强身壮骨，又能陶冶性情，清除心中杂念。他还爱在庭院中抚花弄草，经常劳动，辛勤种植。他很赞同神医华佗说的这句话："人体欲得劳动……动摇则谷气得消，血脉流通，病不得生。"他每天定时散步，称"散步可令腹空"，有助于消化。

苏东坡深刻认识到，适当服药可保长寿。苏东坡一生酷爱研读中医药书籍，每到一处，都爱与当地名医结交，探讨防治疾病的方法及养生之道。他为官一方，关心民生，特别注重贫苦大众这些弱势群体的疾病防治问题，常向他们义诊送药，如遇疫病流行，更是大力救治，故口碑极佳。后人曾搜集他治病常用的 48 个验方，编为《苏学士方》，至今存于中医宝库中。他还自著了《东坡养生集》，书中介绍他长期服食芡实的养生体验：每日不拘时间取熟芡实米仁数粒放口中细嚼，待唾液满嘴时慢慢咽下，每天吃 20~30 粒，终日不断。他还在庭院中种植枸杞，供自己食用及宴请宾朋之用，有《小圃枸杞》诗句为证："……根茎与花实，收拾无弃物。大将玄吾鬓，小则饱吾客。"他说常吃枸杞能乌须黑发，强身健体，益寿延年。

元丰三年（1080），被贬谪到黄州的苏轼遭遇了他人生的最低谷，这里是他的炼狱，亦是他的福地。苏东坡最美的文、最智的诗、最佳的词、最雄的赋、最酷的字、最绝的美食，皆诞生于黄州。

二、黄州朋友圈

在北宋的文人圈里，苏东坡是当之无愧的"男一号"，其风采在他的"朋友圈"中得到了充分的展示。

苏东坡的朋友五花八门：皇帝、太后、宰相、文士、诗人、官僚、和尚、道士、歌女、厨师、画家、街头邻居，甚至妖狐鬼怪……

其阵容更是不同凡响：欧阳修、王安石、司马光、米芾、佛印禅师、驸马王诜、黄庭坚……现在我们看看苏东坡在黄州的朋友圈。

元丰三年（1080）正月，苏轼在两个御史台差役的押解下前往黄州。刚走到麻城附近的岐亭，忽然看到有人骑着白马从山上奔驰而来，还频频向自己招手，来人正是他的故友陈季常。

虽然此时的苏轼是戴罪之身，陈季常仍然热情地邀请他到家做客，一住就是 5 天。对于刚从御史台监狱死里逃生、将要流放到举目无亲的异乡去的苏轼来说，陈季常的友情无异于大旱之后的第一滴甘霖，可以说陈季常的热情接待，镇住了黄州地域内的一批人，打消了他们想要为难苏轼的想法。

苏轼一到黄州，住在长江对岸的王齐愈、王齐万兄弟就渡江来访。王氏兄弟本是四川人，此时则是流寓鄂州的普通百姓。有时东坡渡过江去游览鄂州西山，遇到风雨，便留宿王家，王氏兄弟杀鸡炊黍招待东坡，一点也不厌烦。

稍后，东坡又结识了潘丙、潘原、潘大临、潘大观、古耕道、郭遘、何颉等人，诸人虽读书识字，但皆无功名，只是世居黄州的土著而已，比如潘丙在鄂州樊口开了一家小酒店，郭遘靠卖药为生，古耕道则是市井中人。

东坡曾以亲切的笔触描写这几位朋友："潘子久不调，沽酒江南村。郭生本将种，卖药西市垣。古生亦好事，恐是押牙孙。"

所谓"押牙"，是指唐人小说《无双传》中那位藏身市井的侠客古押牙，此句正暗示着古耕道的市井身份。

此后的几年里，东坡经常与他们交游。

陈慥，字季常，游侠隐士，四川眉山人。陈慥为典型的官二代，父亲陈希亮曾是苏轼刚入仕途时的顶头上司。但陈季常本人却不乐仕途，当他在岐亭邂逅东坡时，早已繁华落尽，变成一位安贫乐道的隐士。

苏轼到达黄州后，陈季常时时前来探望，有文字记载的就达 7 次。此时的陈季常谈不上富裕，仍力所能及地给予东坡一些物质援助，东坡写信致谢说："至身割瘦胫以啖我，可谓至矣！"

麻城岐亭距离黄州不很远，苏轼也曾 3 次前去看望陈季常，两人推心置腹，不拘形迹，以至于苏轼对陈季常的家庭生活也十分熟悉，曾写诗嘲笑其是个"耙耳朵"："忽闻河东狮子吼，拄杖落地心茫然。"为汉语增添了一个有趣的成语"河东狮吼"。

元丰七年（1084），东坡遇赦离开黄州，陈季常专程前来送行，并随着东坡一起上路，一直送到九江（今属江西）附近，才依依不舍地告别返家。此后两人书信不断，东坡晚年被贬惠州，陈季常还曾致书问侯。

其时党祸残酷，朝野都不敢谈论苏东坡，可是陈季常却亲自主持刊刻东坡诗集,这部《苏尚书诗集》曾引起黄庭坚的关注。

如果说陈季常是自愿放弃官宦子弟的身份才成为平民的,那么苏东坡在黄州结识的朋友中还有不少世代为民的黄州人和身在黄州的他乡人。

徐大受,字君猷,黄州太守,浙江天台人。徐君猷是苏轼到黄州5个月后才上任的,之前的太守叫陈君式,对苏轼也不错,不过在一起的时间太短。在黄州与苏轼相处的3年中,徐君猷丝毫不像一位对苏轼负有监管之责的上司,倒像一位热情待客的主人。其间,苏轼写了大量和徐君猷有关的诗、词、文,开始一段时期的作品,主要是感谢徐君猷的关怀,然后就是描写日常交往。

徐君猷在每年的重阳节都要设下酒宴,邀请苏轼共度佳节,"霜降水痕收,浅碧鳞鳞露远洲。酒力渐消风力软,飕飕。破帽多情却恋头"(《南乡子·重九涵辉楼呈徐君猷》)。

1083年,徐君猷在黄州的任期已满,到湖南任职,在离开黄州前往湖南赴任的途中去世。消息传回黄州,苏轼悲伤万分,扶棺痛哭。《挥麈后录》卷七中记述:"徐君猷,阳翟人,韩康公婿也。知黄州日,东坡先生谪于郡,君猷周旋之不遗余力。其后君猷死于黄,东坡作祭文、挽词甚哀。"

> 故黄州太守朝请徐公君猷之灵。惟公蚤厌绮纨,富以三冬之学;晚分符竹,蔼然两郡之声。家世名臣,始终循吏。追继襄阳之耆旧,绰有建安之风流。无鬼高谈,常倾满坐。有功阴德,何止一人。轼顷以蠢愚,自贻放逐。妻孥之所窃笑,亲友几于绝交。争席满前,无复十浆而五馈;中流获济,实赖一壶之千金。曾报德之未皇,已兴哀于永诀。平生仿佛,尚陈中圣之觞;厚夜渺茫,徒挂初心之剑。拊棺一恸,鸣呼哀哉!

苏轼说自己因故被贬,家中人都嘲笑他,亲朋也少有与之交往者,但是徐君猷却努力保护、时时接济他，祭文中的"一壶之千金"，来自《鹖冠子·学问》："中河失船，一壶千金，虽贱无常，时使物然。"意思是船到江心失控时，能够得到一个救命的飘浮物，这才是真正的救人于危难之间。苏轼说他还没来得及报答太守之恩就已天人两隔，这让他哀伤不已。

后来，他又作了一首《徐君猷挽词》：

一舸南游遂不归，清江赤壁照人悲。请看行路无从涕，尽是当年不忍欺。

雪后独来栽柳处，竹间行复采茶时。山城散尽樽前客，旧恨新愁只自知。

一首首诗文情深，说不尽苏轼对老朋友的怀念与心中的郁闷。

潘丙，字彦明，酒坊小老板，黄州人。"潘子久不调，沽酒江南村"，说潘彦明多次参加科举考试，都名落孙山，依靠在江南樊口卖酒维持家人的生活。潘丙读过书，曾经乡试第一，称为"解元"，可后来止步于科举考试。元丰三年（1080）三月，苏轼寓居定惠院不久，潘彦明来访，苏东坡与其到樊口，饮于其店中。这次经历让苏轼非常兴奋，给弟子秦观写信，特意介绍鄂州樊口饮酒的状况，"有潘生者，作酒店樊口。棹小舟径至店下"。元丰四年元月二十日，东坡去岐亭，潘与古、郭"三友"送至女王城，作"去年今日关山路，细雨梅花正断魂"之诗作。二月，《东坡八首》之七中再次透露"沽酒江南村"的信息。四月，潘丙和苏东坡、陈季常及古耕道等会于师中庵，祭通判任师中，苏轼作祭文。

元丰五年元月二十日，潘丙、郭遘陪同苏轼出城寻春女王城，和上年诗韵，有"人似秋鸿来有信，事如春梦了无痕"的警醒句。同日过汪若谷家，东坡作《天篆记》记之。元丰六年十二月，潘丙与东坡一起，赴何秀才家食油果，因油果无名，苏东坡取"为甚酥"，还以"潘子错注水"调侃潘丙的酒。苏东坡给《与朱康叔书》中提及潘丙说："最有文行的解元。"

元丰七年四月，苏东坡离黄赴汝，将东坡地和雪堂委托潘丙照看打理。其后，与之保持密切书信联系，经常来信问候黄州乡亲、酒坊生意及东坡、雪堂葺治情况。可见，潘丙与苏东坡感情深厚矣。

郭遘，字兴宗，药店老板，山西汾阳人。"郭生本将种，卖药西市垣"，指的是郭遘，据说他是唐朝名将郭子仪的后代。侨居黄州，在城西开一间小药店为生。苏东坡到黄州后与之成为好朋友。

看到苏轼生活困难，郭遘和黄州乡亲一道，伸出援手鼎力相助，苏轼特作《东坡八首》之七谢之。元丰四年正月，听说子姑神降临郭家，东坡甚异之，便与古耕道、潘丙等前去，东坡写了《子姑神记》《仙姑问答》《少年游·玉肌铅粉傲秋霜》等诗文，留存至今，苏学专家饶学刚教授说，这是研究中国神话难得的资料。

同月，苏东坡去岐亭，郭兴宗等送至女王城，苏轼作诗以志之。元丰五年正月，和上年一样，郭陪同东坡游女儿城，苏轼"乃和前韵"、"已约年年为此会，故人不用赋《招魂》"。十二月十九日，郭兴宗与古耕道置酒赤壁矶，为苏东坡庆生。

元丰六年三月寒食日，郭兴宗陪同苏东坡和武昌主簿吴亮游武昌寒溪，郭兴宗作挽歌，东坡为郭改白居易寒食词，名曰《瑞鹧鸪》，为后人了解已消失的寒食节提供了素材。

元丰七年四月，苏东坡离黄赴汝，郭兴宗和黄州朋友一道，送先生近100里，至今黄石市磁湖，才依依惜别。离开黄州后，苏东坡牵挂郭兴宗旧疾，曾来信询问，并祝郭兴宗"必全平愈"。

古耕道，陕西彬州人。古耕道乐善好施，爱打抱不平。苏轼初到黄州寓居定惠院时，古耕道住南坡，与苏轼做了东邻，成为至交。元丰三年三月，东坡得知鄂黄有溺婴恶习，立即给鄂州太守朱寿昌写信，建议官府出面制止，同时与古耕道组织育儿会，东坡书《黄鄂之风》说："黄之士古耕道，虽椎鲁无他长，然颇诚实，喜为善。"

元丰四年正月二十日，古耕道和潘丙等"三友"送东坡至岐亭，过女儿城，有东坡怀念关山之作为证。二月，苏东坡得荒地五十亩，古耕道参与其中，大力协助，先生作《东坡八首》谢之。

元丰五年正月二十日，古耕道等陪同苏轼寻春至女王城，苏轼作"东风未肯入东门，走马还寻去岁村"的诗句。六月，久旱得雨，苏轼作雪堂种植诗，并《书赠古耕道》，称赞古家竹园，"古氏南坡修竹数千竿，大者皆七寸围，盛夏不见日，蝉鸣鸟呼，有山谷气象"。苏轼曾想盖几间房，后未果。

十二月十九日，古耕道与郭兴宗一道，在赤壁矶为苏东坡祝寿，中途笛声传来，能识音的古耕道，听出进士李委特为东坡生日所作新曲《鹤南飞》，苏轼特作《李委吹笛》答谢。

元丰六年六月，古耕道修葺嘉观，东坡作文记之。

元丰七年四月，东坡离开黄州，古耕道和黄州乡亲送至黄石磁湖，两人再也没有见过面。

我们都知道，苏轼是个喜欢交朋友的人，在很大程度上，苏轼的存在就是为朋友而存在的。没有朋友他会憋死的。苏轼交朋友的特点，就是四个字——真诚相待。

黄州太守徐大受、武昌太守朱寿昌，也是对苏东坡佩服得五体投地的人。

太守是秦朝至汉朝时期对郡守的尊称，汉景帝更名为太守，为一郡的最高行政长官。南北朝时，州郡滥设，郡县泛滥，辖境缩小，郡守权力为州刺史所夺。因而隋初存州废郡，以州刺史代郡太守之任。此后太守不再是正式官名，仅用作刺史或知府的别称。宋朝时期的知州，通俗叫法也叫太守，应该称为黄州知州徐大受、武昌知州朱寿昌或徐知州、朱知州。

再一个朋友是马梦得（字正卿），始终陪伴着苏东坡，而且非常忠实可靠，已经追随苏东坡 20 年，非常信任他，崇拜他。苏东坡曾说，他的朋友跟随他而想发财致富，那如同龟背上采毛织毯子。他在诗里叹息："可怜马生痴，至今夸我贤。"

其实，苏东坡在黄州的朋友圈还有很多人，或是朋友，或是敌人，或是淡出生活的旧友。正是因为有了他们，苏东坡的人生才更加的饱满和丰富多彩。他们带来的悲伤、打击、磨难、快乐、安慰、温暖都是苏东坡人生的一部分，他们和苏东坡一起书写了苏东坡的一生。

三、理财和投资

苏轼在给秦观的信中说："初到黄，廪入既绝，人口不少，私甚忧之，但痛自节俭。"

做好节流，控制开支。苏轼说"痛自节俭"，他的办法是，拿出以前的积蓄，每月初取出 4500 钱，分成 30 份，挂在房梁上，1 天开支不得超过 150 钱。每天早起用叉子挑起一串，之后把叉子藏起来，如果当天用不完，则用竹筒存起来，用以招待宾客。这是他从杭州那个穷秀才贾收那里学来的。

每天花销 150 钱，是个什么概念，我们可以测算一下。北宋元丰三年（1080）东京地区的大米是 70 钱一斗，宋代的一斗大概相当于现在的 6 公斤，就是说苏轼一家每天的花销相当于 13 公斤大米。以如今黄冈的零售米价每公斤 6 元计算，苏轼全家一天用度 78 元，每月不到 2400 元。除此之外再无别的消费能力，以苏家人口来看，此水准在今天属于贫困无疑。大概 20 年后，米芾花费 15 万钱购得王羲之《破羌帖》，这笔钱可以让当年的苏轼全家用 3 年之多。米芾只是个小官，从中可以看出，由官员跌入庶民行列，是多么大的反差。

苏轼这种理财方式，其实就是现今提倡的"储蓄"方式，将钱积累起来，以保证自己生活安稳。

努力开源，躬耕自足。当然，这样"节流"是远远不够的，苏轼经朋友帮忙，从黄州衙门那里弄到城东的一块 50 亩废弃坡地。

于是他脱下长衫，穿上短衣，带领全家人开荒种地，种植粮食，自给自足。

刚开始务农没有经验，就向当地人请教，经过努力耕种后，渐渐收成好了，不但有了小麦这类食物，还有茶叶这类经济作物，渐渐也变身为务农达人了。

生活至此也就好了起来，自家用不完的时候还可贩卖于集市或者赠予朋友。

就这样他"节流"的同时还做到了"开源"。

生活虽然甘苦，但也自得其乐，生活是越过越好。

置办房产，建设家园。仔细检视一下苏轼的人生，可以看出另外一些端倪：尽管他一生漂泊，但却有一项特别的爱好：置办房产，建设家园。"人生如逆旅，我亦是行人"，一个满面风尘怀揣孤独浪迹天涯的流浪者，一直向往的，却是稳定平静的生活。

这大约也是他的矛盾之处吧。

苏轼在黄州时建了"东坡雪堂"，又到黄州附近的蕲水（今浠水）买田，"东坡"的荒地上，种了庄稼和树木，使全家的物质生活有了着落，更重要的是，他还在东坡附近建了座房子，这座名为"雪堂"的房子使他的精神生活有了着落。

雪堂建在一块高地上，视野开阔。听闻苏轼要盖房子，一群朋友和邻居都赶来帮忙，纷纷为这所共有5间的房子添砖加瓦，苏轼当然更要亲自动手。他手上磨出了老茧，脸被晒得黝黑，花了整整一个冬季，雪堂终于在一场纷飞的大雪中完工。

大雪启发了苏轼，他便在堂屋的四壁，画满了雪景，因而为房子取名"雪堂"，"绘雪于四壁之间，无容隙也。起居偃仰，环顾睥睨，无非雪者"，左看右看上看下看全都是雪。

有了雪堂，他就不用天天回江边的家；有了雪堂，来方的朋友便不至于无地可住；有了雪堂，他写写画画的愿望也便得到满足。

那叫一个开心！赶紧写《江城子》纪念：

梦中了了醉中醒，只渊明，是前生。走遍人间，依旧却躬耕。昨夜东坡春雨足，乌鹊喜，报新晴。雪堂西畔暗泉鸣，北山倾，小溪横。南望亭丘，孤秀耸曾城。都是斜川当日景，吾老矣，寄余龄。

有了雪堂，夫复何求？

我即将老了，就让我在这里幸福地度过余生吧。给李常的信里，他对于亲自耕种的东坡和亲自设计的雪堂的建成甚是自豪："某见在东坡，作陂种稻，劳苦之中，亦自有乐事。有屋五间，果菜十数畦，桑百余本，身耕妻蚕，聊以卒岁也。"

在黄州，东坡雪堂是苏轼重要的精神领地，在那里，他写字绘画，著书立说，招待朋友，并完成了自我的超越和突破。《雪堂记》一文中，可以看得出他的超越和突破：

雪堂之前后兮，春草齐。雪堂之左右兮，斜径微。雪堂之上兮，有硕人之顺顺。考盘于此兮，芒鞋而葛衣。挹清泉兮，抱瓮而忘其机。负顷筐兮，行歌而采薇。吾不知五十九年之非而今日之是，又不知五十九年之是而今日之非。吾不知天地之大也，寒暑之变，悟昔日之癯而今日之肥。感子之言兮，始也抑吾之纵而鞭吾之口，终也释吾之缚而脱吾之。是堂之作也，吾非取雪之势，而取雪之意。吾非逃世之事，而逃世之机。吾不知雪之为可观赏，吾不知世之为可依违。性之便，意之适，不在于他，在于群息已动，大明既升，吾方辗转，一观晓隙之尘飞。子不弃兮，我其子归。

他在雪堂里会四方之客，他在雪堂里著书立说，他在雪堂里思考人生。

他离开黄州前，特别委托当地的朋友潘丙帮着照看东坡和雪堂，他的计划是，早晚有一天，苏某人还是会回来的。

未雨绸缪，购置田产。苏东坡虽然有着浪漫的情怀，也不乏诗人的率真，但这一切不会引起对于现实的完全舍弃或背离，他始终执着于现实，清醒地意识到自己对家庭所肩负的责任。

常言道"人无远虑必有近忧"，苏轼一家人的生活需要有长远的、稳妥的安排。东坡这块地毕竟是官家的，不属于私产。所以，苏东坡打算在黄州再购置一些田地，以作长久打算。

于是，在来到黄州的第三个年头的三月七日这天，苏东坡在几位黄州朋友的陪同下，来到黄州城附近的沙湖，购买、置办田地。苏轼手里握着竹杖，脚上穿着芒鞋，一边赶路一边与朋友欣赏着沿途的景致。大家一路上有说有笑，可是天公不作美，眨眼之间风云突变，下起了瓢泼大雨。

同行的朋友都觉得十分狼狈，但苏东坡的心情丝毫没有被突如其来的风雨影响，他想：大雨既然已经来了，路途也没有避雨的去处，还不如坦然面对这突来的风雨。

不一会儿，云开雨霁，这场突如其来的风雨就像沿途的一个小插曲，看到自己在风雨中竹杖芒鞋、一蓑烟雨的情形。苏轼不禁回味良久，不经历风雨怎么见彩虹？于是他将途中遇雨的情形与途中感悟填成词《定风波》，并大声吟唱起来。

词中的名句"回首向来萧瑟处，归去，也无风雨也无晴"，是苏轼面对风雨时坦荡旷达的人生态度：人生不就是这样充满起起伏伏，在兜兜转转中追寻一片安放心灵的沃土吗？在寒冷中有温暖，在逆境中有希望，在忧患中有喜悦。

苏轼花了一阵子求购良田，只是最终未能寻到称心如意的田地，方才作罢，却留下了"谁怕？一蓑烟雨任平生"，"谁道人生无再少？君看流水尚能西，休将白发唱黄鸡"的豪迈。

苏东坡的理财风格：低风险，量入为出，保守派。

先节流再开源，这就是被生活逼出来的理财技能！

四、儿子的成长

现在很少有人关注到苏东坡三个儿子的经历，苏东坡被贬黄州对苏迈、苏迨和苏过影响极大，可以说在苏东坡的盛名之下三个儿子被改写了自己一生的命运。

（一）长子苏迈受乌台诗案牵连

苏迈（1059—1119），字维康，是苏轼长子，生母王弗。就在苏迈积极备考的元丰初年，苏东坡卷入著名的乌台案中。苏迈当时在京师，天天给狱中的苏轼送饭。父子俩不能直接见面，于是暗中约定，平时只送蔬菜和肉食，如果有坏消息就送鱼，以便心中有数，同时，苏迈为父亲的案情还四处奔走，托人申诉。父子二人就这样持续了一个月，每日送的都是蔬菜和肉。有一天，苏迈由于要外出置办食物，让一个亲戚代为送饭，却忘了交代不应该送鱼的事。恰巧，这位亲戚偏偏送来了一条鱼。苏轼看到此状，知道自己罪不可赦，大限将至，他舍不得弟弟苏辙和妻儿，想到即将和他们诀别，感慨万分，遂做《狱中寄子由二首》。苏轼本以为生命就以这样的方式了结，然而人生就像是与苏轼开了个大玩笑，当狱卒把信交给皇帝宋神宗时，皇帝读了也感动不已。

最终苏轼贬谪"黄州团练副使，本州安置"，轰动一时的乌台诗案就此了结，21岁的长子苏迈和父亲一起来到黄州。来黄州的第二年，苏迈考中进士。元丰七年（1084），苏迈和苏轼离开黄州在江西境内分别，苏迈前往德兴县赴任，任饶州府（今江西鄱阳湖东）德兴县尉。

为了照顾父亲和家人，苏迈一生辗转流离，始终只在地方做一些小官。到徽宗年间苏家定性为元祐党人的旧派子弟，基本被闲置不用。到政和二年（1112），53岁的苏迈在秀州嘉禾县遭罢官，最后见了叔父苏辙一面，返回徐州苏家湖闲居，到61岁病故。

（二）次子苏迨看破俗世内心好道

苏迨（1070—1126），初名叔寄、竺僧，字仲豫，苏轼次子，生母王闰之。苏迨曾任宋承务郎、饶州太常博士、朝汉大夫、参广东省政、朝散郎、尚书驾部员外郎。著有《正蒙序》《洛阳论议》。

10 岁的苏迨在黄州对读书不感兴趣，可能鉴于父亲、叔父、兄长全因乌台案受牵连，苏迨不想走科举仕途，长期喜好道家学问，养成看淡名利的性格。

兄长苏迈出仕以后，实际就由苏迨和苏过陪着苏轼辗转各地。苏迨长大以后，哲宗初年根据父荫只受了一个承务郎头衔。

苏迨于靖康元年身故，一生都与世无争，默默无闻，体现他潜心好道的清净本色。

（三）幼子苏过继承苏轼的文学才华

苏过（1072—1123），字叔党，别号斜川居士，苏轼第三子，生母王闰之。兄弟三人都秉承家学，其中苏过才华最为突出，诗词赋文书画都很擅长，很有苏轼作风，当世评价说"苏氏三虎，季虎最怒"，所以苏过有"小坡"之称。

"乌台诗案"后苏轼进监狱，当时苏过年仅 7 岁，与母亲、二哥苏迨留在湖州（浙江吴兴），后来随父亲辗转各地，侍奉亲人，耕种读书。苏过孝顺，使苏东坡在流放生活中得到不少安慰。苏过本人也饱经世态炎凉和生活磨练，养成与父亲一样开朗旷达的性格，写下大量描写祖国山川，抒发个人胸臆的诗篇。

元符三年（1100），苏轼被赦免回到北方。第二年，父子同去常州，当时苏过 29 岁，回到北方一个多月后，苏轼去世，苏过和兄长一起将父亲遗体移葬河南郏县。守孝期满，苏过本来可以再进入仕途，但是因为当权者排斥元祐旧臣子弟，即便有才华也不起用。所以苏过仅仅做过太原府监税、颍昌府鄢城(河南鄢城)知县,最后还因为党禁被免职。于是,苏过回到颍昌(河南许昌),营造几亩可供玩赏的湖田水竹,取名"小斜川",亲自耕种,教导子女,读书饮酒,自娱自乐。宣和五年(1123),苏过去世,终年51岁。

苏轼一生的挫折给苏辙、苏过等家人都带来鲜明的印记,像苏辙在徽宗年间越加推崇对颜回精神的追求,苏过也推崇陶渊明,在颍昌任上"营造湖田水竹可供玩赏者数亩",将家居之地命名小斜川,后来苏过被人称斜川居士,连文集也叫《斜川集》。

五、家庭教师巢谷

苏东坡一生朋友很多,其中不乏患难之交,但真正称得上仗义的屈指可数。显赫时宾朋满座,落寞时门可罗雀。趋利避害,人之常理,不趁机落井下石就算不错的了。

在苏东坡的朋友圈中,巢谷是最具传奇经历、最容易被忽视的一人。在苏东坡春风得意、在朝为官时,他隐藏不现。而在苏东坡不断迁徙中,他却一再出现。关于他的资料事迹极其有限,基本限于苏辙在其《栾城集》中的《巢谷传》那些信息,其人其事今天的人们读来仍敬佩不已。

巢谷,生于1026年,他出生在眉山县城外的农村,字元修,因排行老三,又唤作巢三。

1080年,巢谷听说老友苏东坡被"安排"到了黄州。元丰五年(1082)九月,他飘然千里前去黄州看望。此时,苏东坡在黄州已快两年了。巢谷参与了当地秋收的生产劳动,虽年已56岁,能文能武的他仍然是个壮劳力。巢谷也在东坡雪堂住下,苏东坡正式将两个儿子——12岁的苏迨、10岁的苏过交给他教授。能够成为苏东坡家的家庭老师,再次表明巢谷学养不凡。黄州生活是苏东坡最落寞的时光,两人做伴饮酒作诗游赤壁,一起田间劳作林下会友。巢谷的陪伴缓减了苏东坡的内心苦闷,不愧是雪中送炭的真朋友。

苏轼有一首诗《大寒步至东坡赠巢三》，就生动地记录两人患难相助的生活场景。

> 春雨如暗尘，春风吹倒人。东坡数间屋，巢子谁与邻。
> 空床敛败絮，破灶郁生薪。相对不言寒，哀哉知我贫。
> 我有一瓢酒，独饮良不仁。未能赪我颊，聊复濡子唇。
> 故人千钟禄，驭吏醉吐茵。那知我与子，坐作寒蛩呻。
> 努力莫怨天，我尔皆天民。行看花柳动，共享无边春。

巢谷是个奇士，不仅是文武奇才，还略通医术，手中积累了不少药方，平常也喜欢钻研医书，《圣散子方》据说是他祖传的方子，被他视为至宝。而苏东坡幼习道学和岐黄之术，也喜欢收集药方。恰逢黄州出现了疫情，巢谷出手救治了不少人。苏东坡很想得到他手上那秘方，软磨硬泡好久巢谷方才应允，并要求苏东坡指着江水发毒誓，这个方子只可以用来救人，绝不外传。东坡事后却认为这样有效的方子，应该能救治更多的人才对，便违背了誓言，私下把这个药方传给了当地一位名医——后来的"北宋医王"庞安时。巢谷知道后也是淡然一笑，没有和东坡大吵大闹而绝交。

《圣散子方》在苏东坡二度出任杭州时发挥了重要作用。1090年春天，杭州"饥疫并作"，苏东坡又用《圣散子方》施药施粥，再次救活了民众无数。后来，苏东坡还为庞安时的《伤寒总病论》以信为序，此书中就收录了《圣散子方》。此方一时便流传开来，备受推崇。

苏东坡在黄州时不仅思念家乡，更思念家乡的一种味道，自称"去乡十五年，思而不可得"，写信叫巢谷给他寄种子。让苏东坡念念不忘的究竟是哪种美食呢？据考证，让苏东坡始终都记挂在心的就是眉山田间地头常见的野豌豆，诗经中叫薇菜，"采薇采薇，薇亦作止。曰归曰归，岁亦莫止"。

巢谷在去黄州时就专门给他带去了眉山的野豌豆种。秋末在东坡雪堂周边一撒，很快就一丛丛地长得郁郁葱葱。折其嫩芽，可焰炒，可素煮，用水焯后还可凉拌食用，味道跟今天的豌豆尖相似。

东坡高兴极了，解馋之余还将"巢谷寄菜种"与"张骞移苜蓿""马援载薏苡"相论。因为巢谷，故有了"巢菜"之名；巢谷字元修，故苏东坡又将其亲热地叫作元修菜。

元丰五年（1082）重阳节，黄州太守徐君猷任职3年将要离任。他在黄州口碑很好，对"监管对象"苏轼特别关照。此时，安国寺继莲法师正想给该寺竹林中的一个新建的小亭起名，苏东坡有感徐君猷的政绩便命名为"遗爱亭"，并为巢谷代笔写下《遗爱亭记》，对徐太守加以褒扬，记叙了徐太守与他同游安国寺吟诗作赋的过往。

元丰七年（1084）四月，苏东坡由黄州改迁到汝州任团练副使。虽然前途未卜，仍然不被重用，但朝廷的政治气候已经有起用苏东坡的意向。巢谷却没有同行，他辞别东坡返回了眉山老家。

此后几年时间，因高太后垂帘听政，旧党执政，东坡官运一路开挂。他再次回到了朝堂，从登州知府、礼部郎中、起居舍人、中书舍人、知制诰，到龙图阁学士、杭州知州，一路风光无限，如日中天。然而，这期间巢谷反而从苏东坡的圈子中消失了，苏东坡的座上宾当中始终没有出现他的身影。此刻，他或许深居遥远的眉山而默默为老友祝福。

1097年，巢谷又闻苏东坡、苏辙两兄弟同遭不幸，双双被"安排"至岭南。他顿时心生波澜，义愤胜于思念，遂不顾身边亲朋劝阻，执意要去广东看望东坡兄弟。他以71岁古稀之龄，于冬月从眉山出发，沿水路出川，过湖北入江西之后，弃舟登岸直奔赣州，千里关山跨岭南，历时3个多月于次年正月才到达梅州。巢谷在到达梅州时给苏辙写了一封信："我万里步行见公，不自意全，今至梅矣。不旬日必见，死无恨矣。"以当时的交通条件和巢谷的身体状况，他不听亲朋相劝万里跋涉来探老友，并非逞匹夫之勇，他已抱定必死的决心。最后，苏辙在其贬居地龙川见到了一身风尘、疲惫而瘦削的巢谷。苏辙大为感动，含泪相拥：元修兄，你就是个高古之人呀!"谷于朋友之谊,是无愧高恭。"在别人避之不及,讥笑他不可能独赴岭南时,巢谷用行动证明了他对朋友最纯粹的情谊。

巢谷这才知道——几个月前,苏轼又被"安排"去海南儋州了。稍事休整后,他又执意要去海南看望苏东坡,竟意外病倒,最终客死他乡。这里,距离儋州的苏东坡有1000里地,距离龙川的苏辙有400里地。

苏东坡闻听此消息,大为悲伤,写信告知眉山老家的杨济甫,请他资助巢谷远在西北军中的儿子巢蒙前来迎丧,并请地方官员协助。

苏辙闻听痛哭失声,后悔不已,后来特意写下了《巢谷传》,巢谷的生平事迹才得以流传下来。

第四节 东 坡 遗 踪

苏轼被贬黄州期间先后居住在定惠院、临皋亭、南堂、雪堂,游于赤壁、安国寺、天庆观、承天寺、沙湖、君子泉等地,足迹所到之处,他激情洋溢,文思如泉涌,随手拈来,留下了大量文学名篇,使得黄州城的大量物质遗产与人文遗产相得益彰。时至今日,很多遗迹虽荡然无存,但却借他的文学创作得以永远熠熠生辉。

一、定惠院

定惠院是佛寺,宋代位于黄州城东南边的柯山之上。苏轼在元丰三年(1080)到黄州后的第一个居住地就是定惠院,这里茂林修竹,众鸟聚集,清新幽静,环境宜人。他在此居住了三个多月。定惠院颙师专为他开辟了啸轩,还为纪念去世于遂州的前黄州通判任伋(师中)建筑师中庵。元丰七年二月,苏轼为他写下《师中庵题名》。在黄州几年间,苏轼创作了大量有关定惠院的作品,如《定惠院寓居月夜偶出》《卜算子·黄州定惠院寓居作》《定惠院颙师为余竹下开啸轩》《海棠》等。定惠院东边有一株海棠,他常游走于海棠树下,感叹"江城地瘴蕃草木,只有名花苦幽独。嫣然一笑竹篱间，桃李漫山总粗俗"。他还有深夜烛照海棠的兴致："东风袅袅泛崇光，香雾空蒙月转廊。只恐夜深花睡去，故烧高烛照红妆。"在黄州遇见海棠对他而言是意外的惊喜，他立即联想到了自己，有知音之感，"陋邦何处得此花，无乃好事移西蜀"，借风姿高秀的海棠寄寓自己幽独高洁的情志。

到南宋时，定惠院已废弃。淳熙五年（1178），南宋著名诗人陆游自成都东归，六月抵达黄州。他登岸寻访苏轼遗迹雪堂、四望亭、定惠院、安国寺等，创作有《自雪堂登四望亭因历访苏公遗迹至安国院》，他感叹"名花亦已天上去，居人指似题诗处"，诗的末尾，他自注："定惠院已废，海棠亦不复在。"

据《黄州府志》记载，明代弘治年间，曾找寻到定惠院故址，只见林竹鸟语，一如苏轼在时，并且建筑亭台为彰显胜迹，匾额题作"坡仙遗迹"，东边的亭子名扪腹轩，西边的亭子名揩目轩。

清代光绪年间，此地还建有不少以苏轼作品命名的池台轩榭，下有快哉亭，前有海棠轩，后有洗墨池，又有睡足堂、扪腹轩等。

二、安国寺

安国寺是佛寺，位于宋代黄州城东南边，坐北朝南。

安国寺始建于唐代，具体年代记载有二：一是据明代弘治《黄州府志》记载，唐显庆三年（658），郡人张大用捐出地基，僧惠立创建，名护国寺；二是据苏轼《安国寺诗》记载，寺始建于南唐李璟保大二年（944），名护国寺。这两个记载或许并不矛盾，第一次是始建，苏轼记载的则是重修。

安国寺历史悠久，有深厚的人文文化底蕴。北宋天圣初年，韩琦（1008—1075）曾随其兄黄州知州韩琚居住黄州，他在安国寺刻苦学习，古佛青灯，风雨无阻，并于天圣五年（1027）考中进士。后来他曾与范仲淹共同守边抵御西夏，嘉祐、治平年间官至宰辅，为相十年，成为一代名臣。后人在安国寺的韩琦读书遗址处设"韩魏公祠"，安国寺也因他而声名远播。明代著名书法家董其昌感慨于韩琦在安国寺苦读后发迹之事，得知黄州安国寺重修,他曾亲笔题写"韩魏公读书堂"横额墨迹送安国寺,此额后被刻白石匾,匾今不存。

元丰二年(1079)底,苏轼被贬黄州。抵达黄州后,他常来往于安国寺,"间一、二日辄往","旦往暮还都五年如此"。他在此频繁地活动,如沐浴蔬食,每当洗完澡,感觉洁净轻松,"尘垢能几何,儵然脱羁梏。披衣坐小阁,散发临修竹",觉得不仅洗掉了"身垢"也洗掉了心上的"荣辱",并表示"心困万缘空,身安一床足。岂惟忘净秽,兼以洗荣辱",提醒自己要静心安心;面对茂林修竹,他舒适而惬意,仿佛胸中万壑,脱出牢笼,神清气爽。在给王定国的信中,他说"寓一僧舍,随僧蔬食"、"出入盖往村寺沐浴及寻溪傍谷钓鱼采药"(《与王定国》),沐浴之外,他还会同渔夫、樵夫一起钓鱼、采药,还常在寺中与僧人们一起吃素食。

春天安国寺更是踏青的好去处。元丰三年(1080)二月,到黄州不久的他就游览安国寺,《安国寺寻春》写道:"卧闻百舌呼春风,起寻花柳村村同。城南古寺修竹合,小房曲槛欹深红。"这诗的前四句写诗人因闻鸟而寻花柳,他的情绪无疑是欢快愉悦的,可"看花叹老忆年少,对酒思家愁老翁",面对春光他仍然有了春愁,有了人生易老的感叹,而这恰恰是他希望得到解脱的精神困境。后来"寻春"成了他和黄州的朋友们每年固定的活动,"每岁之春,与眉阳子瞻游于安国寺,饮酒于竹间亭,撷亭下之茶,烹而饮之"(《遗爱亭记》),与前后两任黄州太守徐大受(君猷)、杨君采(素)的交游活动也常在此开启。

苏轼还曾在安国寺之侧购置一池塘,将龟、鳖鱼等在此放生,并亲书"放生池"三字勒石于旁,将池塘取名为"苏子瞻放生池",后清朝徐惺过此作《安国寺放生池记》,以追怀苏轼。

南渡之际,金人南侵,黄州是宋金交战的前线,安国寺也毁于战火。南宋乾道五年(1169),陆游自山阴(今浙江绍兴)赴任夔州(今重庆奉节)通判,由运河、长江航道乘船而行,在八月十八日到黄州城,十九日游安国寺等苏轼遗址遗迹。他所看到的安国寺是"兵火之余,无复遗迹。惟绕寺茂林啼鸟,似犹有当时气象也"(《入蜀记》)。淳熙五年(1178),他东归,六月路过黄州,他再次探访苏轼遗迹,创作有《自雪堂登四望亭因历访苏公遗迹至安国院》,他说:"九十一翁不识公,我抱此恨知无穷。"又在诗末尾说明:"安国老僧景滋九十一,自言东坡去黄后四年方生。"面对苏轼离开黄州四年之后才出生的景滋,看到荡然无存的遗迹,陆游也只能对着茂林啼鸟悲叹了。

元、明、清、近代,安国寺屡遭兵火,屡毁屡建,但位置基本上都在宋代安国寺原址处。

三、临皋亭、夏澳、南堂

临皋亭,又名回车院,始建于北宋初年,是驿站,黄州州府用来接待驿使和官员的地方,位于宋黄州城城南长江之滨的高阜之上。

元丰三年(1080)五月,苏轼从定惠院迁居到临皋亭。他在《与朱康叔》第五简中说:"已迁居江上临皋亭,甚清旷。风晨月夕,杖屦野步,酌江水饮之,皆公恩庇之余波,想味风义,以慰孤寂。"由此可知,是因为鄂州(今湖北武汉武昌)太守朱寿昌(康叔)的关照,苏轼一家才能够到临皋亭居住,否则,以他罪臣的身份,是没有资格住进驿站的。月底,苏辙送苏轼的家眷王闰之等家小来到黄州,这里成为后来几年他们一家人在黄州的主要住所。

迁居临皋亭,苏轼有诗《迁居临皋亭》,表达他苦中有乐的感叹:"全家占江驿,绝境天为破。饥贫相乘除,未见可吊贺。澹然无忧乐,苦语不成些。"另有文一篇《书临皋亭》:"东坡居士酒醉饭饱,倚于几上。白云左缭,清江右洄,重门洞开,林峦坌入。当是时,若有思而无所思,以受万物之备,惭愧!惭愧!"

这篇小品文表达了他居住临皋亭的清旷之思。透过他审美的眼光,我们至今仍能欣赏到以门为画框,以林峦山峦、白云清江为内容的江边景致。又有《南乡子》《满江红·寄鄂州朱使君寿昌》都写到临皋亭脚下的江水汇入了四川岷山、峨眉山的雪水，可以说居住在临皋亭一定程度上缓解了他的思乡之情。六月，在与范百嘉（子丰）的信中，苏轼再次写到临皋亭，即《临皋闲题》：临皋亭下八十数步，便是大江，其半是峨眉雪水，吾饮食沐浴皆取焉，何必归乡哉！江山风月，本无常主，闲者便是主人。闻范子丰新第园池，与此孰胜？所不如者，上无两税及助役钱耳。

晨夕阴晴，风涛烟雨，临皋亭让苏轼尽情领略了黄州如画的江山，激发了他文学艺术创作的激情，学界公认黄州时期是他一生创作的巅峰时期，而巅峰时期主要的代表作是元丰五年（1082）集中爆发式创作的，《赤壁赋》《后赤壁赋》《念奴娇·赤壁怀古》《寒食诗帖》等，它们都诞生于此。这里是黄州山水人文与东坡才华相互成就的最好见证，也是对人杰地灵的最好注解。临皋亭成为千古风流之地，对于黄州城的意义是不言而喻的。

与临皋亭临近的有夏澳和南堂。

临皋亭的东边就是夏澳。夏澳是北宋初年大臣夏竦出守黄州时，开凿的停船港口。南宋许端夫《齐安拾遗》对此曾有记载：

> 夏澳口之侧，本水驿，有亭曰临皋。《名胜志》："临皋馆在黄州朝宗门外。其上有快哉亭，县令张梦得建。子由《记》略云：'亭之所见，南北百里，东西一舍。……昼则舟楫出没于其前，夜则鱼龙悲啸于其下。……西望武昌诸山，冈陵起伏，草木行列，烟消日出。渔父樵夫之舍皆可指数。'"

夏澳是苏轼经常去的地方，这是过江到鄂州的必经之地。这里见证了他与同乡四川嘉州犍为人王齐万（子辩）及其兄王齐愈（文甫）的交往。元丰三年（1080）二月，当时他仍寓居定惠院。一天，王齐万、王齐愈来访，他们邀请他寒食日过江欢聚，他赋诗一首："惟余旧书一百车，方舟载入荆江曲。江上青山亦何有，伍洲遥望刘郎薮。明朝寒食当过君，请杀耕牛压私酒。与君饮酒细论文，酒酣访古江之濆。"他对王家书楼的深刻记忆和他乡遇故知的欣喜之情都溢于言表。这是他第一次写在夏澳登高目送王子辩兄弟乘船过江，"仆送之江上，微风细雨，叶舟横江而去。仆登夏澳尾高丘以望之，仿佛见舟及武昌，乃还"。在后来的 4 年之中，他们来往百余次，"尔后遂相往来。及今四周岁，相过殆百数，遂欲买田而老焉，然竟不遂"。元丰七年三月，即将离开黄州的他有文《赠别王文甫》，四月，他离开黄州前夕，王齐愈留他居住两日，他再次写下《再书赠王文甫》。

临皋亭在明代已遗迹无存。临皋亭东边的夏澳在明代被改称为洗马池、藕池。

南堂在江边高阜上，紧邻临皋亭。《齐安拾遗》记载：夏澳口之侧本水驿，有亭曰临皋。郡人以驿之高坡上筑南堂，为先生游息。

南堂的修建并不是郡人主动为之，而是得益于友人的帮助。元丰五年（1082）十月，苏轼的同榜及第进士蔡承禧（字景繁）任淮南转运副使，黄州隶属淮西路，在其管辖之内。他巡视黄州，看到苏轼居处窄小，就请黄州地方官帮助他营建新屋。第二年五月，三间新屋落成，就在临皋亭旁边的高坡之上，他取名为"南堂"。苏轼写下七绝《南堂五首》借以抒发欣喜之情，同时把诗寄给蔡承禧。南堂面对长江，"卧看千帆落浅溪"，"挂起西窗浪接天"，"一听南堂新瓦响，似闻东坞小荷香"，千帆过尽，烟波浩渺，山水胜景尽收眼底。从此，他的居住条件得到很大的改善，虽然没有迁居于此，但南堂事实上成为他的书斋、丹室、客房和卧室。

四、东坡

东坡，是苏轼在黄州躬耕的一块坡地。

元丰四年（1081）二月，苏轼在黄州正好一年，一家人食物匮乏，生活日益困匮，老友马正卿（梦得）出面向太守徐大受（君猷）申请到黄州城东门外的一块土地，黄州人将其称为东坡。这里原本是一块废弃的军营地，面积有五十亩。苏轼躬耕其间，以补家人饮食之不足。他在给章惇（子厚）的信中说："仆居东坡，作陂种稻，有田五十亩，身耕妻蚕，聊以卒岁。"

（《与章子厚二首》之一）清明之前，他在东坡种稻十亩，又栽种枣、松、柑、竹、桑等。十月，他创作了《东坡八首》，记述了在东坡开垦、种植、插秧到种麦的过程和心境，虽然劳动辛苦，但他满怀播种的希望，特别是烧荒时发现了一口暗井，给了他很大的惊喜，"一饱未敢期，瓢饮已可必"，他满怀秋天收获的期待，充满了浪漫的想象，如第四首："分秧及初夏，渐喜风叶举。月明看露上，一一珠垂缕。秋来霜穗重，颠倒相撑拄。"他在种稻之时就开始想象着稻子的抽穗、结果，想象月下看稻穗的美景，秋来稻入筐的踏实，想象着自己面对丰收的喜悦。东坡除了种稻子，还有"雪芽何时动，春鸠行可脍"，春天芹菜脍斑鸠的美味、"想见竹篱间，青黄垂屋角"的美景，可以看出来，他对收获的期许洋溢着发自内心的喜悦。

因为垦种于东坡，加之所仰慕的中唐诗人白居易在忠州刺史任上在城东山坡上栽种树木、散步、赋诗的生活也给了他许多启示，自此开始，他自号"东坡居士"。

五、雪堂、四望亭

雪堂是苏轼在黄州的一处住所，修建于他垦种东坡后的第二年，比南堂早建。

苏轼在书信《与子安兄》中说："近于城中得荒地十数亩，躬耕其中。作草屋数间，谓之东坡雪堂。"元丰五年（1082）正月，他在东坡旁边的废园圃中建造了茅屋五间。屋子落成之日，适逢大雪纷飞。有感于此，他在屋内四壁画上雪花，坐卧其间，四面观望，满目是雪，自以为这才是平生最为得意之所，于是，自题门额谓之"东坡雪堂"。不久后，他还为此写了一篇很有名的文章，这就是《雪堂记》，亦名《雪堂问潘邠老》。他同时明确表示了对陶渊明躬耕的认同，如《江城子》的小序说："陶渊明以正月五日游斜川，临流班坐，顾瞻南阜，爱曾城之独秀，乃作《斜川诗》。至今使人想见其处。元丰壬戌之春，余躬耕于东坡，筑雪堂居之。南挹四望亭之后丘，西控北山之微泉，慨然而叹：'此亦斜川之游也。'乃作长短句，以《江城子》歌之。"

苏轼躬耕于东坡时，一家人仍然住在临皋亭。修建雪堂，一是为躬耕时的便利，可以放置农具，休息也方便；二是供来访客人居住，眉山巢谷、绵竹道士杨世昌、杭州诗僧参寥、隐士陈慥（季常）等友人应该都住过雪堂。巢谷住在雪堂期间，苏轼赋诗《大寒步至东坡赠巢三》赠之，写道："东坡数间屋，巢子与谁邻。空床敛败絮，破灶郁生薪。相对不言寒，哀哉知我贫。……行看花柳动，共享无边春。"从诗中可以看出雪堂陈设简陋，一家人的生活艰难，但他把这些都推过不说，不以苦为意。

元丰七年（1084），苏轼改任汝州团练副使。四月一日，离开黄州前，他留别雪堂诸人，作《满庭芳·归去来兮》："好在堂前细柳，应念我，莫剪柔柯。仍传语，江南父老，时与晒渔蓑。"他把雪堂、东坡的田地等都交给潘丙照管，他期盼有朝一日能重新回到黄州，终老于东坡。当然，后来他没有机会再回到黄州了。

苏轼去世后，雪堂被拆毁，后南宋初年重修。

南宋乾道五年（1169），陆游路过黄州城，八月十九日游东坡等遗址遗迹。他记载道："十九日。早，游东坡。自州门而东，冈垄高下，至东坡，则地势平旷开豁。东起一垄颇高，有屋三间，一龟头，曰居士亭。亭下面南一堂，颇雄，四壁皆画雪。堂中有苏公像，乌帽紫裘，横按筇杖，是为雪堂。"此时的雪堂构造雄伟，成为人们纪念苏轼的地方。元、明、清、近代，雪堂屡次修建又屡次被毁，今存雪堂在黄州城的龙王山下，并非当年的原址。

与雪堂相对的是四望亭，在雪堂的南边，弘治《黄州府志》载："在雪堂之南高阜处。唐太和间刺史刘胤之建。"苏轼躬耕东坡，四望亭是他每天必经之地。他曾感叹说："高亭废已久，下有种鱼塘。暮色千山人，春风百草香"，写出了四望亭开阔视野中的美好春色。

六、天庆观

天庆观，弘治《黄州府志》载为玄妙观，唐贞观年间道士李云外始建。

北宋大中祥符五年（1012），宋真宗追尊赵玄朗为上灵高道九天司命保生天尊大帝，庙号圣祖，玄、朗二字避讳，玄妙观改名天庆观。元代复称玄妙观，元末毁于兵灾。明代重修。今无。

天庆观是苏轼修行的重要场所，元丰三年（1080）是他在黄州的第一年，也是身心经受贬谪的重大挫折，需要做出重大调整、适应变化的一年。十一月，他选择了一种简单而纯粹的生活，就是决定在冬至后斋居天庆观四十九天。他在《与秦太虚书》中说："已借得本州天庆观道堂三间，冬至后当入此室，四十九日乃出。自非废放，安得就此？"又在《与王定国》中说："非久，冬至，已借得天庆观道堂三间，燕坐其中，谢客四十九日，虽不能如张公之不语，然亦常合户反视，想当有深益也。"

之所以选择斋居的生活，是因为苏轼深切感受到了自己的身体和精神都需要调理。他在给王定国的信中说明了这一年家人的变故：他的乳母、苏辙一女和堂兄苏不欺（子正）相继去世，他自己也生病。身处异乡的他，颇觉凄凉，深感命运无常，生命脆弱，所以整个身心需要调息修养："吾侪渐衰，不可复作少年调度，当速用道书方士之言，厚自养炼。"

苏轼在天庆观的修养，让他的身心在一定程度上得到修复，从某种意义上讲，身体上的休养，精神上的自我深省，使他走出"拣尽寒枝不肯栖"的惶恐，达到"安土忘怀，一如本是黄州人"（《与赵晦之》）的地步，逐渐认同自己的身份为黄州人，说明天庆观对他的精神养炼是很重要的。

七、承天寺

承天寺，在北宋黄州城城南，距离临皋亭不远。到明代已经是民居，弘治《黄州府志》记载："承天寺。古寺在今城南大云寺前，今为民居。"承天寺驰名后世是因为苏轼的一篇小品文。元丰六年（1083）十月十二日夜，住在临皋亭的苏轼被入户的美好月色吸引，便步行到承天寺，邀请寓居寺内的张怀民一起赏月，并为此创作了《记承天寺夜游》。夜不能寐的两人在月下散步，如水的月色、寺中梦幻般的竹柏影、散步的悠闲、无奈与自嘲等都一一呈现在作品中。

八、快哉亭

快哉亭，弘治《黄州府志》记载："旧《志》云在府城南，宋郡人张梦得建，以览江山之胜。苏子瞻扁曰'快哉'，又为作词，末句云：'一点浩然气，千里快哉风。'弟子由作记。"

元丰六年(1083)，清河人张怀民(梦得、偓佺)贬谪黄州。十一月，他在黄州城之西南新居边新筑一亭，以观览长江胜景，苏轼将其命名为"快哉亭"，并作《水调歌头·黄州快哉亭赠张偓佺》词相赠："落日绣帘卷，亭下水连空。知君为我，新作窗户湿青红。长记平山堂上，欹枕江南烟雨，杳杳没孤鸿。认得醉翁语，山色有无中。一千顷，都镜净，倒碧峰。忽然浪起，掀舞一叶白头翁。堪笑兰台公子，未解庄生天籁，刚道有雌雄。一点浩然气，千里快哉风。"这是他在黄州期间的一首著名的豪放词。苏辙听闻此讯，欣然作《快哉亭记》，文中说："盖亭之所见，南北百里，东西一舍。涛澜汹涌，风云开阖。昼则舟楫出没于其前，夜则鱼龙悲啸于其下，变化倏忽，动心骇目，不可久视。今乃得玩之几席上，举目而足。西望武昌诸山，冈陵起伏，草木行列，烟消日出。渔夫樵父之舍皆可指数。此其所以为快哉者也。至于长江之滨，故城之墟，曹孟德、孙仲谋之所睥睨，周瑜、陆逊之所驰骛，其流风遗迹，亦足以称快世俗。"快哉亭见证了苏轼兄弟与张怀民的友情，更见证了苏氏兄弟情，更重要的是，兄弟二人有共同的志向和人生态度，苏辙的文章把他们兄弟不以贬谪为怀、随遇而安、于不快中自有大快的快意之情抒发得淋漓尽致。

九、君子泉

苏轼在黄州时，黄州通判名叫孟震(仰之、京之)。孟震有贤德，苏轼《孟仰之》一文记述他勉力救人之事：石介之子被牵连到狂人孔直温的谋反案中，孟震上疏给素未谋面的韩琦，直言石介有"故家风流"，绝不会与孔直温同谋，韩琦依照他的意思上疏朝廷，朝廷没有追究石介，从而挽救了石介一家。所以朝中士大夫谓之为"孟君子"。

孟震在黄州的住处有一眼清泉，逢旱不枯，逢雨不溢。苏轼将此泉命名为"君子泉"，并为孟震写下《孟仰之》以彰显其德行。苏辙专门为此写有《君子泉铭》，今铭不存，仅存序，序写道：

> 孟君亨之，笃学而力行，克有常德，信于朋友，一时皆称之曰："此君子也。"因号之孟君子。君通守齐安，其圃有泉，旱不加损，水不加益，因名之曰"君子泉"。

苏轼原本要把苏辙之文刻之于泉上，但孟震以"名者，物之累也"为由谢绝了。有感于孟君子之德操，苏轼在苏辙之文后题跋道：

> 子由既为此文，余欲刻之泉上。孟君不可，曰："名者，物之累也。"乃书以遗之。元丰六年十一月九日题。

这激发出苏轼弟子黄庭坚的诗情，他写道："云梦泽南君子泉，水无名字托人贤。两苏翰墨相为重，未刻他山世已传。"

君子泉在明代曾被疏浚过，据弘治《黄州府志》记载："在府治北。北宋通判孟震（仰之）有贤德，时称孟君子。庭中有泉，苏轼因以名之。黄庭坚诗：'云梦泽南君子泉，水无名字托人贤。'久湮塞。弘治戊午，推官罗翰因修城得泉所，浚淘及泉。庚申为建小亭，刻石记其事。"清代君子泉仍在，光绪《黄州府志》载："君子泉近赤壁。"

一眼清泉，孟震之德行，两苏之文章，君子泉成为厚德载物的典范，彰显了黄州城浓郁的人文底蕴。

十、苏东坡与长江

家住长江边。苏轼来到黄州先住在长江边的临皋驿站，后搬到南堂。

人生有如江河，既有一泻千里的豪迈，也有百折千回的艰辛。苏东坡在黄州的长江边徘徊思考了近 5 个年头，他已经参透了长江，也参透了人生。

江水奔流不息，但长江千古如斯。个人的生命转瞬即逝，但一代又一代的风流人物前仆后继，便形成永无终止的人类文明史。滚滚长江消解了苏轼心中的苦闷，排除了人生空漠之感。正是在黄州的长江边上，苏轼实现了对现实人生苦难的精神超越，也实现了对诗意人生的终极追求。

爱吃长江鱼。苏轼来到黄州就想到"长江绕郭知鱼美，好竹连山觉笋香"。

苏东坡做鱼很有一套，林语堂将苏东坡的烹鱼秘法作了精辟总结："他做鱼的方法，是今日中国人所熟知的。他先选一条鲤鱼，用冷水洗，擦上点儿盐，里面塞上白菜心。然后放在煎锅里，放几根小葱白，不用翻动，一直煎，半熟时，放几片生姜，再浇上一点儿咸萝卜汁和一点儿酒。快要好时，放上几片橘子皮，乘热端到桌上吃。"

喝着家乡水。苏轼来黄州住在长江边，喝长江水，认为这就是峨眉雪水汇入长江流到黄州，日常的饮食沐浴皆取自家乡峨眉的雪水，很感亲切和满足，于是便把黄州当做故乡。

泛舟游长江。赤壁泛舟就是夜游长江，苏轼在黄州一连写出多篇与长江有关的杰作，写下《赤壁赋》《后赤壁赋》《念奴娇·赤壁怀古》。"逝者如斯，而未尝往也！"这既是苏轼笔下的长江，也是苏轼自我人生的生动写照。时至今日，不论是前、后《赤壁赋》中的哲理思考，还是《念奴娇·赤壁怀古》中的情感诉说，都像滔滔东流的长江一样，永远在我们心中荡起千层波涛。

孔子说"逝者如斯夫，不舍昼夜"，苏轼则说"逝者如斯，而未尝往也"，这是对孔子哲言的深刻理解与合理引申。江水奔流不息，但长江千古如斯。个人的生命转瞬即逝，但一代又一代的风流人物前赴后继，便形成永无终止的人类文明史。苏轼的心情映衬在江山如画的壮阔背景下，又渗入了面对历史长河的苍茫感受，变得深沉而且厚重。

百次过长江。苏轼经常从黄州渡江到鄂州游玩访友。"今朝横江来，一苇寄衰朽。高谈破巨浪，飞屦轻重阜"（《游武昌寒溪西山寺》），樊口又成了他饮酒论诗、排遣孤寂的好去处，他常和朋友结伴前来，一起喝酒，一起赏西山胜景。苏轼曾在与秦观书信中写道："所居对岸黄州，山水绝佳……又

赤壁石

有潘生者，作酒店樊口，棹小舟径至店下，村酒亦自醇酽。"从樊口登山，有退谷、抔湖等绝景。元丰五年（1082）二月二十二日，蕲水县令李婴到黄州拜访苏轼，那天天气十分晴朗，苏轼提议过江到武昌西山游玩，李婴欣然同意，于是两人一起过江到了樊口，离舟上岸，到了潘丙酒坊里。听说苏轼过江来了，赵安节、王齐愈和武昌主簿吴亮等闻讯也携酒前来。一行人尽情游玩，饮酒畅谈。苏轼兴之所至，题名于山壁：苏轼、李婴、吴亮、赵安节、王齐愈、潘丙，元丰五年二月二十一日游。临近薄暮，苏轼才乘舟回到黄州。

诗词咏长江。苏轼在黄州写下59首与长江相关的作品，有人说，李白是黄河"形象代言人"，苏轼是长江"形象代言人"。

> 长江绕郭知鱼美，好竹连山觉笋香。
> ——苏轼《初到黄州》
>
> 与君饮酒细论文，酒酣访古江之濆。
> ——苏轼《王齐万秀才寓居武昌县刘郎洑正与伍洲相对伍》
>
> 今朝横江来，一苇寄衰朽。高谈破巨浪，飞屦轻重阜。
> ——苏轼《游武昌寒溪西山寺》
>
> 岂无佳山水，借眼风雨过。

——苏轼《迁居临皋亭》

江流镜面净，烟雨轻幂幂。孤舟如凫鹥，点破千顷碧。

——苏轼《晓至巴河口迎子由》

三江自此分南北，谁向中流是主人。

——苏轼《新生洲》

千摇万兀到樊口，一箭放溜先凫鹥。

——苏轼《与子由同游寒溪西山》

放船江濑浅，城郭近连村。

——苏轼《晚游城西开善院泛舟暮归》

长江大欲见庇，探支八月凉风。

——苏轼《和何长官六言次韵五首》

江边千树柳，落我酒杯中。

——苏轼《陈季常见过三首》

醉里未知谁得丧，满江风月不论钱。

——苏轼《与潘三失解后饮酒》

大江东流日千里，此虫趯趯长在此。

——苏轼《二虫》

春江欲入户，雨势来不已。

——苏轼《寒食雨二首》

从来破釜跃江鱼，只有清诗嘲饭颗。

——苏轼《徐使君分新火》

江淮水为田，舟楫为室居。鱼虾以为粮，不耕自有余。

——苏轼《鱼蛮子》

沿流不恶溯亦佳，一叶扁舟任飘突。

——苏轼《次韵孔毅父久旱已而甚雨三首》

大江汹以左缭兮，渺云涛之舒卷。

——苏轼《黄泥坂词》

我来黄冈下，欹枕江流碧。

——苏轼《次韵和王巩六首》

山头孤鹤向南飞，载我南游到九嶷。

——苏轼《赤壁矶下李委吹箫》

江上东风浪接天，苦寒无赖破春妍。

——苏轼《正月三日点灯会客》

南堂独有西南向，卧看千帆落浅溪。

——苏轼《南堂五首》

一舸南游遂不归，清江赤壁照人悲。

——苏轼《徐君猷挽词》

他年一叶溯江来，还吹此曲相迎饯。

——苏轼《过江夜行武昌山上闻黄州鼓角》

拣尽寒枝不肯栖，寂寞沙洲冷。

——苏轼《卜算子·黄州定惠院寓居作》

一阵东风来卷地，吹回，落照江天一半开。

——苏轼《南乡子·晚景落琼杯》

江汉西来，高楼下，葡萄深碧。

——苏轼《满江红·寄鄂州朱使君寿昌》

小沟东接长江，柳堤苇岸连云际。

——苏轼《水龙吟·小沟东接长江》

半夜银山上积苏，朝来九陌带随车，涛江烟渚一时无。

——苏轼《浣溪沙·半夜银山上积苏》

小舟横截春江，卧看翠壁红楼起。

——苏轼《水龙吟·小舟横截春江》

忧喜相寻，风雨过、一江春绿。

——苏轼《满江红·忧喜相寻》

大江东去，浪淘尽，千古风流人物。

——苏轼《念奴娇·赤壁怀古》

小舟从此逝，江海寄余生。

——苏轼《临江仙·夜饮东坡醒复醉》

饮公遗爱，一江醇酎。

——苏轼《醉蓬莱·笑劳生一梦》

霜降水痕收，浅碧鳞鳞露远洲。

——苏轼《南乡子·重九涵辉楼呈徐君猷》

点点楼头细雨，重重江外平湖。

——苏轼《西江月·重阳栖霞楼作》

莫忘故人憔悴，老江边。

——苏轼《南歌子·黄州腊八日饮怀民小阁》

三十三年，今谁存者，算只君与长江。

——苏轼《满庭芳·三十三年》

忽然浪起，掀舞一叶白头翁。

——苏轼《水调歌头·黄州快哉亭赠张偓佺》

渔父笑，轻鸥举，漠漠一江风雨。

——苏轼《渔父》

江上微风细雨，青蓑黄箬裳衣。

——苏轼《调笑令·渔父》

西塞山边白鹭飞，散花洲外片帆微。

——苏轼《浣溪沙·西塞山边白鹭飞》

自余所居临皋亭下，乱流而西，泊于樊山，为樊口。

——苏轼《记樊山》

临皋亭下八十数步，便是大江，其半是峨眉雪水，吾饮食沐浴皆取焉，何必归乡哉！

——苏轼《临皋闲题》

秋潦方涨，水面千里，月出房，心间，风露浩然。

——苏轼《秦太虚题名记》

白云左缭，清江右洄，重门洞开，林峦坌入。

——苏轼《书临皋亭》

当时半破峨眉月，还在平羌江水中。

——苏轼《送海印禅师偈》

断崖壁立，江水深碧。

——苏轼《记赤壁》

今齐安江上往往得美石，与玉无辨，多红黄白色，其文如人指上螺，精明可爱。

——苏轼《怪石供》

白露横江，水光接天。纵一苇之所如，凌万顷之茫然。

——苏轼《赤壁赋》

江流有声，断岸千尺；山高月小，水落石出。

——苏轼《后赤壁赋》

风晨月夕，杖屦野步，酌江水饮之。

——苏轼《与朱康叔》

此中凡百粗遣，江上弄水挑菜，便过一日。

——苏轼《与王元直》

得罪以来，深自闭塞，扁舟草履，放浪山水间，与樵渔杂处，往往为醉人所推骂。

——苏轼《答李端叔书》

所居对岸武昌，山水佳绝。有蜀人王生在邑中，往往为风涛所隔，不能即归，则王生能为杀鸡炊黍，至数日不厌。

——苏轼《答秦太虚书》

黄州滨江带山，既适耳目之好，而生事百须，亦不难致，早寝晚起，又不知所谓祸福果安在哉？

——苏轼《答毕仲举书》

所居江上，俯临断岸，几席之下，风涛掀天。

——苏轼《答吴子野》

数日前，率然与道源过江，游寒溪西山，奇胜殆过于所闻。

——苏轼《与陈季常》

黄州少西山麓，斗入江中，石室如丹。

——苏轼《与范子丰》

所居临大江，望武昌诸山咫尺，时复叶舟纵游其间，风雨云月，阴晴早暮，态状千万，恨无一语略写其仿佛耳。

——苏轼《与上官彝》

江上久居益可乐。

——苏轼《与钱济明》

曾过江游寒溪西山否？

——苏轼《与江惇礼》

第四章 赤壁是"二赋一词"的创作地

在黄州期间，苏轼文艺创作中所表现出的洒脱无羁与无可奈何，随缘自适与失意彷徨，深刻地反映了知识分子对封建专制愈益强化而又无可奈何的内心苦楚，但苏轼是一个富于浪漫气质和自由个性的人牧，他能把两者融为一体，巧妙地解决了进取与退隐、入世与出世、社会与个人这一类在士大夫心灵中历来相互纠结缠绕的矛盾，到黄州的山山水水去感悟人生，月夜、赤壁、长江……一系列关于赤壁的文学作品横空出世，显示出他的心态达到超脱旷达的人生境界，对生命价值有全新的认识，标志着其创作进入了一个辉煌的时期。苏轼为后来在类似社会条件下竺存的文人提供了一种典范，因而获得他们普遍的尊敬。

第一节 赤壁二赋的秘密

黄州4年3个月的时间，是他政治生活中极为困厄的时期，也是他文学艺术作品丰收的高峰时期。苏辙《墓志铭》称："谪居于黄，杜门深居，驰骋翰墨，其文一变，如川之方至，而辙瞠然不能及也。"苏轼在黄州一方面郁郁寡欢，一方面仍然关怀国事，正视现实，写了不少作品。他在写给朋友的信中说："谪居无事，默自观醒，回视三十年来所为，多其病者"，并认为"足下所见皆故我，非今我也"。可见，黄州时期他的思想相对于前期发生了极大的变化。其实这一时期的苏轼，不论是对待佛老、朝廷，还是对待社会、现实，都与前期不同，人生境界实现巨变。

一、传世真迹《赤壁赋》

在"宋四家"中，苏轼的才情胜过黄庭坚、蔡襄等人，虽说在绘画方面难以超越米芾，但凭借诗文，依然可以压他一头。苏轼一生留下了不少诗文，其中《赤壁赋》《后赤壁赋》《赤壁怀古》的经典程度在整个中国文学史上都是极高的。

《后赤壁赋》《赤壁怀古》没有真迹传世，苏轼的书法真迹《赤壁赋》那就更显珍贵了，亲笔书写自己的名篇《赤壁赋》，好文配上好书法，堪称绝品。

（一）台北故宫博物院收藏

2009 年 5 月 28 日至 8 月 31 日，台北故宫博物院以"赤壁"作为主题的"卷起千堆雪——赤壁文物特展"对外展出，苏东坡行楷书《赤壁赋》对外展出。

卷首前部缺损，存 63 行，每行字数不一，存 572 字。有文徵明补 36 字。纸本。纵 23.9 厘米，横 258 厘米。拖尾纸本，纵 24.3 厘米，横 73.7 厘米。

款识云(略)卷前破损，原缺三十六字。文徵明补书于前，另行小楷注云："右系文待诏补三十六字。"文徵明补书一段，有文氏之"停云""文徵明印"及"衡山"三印。

前隔水有梁清标之"苍岩子"及"蕉林居士"二印。引首处有项元汴收藏印凡三方。卷中收藏印记，有贾似道之"长"字印及"秋壑""秋壑珍玩"三印。陆完之"全卿珍赏""子孙保之"二印及"全卿"半印二。项元汴之收藏印凡三十七方，其中半印五。梁清标收藏印二方，其一钤于本幅与后隔水之间。

接纸骑缝四处，各钤贾似道之"贾似道印"一方及项元汴收藏印三方。

拖尾文徵明跋，款署："嘉靖戊午至日后学文徵明题。时年八十九。"

钤印一："文徵明印"。又有董其昌跋，款署："万历辛丑携至灵岩村观因题。董其昌。"拖尾有文徵明收藏印记三，文彭收藏印记二。梁清标收藏印记四，其一钤于与后隔水之骑缝处。此卷有贾似道收藏印记。宋时为贾氏所藏。

明时存于文徵明、陆完及项元汴之手。至清则归诸梁清标。幅上清宫宝玺："乾隆御览之宝""乾隆鉴赏""嘉庆御览之宝""宣统御览之宝""宣统鉴赏""无逸斋精鉴玺""石渠宝笈""御书房鉴藏宝""三希堂精鉴玺""宜子孙"。此卷《石渠宝笈》初编，御书房著录，今载故宫书画录卷八。

（二）1083 年送给好友傅尧俞

1083 年，好朋友傅尧俞托人来黄州看望苏东坡，请求馈赠书法作品，苏东坡用行楷书把《赤壁赋》抄写了一遍，并在后面的跋文讲清楚书写的原因：

> 轼去岁作此赋，未尝轻出以示人，见者盖一二人而已。钦之有使至，求近文，遂亲书以寄。多难畏事，钦之爱我，必深藏之不出也。又有《后赤壁赋》，笔倦未能写，当俟后信。轼白。

傅尧俞（1024—1091），字钦之，山东东平人，迁居河南济源，不到 20 岁就考中进士，知新息县。仁宗嘉祐末为监察御史。英宗时，转殿中侍御史、迁起居舍人，再迁右司谏、同知谏院。后除侍御史知杂事。神宗熙宁初，知和州、庐州。三年（1070），授直昭文馆、权盐铁副使。出为河北转运使，改知江宁府，徙许州、河阳、徐州。两年之间凡六徙，困于道途。哲宗立，召为秘书少监兼侍讲，擢给事中。元祐四年（1089）为御史中丞，迁吏部尚书、中书侍郎（《续资治通鉴长编》卷四三五）。

有《傅献简集》七卷（《直斋书录解题》卷一七），已佚，存《草堂集》一卷（藏日本东京大学图书馆）。《宋史》卷三四一有传。

傅尧俞是北宋名臣，历仕仁宗、英宗、神宗、哲宗四朝，为官 30 年，多有政绩、建言。在文学上也颇有成就，与当时许多文学名士如苏轼、秦观、黄庭坚等多有交往。其诗状物态、叙人情，语言质朴，风格平淡、自然。其以奏疏为主的时政文章，往往切中时弊，说理透辟，言简意明。

《蒸燠帖》是傅尧俞传世墨迹孤品，系致友人应酬问候的短札。作品结体秀正方润，笔法清峻峭拔，风格上保持了较多的宋初书法的特点。傅尧俞的书法或多或少受到苏书的影响。

傅尧俞《蒸燠帖》，纸本，行楷书，纵 26.3 厘米，横 17.3 厘米，故宫博物院收藏。

鉴藏印记："江德量鉴藏印"（朱文）、"南韵斋"（朱文）、"莲樵成勋鉴赏书画之章"（朱文）、"皇十一子成亲王诒晋斋图书印"（朱文）。

历代著录：《书画鉴影》。

(三) 书法之美

苏轼是北宋"尚意书风"的倡导者，虽提倡在书法中书法内心、纵意墨戏，但他对古人笔法了然于心，遍学晋唐各位名家，二王、智永、王僧虔、徐浩、李邕、颜真卿、杨凝式等人的书迹，他都临摹参悟，化用其法并融入个人风格，以至"自出新意，不践古人"。

《赤壁赋》的行笔藏露兼用，善用圆笔，横画结实有力，向右上方凝聚，竖画悬针出笔，精熟有度。波磔舒展，提按分明，以"化""美"等字为例，笔画古拙圆润，墨色凝实，单钩执笔法配以"偃笔"，显示出宽博舒展之象。

黄庭坚曾在《山谷集》中说："至于笔圆而韵胜，挟以文章妙天下，忠义贯日月之气，本朝善书，自当推为第一。"苏轼的圆笔使得此帖结体较为圆润宽方，字形扁阔而致密，墨色丰润沉厚，骨力劲健欲透纸背；在较为丰腴开阔的间架中，还能处处显露筋骨。

《赤壁赋》章法行气贯通，意在笔前，疏密有致，上下紧、左右松，通篇墨色协调，有法有化，一气呵成。苏轼的前后《赤壁赋》作为千古名篇，很多书法家都临摹过，比如赵孟頫、文徵明、王宠等。

苏轼在书法上有着深厚的功底和大胆的创新，他曾经说："我书意造本无法，点画信手烦推求"，"文以达吾心，画心适吾意"，这种观念也在警示当今不少书法大师，真正的创新并不是以"奇形怪状"夺人眼球，而是"精研古法出新奇"，在扎实的根基中，打破书坛沉疴，注入新鲜活力。

苏轼的书法重在写"意"，走自己的路。气韵、意随心动可以说是他的书法最大特点。明董其昌更盛赞他"全用正锋，是坡公之兰亭也"。故世称苏的书法之美乃"妙在藏锋""体度庄安，气象雍裕""藏巧于拙"，是"气势欹倾而神气横溢"的大家风度！

此卷行楷书《赤壁赋》，结字矮扁而紧密，笔墨丰润沉厚，是黄州时期的用意之作。

（四）真迹《赤壁赋》中异文

《赤壁赋》有两处异文，一是"渺浮海之一粟"中的"浮"，在人教版普通高中教科书《语文》中为"沧"。二是"吾与子之所共食"中的"食"，在人教版普通高中教科书《语文》中为"适"。

第一处异文："浮海"与"沧海"

沧海，即大海。以其一望无际、水深呈青苍色，故又称"苍海"。董仲舒《春秋繁露·观德》曰："故受命而海内顺之，犹众星之共北辰，流之宗沧海也。"

《海内十洲记》云："沧海岛在北海中。地方三千里，去岸二十一万里，海四面绕岛，各广二千里，水皆苍色，仙人谓之沧海也。"

曹操《步出夏门行》谓："东临碣石，以观沧海。"

苏东坡《清都谢道士真赞》也有"一江春水东流，滔滔直入沧海"之句。

"渺沧海之一粟"还衍生出了"沧海一粟"这个成语。

浮海则出自《论语·公冶长第五》："子曰：道不行，乘桴浮于海。"桴，即竹排，或曰小筏子。孔子说，真理行不通，他想乘小筏子，到大海上漂荡。其意是要遁世和隐逸。当时，孔子在政治上受到了挫折，他感觉自己的治国理想无法实现，就产生了避世的想法。这与苏东坡当时的遭遇极为相似。因为"乌台诗案"，苏东坡差一点丢了性命，这是他一生中最大的危机。侥幸逃得一死，被贬到了黄州，东坡心有余悸，心灰意冷，亦生避世之念，自在情理之中，所以东坡想到了孔子的"乘桴浮于海"。同时，可能也想到了他的偶像李白，因为李白在失意之时写诗也引用过"浮海"这个典故。李白在《古风》中说："仲尼欲浮海，吾祖之流沙。"一生颠沛流离、壮志难酬的杜甫在一首《遣闷》诗中也说："余力浮于海，端忧问彼苍。"近代的梁启超在"戊戌变法"失败后，东渡日本前，曾经写了一首《壮别》诗，其中也说"赫赫皇华记，凄凄去国吟……只身浮海志，使我忆松阴。"

由此可见，"浮海"之于"沧海"，不仅更显源远流长，而且寓意更加丰富，更重要的是，"浮海"在《赤壁赋》的语境中非常贴切。蜉蝣是一种昆虫，朝生而暮死。"寄蜉蝣于天地"，意思是像生命极其短暂的蜉蝣一样寄居在天地之间；"渺浮海之一粟"，意思是像漂浮在大海上的一粒谷子一样渺小——这也正是当时苏东坡的人生写照。

第二处异文："共食"与"共适"

我想换用心理学的角度来分享一下。

我们可用"共食"与"共适"来提升心理适应力，积极应对莫名其妙的情绪低落、不明缘由的紧张焦虑、感到迷茫等。

一要懂得与人分享。如此，你才能拥有更多，人生之路也会越走越宽。付出即会获得。没有人可以不劳而获，你愿意多努力一些、多付出一点，现实就会给你加倍的回报。多付出一些的目的并不是为了即时得到相应的回报，也许你的投入无法立刻得到他人的肯定，但不要气馁，一如既往地努力，回报很可能在不经意间以出人意料的方式出现。

二要接纳自己暂时的不适应。面对心中泛起的小波澜，不必过度担心，因为环境是不断变化的，理想与现实总是有差距的，人际关系也总是会经历磨难，所以每一个人都会出现暂时性的适应困难，这是正常的现象，只要我们用正确的方式对待，这种适应困难很快便会消散。

三要保持积极的心态。任何事物都是有两面性的，要学会从积极的角度去看待问题，保持乐观的心态，这样可以让我们更好地应对压力、面对挑战，同时还能提高自己的幸福感和满足感，让生活进入积极的良性循环圈。

《赤壁赋》中两处异文比较特殊，已为后世普遍接受，也许这就是所谓语言文字的约定俗成。面对苏轼手书真迹《赤壁赋》，有人可能还会怀疑现行公认版本是不是苏轼后来修改的。这似乎有一定道理，但对不同版本异文的取舍判定应该回归文意，语义疏通没有问题是一个方面，还要关注作者的语言使用习惯、文本意蕴解读等其他方面。《赤壁赋》是苏轼文化人格的缩影，它所蕴含的儒释道光辉具有永恒价值，而这两处异文恰恰体现了苏轼在黄州的思想轨迹，值得关注。

（五）一字 500 万

苏东坡是中国历史上赫赫有名的书法大家，传世书法真迹有 50 余件，收藏于世界各大博物馆，都是镇馆之宝。今天，保留下来的苏东坡真迹，已经无法用金钱来衡量，可以说件件都是价值连城的宝贝。

在朋友圈中经常有人问起："收藏于台北故宫博物院的苏东坡《赤壁赋》真迹值多少钱？"在此斗胆按拍卖行的规矩计算一下。

价格的参照物出现在 2013 年 9 月，上海藏家刘益谦在纽约苏富比拍卖行耗资 822.9 万美元（约 5037 万元人民币）购回苏轼《功甫帖》。《功甫帖》二行九字："苏轼谨奉别功甫，奉议。"是苏轼写给其亲密朋友郭功甫的告别信，作品结构紧密、一气呵成，用笔沉着、粗犷有力，充分展现了苏轼的人文主义情怀。《功甫帖》曾多次被录入中国艺术领域中最为权威的各类典籍之中，清代书画名家翁方纲曾将其称为"天赐的书法精品"，流失海外多年。

从《功甫帖》的拍卖价格来看，一个字是 559 万元，但中国传统计算书画作品的方式是平方尺，1 平方尺是 33.3 厘米×33.3 厘米。《功甫帖》的尺寸是 27.9 厘米×9.5 厘米，就是 0.2 平方尺，由此推断苏东坡的书法真迹是 2.5 亿元一平方尺。

下面看看收藏于台北故宫博物院的苏轼真迹《赤壁赋》卷，纸本，行楷书，23.9 厘米×258 厘米。

这件墨宝在南宋时，曾入宰相贾似道府收藏，其后流传过程大致是，在明朝曾先后被陆完、文徵明、文彭、项元汴等收藏家收藏，入清后曾被梁清标收藏，至乾隆时归于宫中，并被乾隆皇帝编入书画目录总集《石渠宝笈》初编。故宫博物院成立后，为院藏书画名品，历经抗日战争前后文物南迁、西迁、东归，现藏台北故宫博物院。

此卷纵高 23.9 厘米，横长 258 厘米，全篇 608 字。除文章开篇 36 字在流传过程中损坏，由明朝书法家文徵明模仿苏轼书体补齐外，其余 63 行 572 字，均为苏轼手书真迹。

《赤壁赋》卷 5.5 平方尺，按《功甫帖》的平方尺单价推断，《赤壁赋》卷价值人民币 13.75 亿元。如果按一个字的价格进行计算，《赤壁赋》卷价值人民币 31.97 亿元。

苏东坡曾自诩书法是"我书意造本无法，点画信手烦推求"。他重在写"意"，寄情于"信手"所书之点画。他在对书法艺术深刻理解的基础上用传统技法去进行书法艺术创造，在书法艺术创造中去丰富和发展传统技法，不是简单机械地去模仿古人。

苏东坡早年学"二王"书法，中年以后学颜真卿、杨凝式，晚年学李北海(李邕)，又广泛涉猎晋唐其他书家，形成深厚朴茂的风格。他的书法，用笔多取侧势，结体扁平稍肥。这与他握笔的姿势也很有关系，苏东坡执笔为"侧卧笔"，即毛笔侧卧于虎口之间，类似于现在握钢笔的姿势，故其字右斜、扁肥。

东坡先生的艺术成就、在中国文化史的地位，早有定论。

本也不应妄自推断东坡先生传世真迹的经济价值，在当今社会艺术是否可以无价？什么样的艺术品可以无价？不出售即无价。

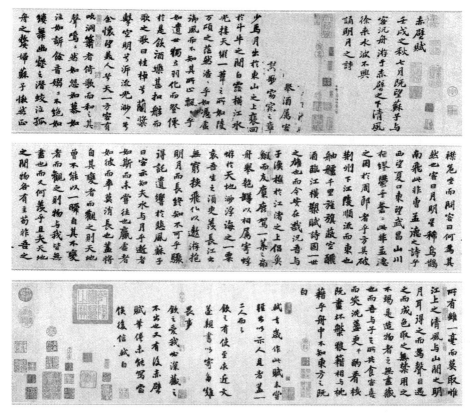

苏轼手书《赤壁赋》（台北故宫博物院藏）

二、《赤壁赋》中的客人

苏东坡到底游过几次赤壁？谁人陪伴？何等心境？

1082 年七月十六日，苏东坡在长江上划船到赤壁游玩，写下《赤壁赋》，从记录中可以看到"壬戌之秋，七月既望，苏子与客泛舟游于赤壁之下"，"客有吹洞箫者，倚歌而和之"，有客人陪苏东坡一起泛舟游赤壁。

1082年十月十五日，苏东坡再次划船到赤壁游玩，《后赤壁赋》云："是岁十月之望，步自雪堂，将归于临皋。二客从予过黄泥之坂"，"盖二客不能从焉"，明确说明有两个客人一起。

但是，自始至终，苏东坡都没有透露到底是谁跟他一起出去玩了一个晚上。

在《后赤壁赋》当中，苏东坡要玩攀岩，结果"二客不能从焉"……

苏轼曾作前、后两篇《赤壁赋》，前一篇说"苏子与客泛舟游于赤壁之下"，没说和谁，也没说几个人，但是后一篇说"二客从予"，说明一共只有三个人。

到底有几人陪苏东坡游赤壁？是谁？

第一种说法：主客问答的传统写作手法，就苏东坡一人在自说自话。

主客问答、抑客伸主是赋体的传统表现手法。

文中的主客对话，实际代表了作者思想中两个不同侧面的矛盾斗争。

作者把政治失意的苦闷通过"客"来宣泄，把乐观旷达的情怀通过"主"来表现，"主"终于说服了"客人"，反映了其思想中积极的一面战胜了消极的一面，从而肯定了乐观旷达的人生态度。

其实《赤壁赋》中的那个"客人"就是苏轼本人，是他另外一种人生想法和对待生命的态度。

第二种说法：按《核舟记》里的解释，是苏东坡和黄庭坚、佛印三人。

根据《核舟记》描写的人物，应是苏轼和黄庭坚还有佛印……

初中生都知道是黄庭坚还有佛印两个人，跟着苏东坡一起夜游赤壁，他们还坐船呢！

初二语文课本上面有一篇清代魏学洢的《核舟记》，明明白白地写着——

　　　　船头坐三人，中峨冠而多髯者为东坡，佛印居右，鲁直居左。

苏、黄共阅一手卷。东坡右手执卷端，左手抚鲁直背。鲁直左手执卷末，右手指卷，如有所语。东坡现右足，鲁直现左足，各微侧，其两膝相比者，各隐卷底衣褶中。佛印绝类弥勒，袒胸露乳，矫首昂视，神情与苏黄不属。卧右膝，诎右臂支船，而竖其左膝，左臂挂念珠倚之，珠可历历数也。

讲得多详细啊！

佛印这样近乎传说的云游高僧我们不好说他那时候在哪旦，但黄庭坚绝对不会是"赤壁夜游"的配角之一。

为什么这么说呢？

因为黄庭坚那时候根本不在黄州，"壬戌年"也就是宋神宗元丰五年（1082），这一年的黄庭坚应该是 37 岁，他在哪里呢？

那时候黄庭坚在吉州太和县当官呢！太和大概是我们现在江西省的地界，而苏轼所在的黄州赤壁，是在湖北省。两边相隔多远大家心里大概都有数，而且黄庭坚还是个实实在在的"上班党"，所以……

当然，以上这些都是基于历史方向的"八卦"，真正的艺术本来就不可能完全照搬"生活"或者"史实"——就好像《三国演义》里的周瑜绝不是历史上的周瑜，黄公望的《富春山居图》里也并非与富春江的山水一模一样。在生活的基础上进行适当加工与升华，并引发人们情感上的观照，这大概就是艺术的独特之处、动人之处。况且，历代文人最为重视的、《赤壁赋》中所体现的，乃是不肯同流合污、始终保持高洁人格的文人形象以及令人心有戚戚的孤独感。艺术作品将这种形象与情感完美地呈现给观者，那么无论作品中是谁与苏轼一起在月夜之中游览了赤壁，都显得不那么重要了。

第三种说法：前、后《赤壁赋》中两次陪苏东坡游赤壁的人都有杨世昌。

首先，我们从原文中的描述来推测一下。

《赤壁赋》当中"苏子与客泛舟游于赤壁之下……客有吹洞箫者，倚歌而和之"。

从文中可以知道，最少有一个客人，是会吹洞箫的人。

而《后赤壁赋》中则明确说了有两个客人，当然这里头肯定不包括随从的船夫。

先看看《赤壁赋》中的客人到底是谁？

元丰五年（1082）五月，四川绵竹人杨世昌从庐山到黄州专程去看望老朋友苏东坡，教苏东坡用蜂蜜酿蜜酒，这在苏东坡赠给杨世昌的《蜜酒歌》中可以得知："西蜀道士杨世昌，善作蜜酒，绝醇酽。"

为什么说是杨世昌陪苏东坡游赤壁？

第一个重要原因是杨世昌会吹箫，《赤壁赋》中记载："客有吹洞箫者，倚歌而和之。"

元丰六年的五月八日，苏东坡写下日记：

> 仆谪居黄冈，绵竹武都山道士杨世昌子京，自庐山来过余，几一年乃去。其人善画山水，能鼓琴，晓星历骨色及作轨革卦影，通知黄白药术，可谓艺矣。明日当舍余去，为之怅然。浮屠不三宿木下，真有以也。元丰六年五月八日，东坡居士书。
>
> （《苏轼文集·佚文汇编》卷六·杂记）

同时，我们也可以从《次韵孔毅父久旱已而甚雨三首》中看到："君家有田水冒田，我家无田忧入室。不如西州杨道士，万里随身惟两膝。……杨生自言识音律，洞箫入手清且哀。"

姓杨，"洞箫入手清且哀"，不就是杨世昌道士吗，这就是《赤壁赋》中洞箫吹得如泣如诉的那位客人。

第二个原因是1082年七月十六日，杨世昌在黄州住在雪堂，因此陪苏东坡游赤壁的可能性非常大。

杨世昌在黄州陪伴苏东坡近一年的时间，研易理、品佳酿，帮助苏东坡去直面政治失意的窘境，放下恃才傲物的习气，人生观、价值观、世界观得到进一步升华，借助美酒醉意，使其文学创作达到巅峰。

结论：客人是杨世昌，主客问答是苏东坡的内心表白。

《赤壁赋》中的客人是杨世昌，但是没有说那么一番话，文章中的对话内容就是苏东坡的心里写照。

《赤壁赋》中的主人就是乐观的苏东坡，客就是悲观的苏轼，即黄州的苏东坡与以前的苏轼进行一番心灵的交流，主要是讨论今后的路怎么走？怎么面对今后的生活？也就是说用"变与不变""取与不取"去面对现实。

变与不变解决了人生短暂的问题，取与不取解决了人生得失的问题。

主客问答，表达了正反两方面的观点，最后客（苏轼）被苏东坡说服了，满面春风，愁容消失。"客喜而笑，洗盏更酌。"这次更加欢快，不免开怀畅饮，直到"肴核既尽，杯盘狼藉"。

客（苏轼）解决了思想问题，心情舒畅，无所忧虑，于是"相与枕藉乎舟中，不知东方之既白"，跟文章开头的"泛舟""月出"遥相呼应。一枕好觉醒来了，一宿晚景过去了，一次赤壁之游结束了，一篇《赤壁赋》也随之收尾了。

而读者则在经历了一番江上月夜泛舟，听取了一场关于宇宙人生的对话之后，却还久久地沉浸在作者优美笔调所表现的诗一般的意境之中。

正是苏轼这种宇宙观和人生观，让他身处逆境依然那么豁达、开朗、乐观、自信，让他随缘自适、随遇而安，从流连美景中寻求安慰，寻求精神寄托，最终成就了坡仙的美名，成就了一代文豪的传奇人生。

三、《后赤壁赋》中的鱼、酒、客

有人说：《后赤壁赋》因一条鱼而诞生，是什么鱼这么神奇？

有人说：是王闰之的一坛酒起到关键作用，是什么酒这么神奇？

（一）没有想到是沙塘鳢

《后赤壁赋》中客曰："今者薄暮，举网得鱼，巨口细鳞，状如松江之鲈。"那么那天晚上苏东坡他们吃的是什么鱼呢？

有人说是鳙鱼？有人说是鲈鱼？鳜鱼？

从文字描述来看，可以先排除鳙鱼和鲈鱼。

第一，鳙鱼起源于 2500 万年前，又称为花鲢、胖头鱼、大头鱼、黑鲢。从图片上可以看出与松江鲈鱼没有相似的地方。

第二，如果是鲈鱼，直接说是鲈鱼即可，没有必要说是"状如松江之鲈"。

第三，朱羿在《猗觉寮杂记》中考证认为是鳜鱼，依据是《唐韵》和《山海经》中对鳜鱼的描述都是"巨口细鳞"。但是原文中更重要的是后一句"状如松江之鲈"。鳜鱼虽然符合巨口细鳞的特征，但是和松江鲈鱼体型上差距不是一点点。

如果是鳜鱼，直接说是鳜鱼即可，苏东坡在《渔夫词》中就直接写到"散花洲外片帆微，桃花流水鳜鱼肥。"

第四，沙塘鳢，巨口细鳞，状如松江之鲈。

松江鲈鱼是中国四大名鱼之一，因松江府所产的最为有名，因此得名松江鲈鱼，其被乾隆皇帝御封为"江南第一名鱼"。

苏东坡在黄州靠近长江，江中所产和松江鲈最像，且符合"巨口细鳞"特征的，自然首推沙塘鳢，无须过多解释，用图片一对比就非常明显了。

松江鲈鱼和沙塘鳢长得很像，不仔细看很难分辨。

仔细观察两种鱼，想分辨也不难，松江鲈鱼前宽后窄，尾柄细长，头部有棱有棘，成熟时腮有两条橙色的斜纹。

而沙塘鳢身材总体比较匀称，头宽大，颊部圆突，尾柄较短，表面光滑。分布于长江中、下游（湖北荆州至上海江段）及沿江各支流、钱塘江水系、闽江水系，偶见于黄河水系。

由于种种原因，野生松江鲈鱼已经十分少见，人工养殖的松江鲈鱼也价格不菲，一般的老百姓也消受不起。但由于松江鲈鱼的名气极大，许多人想过嘴瘾，于是，与松江鲈鱼极为相似的沙塘鳢鱼就成了其替代品。

从某种意义上来说，人们如此追捧松江鲈鱼，不仅是松江鲈鱼的美味，更是松江鲈鱼所蕴藏的文化内涵。吃的是鲈鱼，品的是文化。

如果好奇，可以用百度，看看图片，松江鲈鱼和沙塘鳢没法分辨。

(二)喝的是雪堂义樽

苏东坡在黄州雪堂时，邻近的好友都送酒给他，他将各地送来的酒倒入上巴河窑的大瓮之中，并亲书"雪堂义樽"的标签贴上，夫人王闰之亲自保管。

苏东坡与杨世昌等友人泛舟赤壁，怀古作赋，饮于舟中，不知东方之既白，饮的什么酒？

雪堂修建于元丰五年（1082）正月，《雪堂记》成文于元丰五年二月，《蜜酒歌》作于同年五月，《念奴娇·赤壁怀古》和前后《赤壁赋》写于同年七月和十月。

从时间关系来看，元丰五年正月已有了雪堂义樽，十月十五日的《后赤壁赋》中："我有斗酒，藏之久矣，以待子不时之需"，苏东坡返回临皋亭拿酒，大概率就是雪堂义樽。

(三)《后赤壁赋》中的客人到底是谁

苏东坡的《帖赠杨世昌》里写道："十月十五日夜，与杨道士泛舟赤壁，饮醉，夜半，有一鹤自江南来，翅如车轮，戛然长鸣，掠余舟而西，不知其为何祥也，聊复记云。"（《苏轼文集·佚文汇编》卷六·杂记）

从以上的记载可以知道，杨世昌是《后赤壁赋》中的"二客"之一。

二客还有一人是谁？

《后赤壁赋》记载明确，应该是一名渔夫，有文化、会打鱼。

是岁十月之望，步自雪堂，将归于临皋。二客从予过黄泥之坂。霜露既降，木叶尽脱，人影在地，仰见明月，顾而乐之，行歌相答。已而叹曰："有客无酒，有酒无肴，月白风清，如此良夜何?"客曰："今者薄暮，举网得鱼，巨口细鳞，状如松江之鲈，顾安所得酒乎?"归而谋诸妇，妇曰："我有斗酒，藏之久矣，以待子不时之需。"于是携酒与鱼，复游于赤壁之下。

两位客人中，一位是杨世昌道士，另一位客人并不是来自远方，而是以打鱼为生的黄州本地人。

从以上文字进行推测：第一，苏东坡与两位客人能"行歌相答"，一起聊天很开心；第二，客人说："今者薄暮，举网得鱼，巨口细鳞，状如松江之鲈，顾安所得酒乎?"这个客人会捕鱼，可以知道他在黄州。

我们来看看苏东坡黄州朋友圈，苏东坡在黄州，依靠强大的社交能量，身边又重新聚集了一群黄州当地的朋友，有潘鲠（昌言）、潘丙（彦明）、潘原（昌宗）三兄弟，还有古耕道、郭遘（兴宗）、何颉之（斯举）、潘大临（邠老）、潘大观等人。

他们，陪伴苏东坡度过了一段充实快乐的黄州岁月。

潘鲠（昌言），与苏轼同岁，但直到苏轼入台狱的那年才中了进士。

潘丙（彦明），是苏轼在黄州非常谈得来的朋友之一，苏轼离开黄州后，二人仍保持着相当密切的书信往来。要问这潘丙有何过人之处，值得东坡另眼相看？苏轼在写给秦观的信中一语道破："樊口有潘生，酿酒醇浓。"原来潘丙在鄂州樊口开了一家酒馆，苏轼评价他酿酒技术特别好。潘丙是读书人，屡试不举，止步于解元。苏东坡在与鄂州太守朱寿昌的书信中说："闻有潘原秀才，以买扑事被禁。……某与其兄潘丙解元至熟，最有文行。"

古耕道，这人是个热心肠，据说也是官三代。

郭遘（兴宗），在黄州以卖药为生，自称是唐代名将郭子仪之后。苏东坡有诗记载："与郭生游寒溪，主簿吴亮置酒，郭生喜作挽歌，酒酣发声，坐为凄然。"

从朋友的交往来看，《后赤壁赋》中另外一位客人是：潘彦明或者潘大临。

如果是潘彦明，潘彦明当时在鄂州以卖酒为生，没必要向苏东坡要酒。

最有可能的是潘大临，他会捕鱼、会诗文，与苏东坡谈得来。

潘大临，字邠老，湖北黄州人。《冷斋夜话》记载他在徽宗大观间客死蕲春，年未到 50 岁。以此推算元丰五年，他是个 25 岁左右的青年。

回到现实，与苏东坡聊天对答的人已经找到，但是，关键是潘大临会不会捕鱼？

潘大临写下《江间作》四首，其中三首的内容与捕鱼密切相关：

波浪三江口，风云八字山。断崖东北际，虚艇有无间。
卧柳堆生岸，跳鱼水捣弯。悠然小轩冕，幽兴满乡关。

西山连虎穴，赤壁隐龙宫。形胜三分国，江流万世功。
沙明拳宿鹭，天阔退飞鸿。最羡鱼竿客，归船雨打蓬。

落日春江上，无人倚杖时。私蛙鸣鼓吹，官柳舞腰肢。
猎远频翻臂，渔深数治丝。我犹无彼是，风岂有雄雌。

以上说明潘大临对捕鱼的事情很熟悉。"卧柳堆生岸，跳鱼水捣弯""最羡鱼竿客，归船雨打蓬""猎远频翻臂，渔深数治丝"与"今者薄暮，举网得鱼"都谈到用网捕鱼的事情，初步判断潘大临会捕鱼，手艺还不错。

再来看看苏、潘的交情。

苏东坡在元丰五年(1082)十月七日作《记梦赋诗》说："轼初自蜀应举

京师，道过华清宫，梦明皇令赋太真妃裙带词，觉而记之。今书赠柯山潘大临邠老，云：'百叠漪漪水皱，六铢縰縰云轻。植立含风广殿，微闻环佩摇声。'元丰五年十月七日。"

离开黄州时作《蝶恋花》词赠送潘大临，饱含了殷切期望："别酒劝君君一醉，清润潘郎，又是何郎婿。记取钗头新利市，莫将分付东邻子。"

"苏门四学士"之一的张耒曾在元符三年（1100）徽宗登基、天下大赦之日作《闻子瞻岭外归赠邠老》，诗说："柯山潘子应鼓舞，与子异时从杖履。"

为此，我们可以推测，在第一次苏东坡与杨世昌泛舟游赤壁之后，时隔三个月，苏东坡又在杨世昌、潘大临的陪同下第二次泛舟游赤壁。

第二节 《赤壁怀古》宋词第一

俗话说"文无第一，武无第二"，说的是评论文章，可以品评的角度太多，因此水平相当的文人很难分出一个高下伯仲。不像练武之人，高手之间，一过招就知道厉不厉害。不过即便如此，世人仍旧喜欢参照武林江湖的风云榜，给文人们也编一本英雄谱或者排行榜。

2012 年中华书局推出《宋词排行榜》一书，王兆鹏、郁玉英、郭红欣合著，书中的宋词排行榜为：苏轼《念奴娇·赤壁怀古》居第一。

《宋词排行榜》用的是科学的定量方法，将相关数据输入计算机，最后通过计算得出分数，最终确定排行榜，而且这个排行榜也并非囊括所有宋词，而是重点评选前 100 位的作品。采用现代统计学的方法计算出来的排行榜，在万千宋词爱好者心目中的可信度究竟如何呢？宋词爱好者和研究者，对这份排行榜买不买账呢？

《宋词排行榜》排行榜的数据来源，一是统计每首词作在不同时代的入选次数，计算各首词作的入选率；二是互联网的权威搜索引擎谷歌和百度所链接的关于宋词的网页数目；三是参考了吴熊和主编的《唐宋词汇评·

两宋卷》等大量资料。研究团队 17 年来用统计分析的方法来做文学研究，试图换个角度，用客观数据来衡量排比唐诗宋词中哪些篇目比较受人关注，影响力指数比较高。

其实稍有文学常识的人都知道，用现代科学统计的方法研究文学，绝对是文学研究中十分新颖，同时也是十分罕见的研究方法。

入选教材提高了知名度。《念奴娇·赤壁怀古》入选到语文课本，知名度分析数据中，自然得分就高。

专家主持的科研项目。别的暂且不论，《宋词排行榜》这本书集合了三位大专家，分别是王兆鹏、郁玉英、郭红欣，都是宋词研究的专家级别人物，而且这本书由中华书局出版，更加增添了权威性。

历代诗词选中入选比例高。在历代诗词选中，苏轼的《念奴娇·赤壁怀古》曾经 87 次入选古代重要诗词集，其唱和作品达到 133 首。20 世纪以后，研究该词的文章也多达 186 篇。

大数据反映搜索量高。《念奴娇·赤壁怀古》在多个搜索引擎的大数据上，表现也很不错，说明《念奴娇·赤壁怀古》在元明以后，尤其是现当代，"热度是第一"。

题材选择好。以三国人物为主题，恰好赶上了"好时代"，被后世的元曲和明清小说高频率引用，因此它的唱和词和研究文章在宋词中排名第一。北宋时期的创作选题，居然与元代以后的文艺创作的大热门《三国演义》产生关联，在元曲、明清小说兴起以后，它的地位就逐渐得到了提高，所以"唱合"之作、研究文章与搜索热度都奇高，也就很自然了。

原创性叠加里程碑作用。它是宋词"豪放派"里程碑式的作品，苏轼融诗歌的创作手法入手填词，大大提升了词的格调；词中有历史典故，有英雄、有美人，内容足够通俗，让这首词的艺术水平、思想情感，得到了一定提升。作为苏轼豪放词的成熟杰作，《念奴娇·赤壁怀古》是历代词评家在谈论词史时，永远绕不过去的话题。所以他在词选、词评里面被提及的频率极高，实属正常。这也是为什么历代词选，都不肯落下它的一大原因。《念奴娇·赤壁怀古》是苏轼豪放词中的杰作，它的出现，象征着宋代豪放词的成熟。

开创了豪放词风，拓宽了创作主题。苏轼把表现"艳情"的词，变成了讲述文人理想情志的"长短句"，开创了一个宋词流派，也就是"豪放派"。

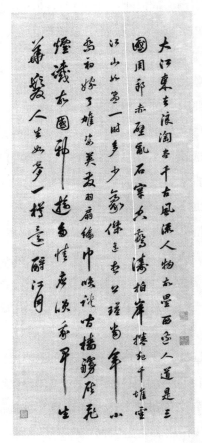

（清）雍正手书《赤壁怀古》（北京故宫博物院藏）

《念奴娇·赤壁怀古》算是苏轼"豪放词"的代表作，而且苏轼自己非常喜欢这首词，因为它的出现，改变并拓宽了宋词的创作主题，同时也让宋词多了一个流派。

在豪放词兴起以前，诗言志，词言情。词为"艳科"，专写一些儿女情长的风流段子。但是苏轼的豪放词，把诗歌的情志也引入了词作之中，大大提升了词作的格调。

从此以后，宋词也就有了"关西大汉，手持铁板唱'大江东去'"与"十八岁妙龄少女，手持红牙板唱'杨柳岸，晓风残月'"这两种迥异的风格。

"宋词排行榜"前十位为：（1）苏轼《念奴娇·赤壁怀古》。（2）岳飞《满江红·怒发冲冠》。（3）李清照《声声慢·寻寻觅觅》。（4）苏轼《水调歌头·明月几时有》。（5）柳永《雨霖铃·寒蝉凄切》。（6）辛弃疾《永遇乐·千古江山》。（7）姜夔《扬州慢·淮左名都》。（8）陆游《钗头凤·红酥手》。（9）辛弃疾《摸鱼儿·更能消》。（10）姜夔《暗香·旧时月色》。

第三节　赤壁二赋的立体传播

赤壁二赋的传播经历了漫长的历史时期，受到诸多社会因素和文学因素的影响，其传播方式与媒介也呈现出多元化的趋势，从传播媒介的分类来看，《赤壁赋》的传播主要分为语言传播和文字传播两种形式，在此基础上呈现出多元化的传播途径：一方面是字面传播：印刷、书法、抄本、碑刻等；另一方面是口语传播：戏曲唱腔、吟诵等；还有一方面是画面传播，纸绢绘画、瓷器、木石牙角雕图案等，笔者想从书法和绘画以及艺术品图像传播的角度来谈谈赤壁二赋的影响力，各种传播途径互相渗透、互相促进，使以赤壁为主题的文化源远流长。

一、蕴含生命哲学

苏东坡在黄州写下的前、后《赤壁赋》，成为中国古代文学史上经典文学作品之一。赤壁二赋自面世以来，便成为古代书画家创作的主题，成为文学传播的主阵地，从宋朝的乔仲常、马和之、宋高宗、宋孝宗，到金元的武元直、赵孟頫，及至明清的文徵明、黄慎……以苏东坡前、后《赤壁赋)为画题的书画代不乏人,仅文徵明一个人对前、后《赤壁赋》的书画就有 200 幅之多,蔚为大观。

(一)赤壁二赋的创作心境

苏轼选择赤壁和长江作为人生变革的突破口。人在失意之时,总是对前人官场沉浮、前代兴亡交替更为敏感。苏轼在黄州生活的四年中,多次泛游赤壁,先后写出了《念奴娇·赤壁怀古》以及前、后《赤壁赋》,后人称为"两赋一词"。苏轼选择赤壁和长江作为突破口,有着充分的理由,主要包括:

杜牧的赤壁诗成为导引。苏轼之前,赤壁已有杜牧"折戟沉沙铁未销,自将磨洗认前朝"的七绝之言,杜牧与苏轼有相似的仕途经历,因此有人将杜牧的《赤壁》与苏轼的《念奴娇·赤壁怀古》拿来对比,试图从中总结出相同的主旨来。

苏轼将杜牧的诗,变成自己的词《念奴娇·赤壁怀古》,意境不变,只是更豁达通透,成千古佳作。

历史上的"怀古"大都是对个人理想破灭的凭吊,与古人的对话,整体基调是失落的,所以从这点来说,杜牧与苏轼为赤壁高歌的初衷是相同的。在《念奴娇·赤壁怀古》中,苏轼无限留恋、怀念那个曾经击败不可一世的曹操的周瑜,他是一位少年英雄,"赤壁一战"实现自己的理想抱负,得以建功立业。

每个人拿起笔,书写的都是自己,苏轼也不例外。他的"谈笑间,樯橹灰飞烟灭"又何尝不是在写自己的风流英雄梦。他 19 岁跟着父亲苏洵赴京参加科举考试,随后得到欧阳修的赏识,那时,他每有新作,立刻就会传遍京师。欧阳修曾预见苏轼的将来:"此人可谓善读书,善用书,他日文章必独步天下。"

苏轼早年一心报效朝廷,对那时的他来说,那是最好的时代。在《念奴娇·赤壁怀古》中,他脑中塑造出少年英雄周瑜的形象,但紧接着却写下"故国神游，多情应笑我，早生华发"这样的句子来，他渴望建功立业的理想破灭，那又是最坏的时代。

可苏轼不是杜牧，他们不仅有不同的人生经历，还有不司的人生态度。对苏轼来说，赤壁不仅只是一个为抒发兴亡之感而选择的意象，也不是捧着满腹牢骚面对大山大河的抑郁不平之气的倾吐，"赤壁怀古"对苏轼来说只是一个引子，这个引子直接将他引向了人生哲理的命题中。"人生如梦，一尊还酹江月"，这一点在后来的前、后《赤壁赋》中表现得尤为明显。

黄州"武官"的激情。苏东坡在黄州还算是一名"武官"，他站在自己的虚位子上，满脑子想去为国家建功立业，这点从前、后《赤壁赋》写作的时间节点上可以看出。

苏轼在写《赤壁赋》时，大宋朝廷已经出现了内外危机。内政中，变法派由于长期内讧，王安石第二次罢相，吕惠卿等为一己私利的个人野心家相继为相，朝政一片混乱，民怨沸腾；外交上，宋神宗不听劝谏，肆意发动了北宋开国以来最大的两次边疆战争，结果兵败，国势骤弱。

《赤壁赋》写于第一次边疆战争失败之后，当时苏轼读罢宋将张舜民"十去从军九不回""白骨似沙沙似骨"的诗后，感慨万千。

苏轼无数次奔赴赤壁，在这里，他将自己完全抛掷在了历史、自然之中，因此在《赤壁赋》中，他与周郎、孟德无异，以至于与清风明月无异，因为他的主题关乎"人生"。

《后赤壁赋》写于宋神宗发动第二次西境战争而惨遭溃败之时，毕沅《续资治通鉴》记载当时"官军、熟羌、义保死者六十万人，钱粟银绢以万数者不可胜计"，宋神宗更是因为这次战败最终抑郁而终。

所以，与前《赤壁赋》相比，《后赤壁赋》的思想格调更为压抑、深沉，以至苏轼有"曾日月之几何，而江山不可复识矣"的感受。

前、后《赤壁赋》所体现的就是他修炼自己、对抗命运的过程，在赤壁看到了长江的有限与无限，苏轼便把他郁积在内心的种种悲愤、惆怅加以自制，并把他的宏伟抱负、深谋远见，交织、融会长江赤壁中去。

从入世和避世到活好当下。研究者普遍认为，苏轼身上同时融合了入世、避世、超世三种思想，以被贬黄州为分界线，之前的他意气风发，渴望报效朝廷，这一时期更多是儒家思想在起主导作用。遭遇"乌台诗案"的沉痛打击之后，他的心境发生了巨大转变，他是带着失落、苦闷、凄凉的心境来到黄州的。

怎样入世？怎样避世？怎样超世？困惑了无数人。

苏轼关于赤壁所作的"两赋一词"之间有着明显的相似性和联系性，《赤壁赋》《念奴娇·赤壁怀古》《后赤壁赋》三篇文本存在的一致性和差异性，形成了一个前后有内在思想联系的文本结构，表现了苏轼从人生逆境完成精神突围的过程……而这些，或许才是苏轼赤壁情怀的完整表现。

《赤壁赋》中，苏轼通过月夜泛舟、饮酒赋诗引出主客对话的描写，既从客之口中表达出吊古伤今的情感，也从苏子所言中表露矢志不移之情怀，可谓情韵深致、理意透辟。

然而与赤壁的相遇和对话却将他带入了更高一层的境界之中，被贬黄州之后的苏轼已经基本形成了自己的人生哲学，这种几乎代表着所有古代文人的人生哲学简单来说便是：他们既希望能够建功立业，又希望能独善其身，甚至归隐山林，这是一种儒、道、释互补的人生哲学。而在不同人生阶段的遭遇，会使这种儒、释、道的比例进行重新分配。黄州时期就是苏轼一个比例的重新分配期，此前他积极入世，此后他避世、超世，"赤壁"只是被摆在了明面上的分配期的文化象征。

前人曾尝试从多角度去解读《赤壁赋》的主旨，有说怀古、讽今，有说遗世、畅游，但如果苏轼已然进入了人生哲理的命题中，他实际上是并不为许多情绪所困、所累的，即使有矛盾，他也最终能够化解这种矛盾，正如《赤壁赋》中说："且夫天地之间，物各有主，苟非吾之所有，虽一毫而莫取。"这是平和，是旷达。

《赤壁赋》浓缩了自然、安然、超然而又乐观、旷达、坚定的东坡精神，这里有对现世生活的珍爱，有对山水自然的欣赏，有对天地规律的认知，有对一瞬与无尽以及"道"与"易"的哲学意义的思考，这里有现实感，有历史感，有诗意人生，有终极关怀。

元丰五年（1082），苏轼先后两次泛游赤壁，七月写下《赤壁赋》，三个月后，苏轼与朋友故地重游写下《后赤壁赋》。

《后赤壁赋》以"游"为主线，分为游前——游中——游后三个阶段。游前他写"江流有声，断岸千尺；山高月小，水落石出"，颇有《赤壁赋》江上明月的意境，短短几句，再一次将夜游赤壁的景色写到了极致，历来备受赞誉；游中的气氛有些压抑，由于二客不能从，他独自上山，当时"划然长啸，草木震动，山鸣谷应，风起水涌"，以至于他"悄然而悲，肃然而恐"；最后他写南柯一梦，结尾处出现了孤鹤与道士的意象，这是《赤壁赋》中所没有的，惊醒之后，他"开户视之，不见其处"。

虽然《赤壁赋》写江上泛舟，侧重哲思的抒发；后篇以游记形式写登岸遇险的情景，更重氛围营造，但《后赤壁赋》在意象使用上与《赤壁赋》有着一定的关联和相似性：同样是夜游赤壁，同样有明月与酒助兴。

不同之处在于，《后赤壁赋》在结束全文前描写了"孤鹤"与"道士"这两个意象，这是《赤壁赋》中没有的。后人认为这种空灵奇幻、迷离恍惚的意象表现的是作者内心怅然若失的苦闷，也有人认为这是苏轼解决自身儒、道二元对立矛盾的办法。前、后《赤壁赋》能完整体现出苏轼身处黄州时期真实的心理：苏轼作为一个封建士大夫，他的报国壮志总是寄托在"忠君"的基础上，这是可以理解的；但是身处逆境而不甘沉沦的情怀，却构成了他此时此地的基本矛盾，这个矛盾贯穿了赤壁两赋的全篇始终。

（二）艺术家的选择

历代书画家们在认可前、后《赤壁赋》的同时也进行着传播，在不断的传播过程中又生发出新的文学形式和文学体裁，推动着文学的传播，促进了文学的发展。

从前、后《赤壁赋》的传播方式和途径，我们可以看到《赤壁赋》传播已经进入了多元化的格局，明、清时期的视觉艺术对文学传播有了新的发展，一方面对文学的传播已不拘泥于具体的文学内容，另一方面拓展了文学传播的途径，文学传播在书画衍生品中得以实现，完成了"由雅入俗"的传播。

通过对历代以赤壁二赋为主题的视觉艺术作品的研究，我们会发现在前、后《赤壁赋》传播的过程中，后世因为社会环境的变化、政治策略的需要、个体审美的偏爱、文化建设等方面的原因对文学作品的选择各有不同，其更多地受文学作品思想内涵和作者人性魅力的影响。

历代书画家反复书写前、后《赤壁赋》并以之为题材创作大量"赤壁图"，反映了对前、后《赤壁赋》的喜爱和推崇。那么，形成这一文化现象的原因是什么？传承了怎样的文化精神？究其原因，有以下三个方面：

一是前、后《赤壁赋》具备山水画构图的基本要素。山石（赤壁）、江水、扁舟、远山、树木、小亭、明月等，"苏子月夜泛舟游赤壁"这一情景极具绘画美和多重象征意味，为绘画创作提供了广阔的构思空间。以《赤壁赋》为主题创作的"赤壁图"核心元素是苏轼、赤壁、江水、扁舟，次要元素是船客、船夫、明月、崖壁、远山、树木、雪堂、临皋亭等，这些都是构成中国山水画的基本元素和基本意象。这些基本元素以及富有诗意和象征意味的场景，在山水画家们那里稍加剪裁构思就可以形成一幅不错的山水画。

二是前、后《赤壁赋》富含哲学思想。前、后《赤壁赋》富含人生哲理，反映出了儒、释、道三家思想的融合，具有生命意识和哲学意义。前、后《赤壁赋》表达的宇宙无穷、自然永恒、人生短促渺小的哲思，直揭人生悲剧意识的根源，契合中国文人的心灵，因而获得了强烈共鸣。在《赤壁赋》中以变与不变的相对论哲学实现了对人生悲剧意识的超越，以全身心融入大自然的审美态度实现了对现实人生困境的超越，苏轼从容、旷达、豪迈、坚韧的人生态度为中国文人提供了借鉴作用，树立了自我拯救的榜样，具有人格范式的意义。苏东坡面对沉浮不定、变化无常的苦难人生，表现出极强的承受力和适应力，最终超越了苦难。他让人们知道在逆境中如何保持平静、乐观和自信的心态，面对坎坷如何调适、化解。

三是苏东坡的人格魅力。遭受毁灭性打击的苏轼来到黄州变成了"东坡居士"，在为官和避世之外，为中国文人开了第三条路，那就是立足于现实生活，积极有为地赢得自我人生价值的实现。苏东坡是北宋著名文学家、书法家、画家。他对宋朝文学的发展做出的贡献是非常大的，也因此，他成为"唐宋八大家""宋四家"的典型人物。在诗词领域，因为自己的豪放派风格，和辛弃疾共同被称为"苏辛"。此外，他在散文、赋等方面做出的贡献也有目共睹，正因为如此，他获得了大家的一致认可。苏轼一生虽仕途坎坷，但却才华横溢，政绩卓著，为人豁达，心胸宽广，其伟大的人格魅力千年来一直光耀古今。无论是他的才情、豪情，还是他的柔情、民情，无不散发着人性的光辉和无穷的魅力。

二、《后赤壁赋》的连环画

2012年11月2日至2013年1月3日，乔仲常《后赤壁赋图》在上海博物馆展出，原件现藏于美国纳尔逊·阿特金斯博物馆。

乔仲常《后赤壁赋图》用连环画的表现方式再现了苏东坡游赤壁的场景，以诗赋为蓝本来作画，这就如同我们今天把经典文学作品翻拍成影视作品，通过视觉形象的再现，让观者更加直观地感受文学作品中所描写的场景、人物故事、情绪等，是通过另外一种艺术形式来表现文学诗赋的创作，让更多的观众去重新认识文学诗赋。

乔仲常《后赤壁赋图》是苏东坡写下《后赤壁赋》41年后的绘画作品，乔仲常有条不紊地按照苏东坡《后赤壁赋》的叙述，让观者仿佛置身其中，陪伴着苏子"携酒与鱼，复游于赤壁之下"。

文学是抽象的，而绘画是具象的。向来，用具象的绘画表现抽象的文学是一件极难的事情，所以当今很多人对于由文学改编而成的影视剧感到不满，这其中一个重要的原因大概就是文学可以任由人去想象，而一旦具象地呈现出来，难免有些会和想象有所出入。《后赤壁赋图》是文学和绘画的一次交融，大概也是为了避免过犹不及，所以，乔仲常尽可能地选用了类似白描的用笔来完成一次对文学经典的图绘表现。

乔仲常显然是非常崇拜苏东坡的，据说他是宋代大画家李公麟的外甥，而李公麟则和苏东坡的关系非常亲密，所以从这层关系来看，我们也不难明白乔仲常对苏东坡能有着深刻的理解，能很精准地抓住苏东坡诗赋的真实意境。

是岁十月之望，步自雪堂，将归于临皋。二客从予过黄泥之坂。霜露既降，木叶尽脱，人影在地，仰见明月，顾而乐之，行歌相答。已而叹曰："有客无酒，有酒无肴，月白风清，如此良夜何！"客曰："今者薄暮，举网得鱼，巨口细鳞，状如松江之鲈。顾安所得酒乎？"

赋中写道"霜露既降，木叶尽脱"，因而我们在画卷的起首处首先看到的是山坡上三棵已然脱尽了树叶的秋树。脱尽树叶的树，如同荆棘一般，带着锋利的枝尖，一种萧索的寒意袭上观者心头。山坡下方，站着三人，其中左前者为苏轼，后面两名为客人。我们注意到，乔仲常对三人的表现是有所区别的，从人物的体型上看，乔仲常这位苏轼的崇拜者有意拔高偶像的形象，故而我们看到的是苏轼比两名客人要高大得多。两名客人看苏轼采用的是一种仰视的姿态，从客人的动作神情中，实则突出的是苏轼在人们心目中的地位。

这一段，表现的是苏轼和客人"过黄泥之坂""行歌相答"的情形。此时皎月在空，地上苏轼与客"人影在地"。这里的影子是中国绘画中非常少见的。我们知道，中国绘画一般不大会注意这种西画中非常在意的光影，但是，乔仲常为了忠实地还原苏轼诗文，还是将影子画了出来。

三人感叹着关于酒和菜肴的话题，其中一名客人"举网得鱼"，而在画卷上，并非是客人"举网得鱼"，而是跟随在三人左右的侍从向一名渔父买鱼。渔父和他的船掩映在水草之中，看起来不像是特地在此贩鱼的，倒像是被苏轼等人刚巧碰到，临时跟他买鱼。

这一部分的内容主要在画面的下方一片狭小的三角地带上，画面的上方则是一大片长江江水，浩渺无垠，广阔无边。现在，客人有了，菜肴有了，就缺酒了。于是，进入画卷第二部分。

> 归而谋诸妇。妇曰："我有斗酒，藏之久矣，以待子不时之需。"于是携酒与鱼，复游于赤壁之下。

没有酒怎么办？苏轼想回家问问妻子王闰之，看看妻子有没有什么办法弄到酒。苏轼真是一个有福气的人，他的两任妻子都是贤内助，在生活上，悉心照料着苏轼，辛苦却没有怨言。面对询问的丈夫，王闰之说："我刚好藏了一坛酒，就是为了你不时之需。"从这里我们也能感受到妻子对于苏轼的重要性，总是会在一些连苏轼也没有办法的时候给苏轼提供帮助。

画卷中，苏轼高高兴兴地拎着鱼拎着酒去和朋友相聚了。妻子和一名侍童在临皋驿站门口送别，画卷左方的马厩里，一名马夫正在休息。通过马夫也已表明此刻天色已晚，正是人困马乏之时。而这个时候，也正是苏轼兴致盎然之时，因为有酒有肉有客。生活中我们也常常会有这样的体会，有朋友来了，无论多么晚，都会精神抖擞地去赴约。画面中的房屋院子，极为简陋，这里也是为了凸显出被贬黄州的苏轼所过的清贫生活。

> 江流有声，断岸千尺；山高月小，水落石出。曾日月之几何，而江山不可复识矣。

第三段，画面中的苏轼与客人坐在临江岸边，两名客人分坐在左右，目光皆看向居中的苏轼。苏轼已然是高大的形象。苏轼所瞩目的是眼前的江水和露出水面的石头。人物身前和身后的山，皆是顶到画面上方的，表现的正是"山高"一词。画面中露出的石头是对应《赤壁赋》中的"水光接天""万顷茫然"而言的。前、后《赤壁赋》创作时间相差 3 个月，仅仅 3 个月的时间，便已经是"江山不可复识"。这几个字，透露出苏轼心中的一股惆怅，3 个月的时间，如同过了 3 个春秋一般漫长，而 3 个月前的场景，竟然已不熟悉。

> 予乃摄衣而上，履谗岩，披蒙茸，踞虎豹，登虬龙，攀栖鹘之危巢，俯冯夷之幽宫。盖二客不能从焉。划然长啸，草木震动，山鸣谷应，风起水涌。予亦悄然而悲，肃然而恐，凛乎其不可留也。

第四段是全画卷用笔最多刻画景物最繁的一个部分。这种"多"与"繁"是为了迎合赋中的描写而生。苏轼兴致来了，竟然要登崖而上。画面中，苏轼置身于一片林木危石之中。面前杂草丛生，古木繁茂。乔仲常使用了一些更为繁密的线条来表现紧张的氛围，石头、草木的线条显得格外的细密。这一部分，从赋中的细节处也可以看到，比如画面中的鸟巢，应的正是"栖鹘之危巢"。

这一部分是紧张、刺激的。在这种环境中，苏轼也难免"悄然而悲，肃然而恐"。在大自然之中，人真的太渺小了，任何的与天斗的行为看起来最终都只会让自己感到悲恐。"划然长啸，草木震动，山鸣谷应，风起水涌。"山谷对长啸的回应，愈发显得人的可怜可悲，也由此让人在广袤的宇宙天地中愈发显得渺小。

> 反而登舟，放乎中流，听其所止而休焉。时夜将半，四顾寂寥。适有孤鹤，横江东来。翅如车轮，玄裳缟衣，戛然长鸣，掠予舟而西也。

相比第四部分中的紧张刺激，第五部分是静谧安详的。画面中，大面积的江水突出的正是江水中的小舟。舟中共计 5 人，苏轼与客三人，侍童一人，船夫一人。五人中，唯有面向观众的苏轼的面目是清楚的，其余人物形象则简略得多。

舟的后方，空中一只孤鹤正展翅飞过，这正是对赋中"适有孤鹤，横江东来"的描绘。此刻，远山在静穆中长眠，江水中的孤岩上，两只水鸟正在对空长鸣。一声长鸣，划破宁静的江面和夜空，让静谧的夜色愈发地寂寥。

> 须臾客去，予亦就睡。梦一道士，羽衣蹁跹，过临皋之下，揖予而言曰："赤壁之游乐乎？"问其姓名，俯而不答。"呜呼！噫嘻！我知之矣。畴昔之夜，飞鸣而过我者，非子也邪？"道士顾笑。

第六部分画面中，三人已经来到了苏轼的家里。这里，乔仲常将两个场景融合在了一起，可以看做一种剪辑手法。画面中三人坐在房内闲谈，已经是泛舟回来。画中后面躺卧的苏轼已经进入了梦乡。两种画面剪辑到一起，也正应了赋中"须臾客去"四个字。

梦境没有在画面中直接表现出来。这也正是乔仲常的用意所在。为什么？画卷的第七段或许可以说明这种用意所在。

> 予亦惊寤。开户视之，不见其处。

画卷的末尾可以看做一个独立的山水人物画。近山、远山、房屋、人物、林木、水石，同时出现在这一部分。站在柴门外的苏轼，面向着画卷的右边。刚从梦中醒来的苏轼看着刚刚赤壁泛舟的方向，说不清楚刚刚所经历的究竟是现实还是梦境。对于现实处境中的苏轼来说，这种经历，便如同梦一般。

三、皇帝的二赋情结

（一）南宋两位皇帝书写《后赤壁赋》

南宋高宗赵构草书《后赤壁赋》，赵构草书笔法精熟，笔画稍显瘦峻，功力极深。藏品现藏于北京故宫博物院。

（南宋）赵构草书《后赤壁赋》（故宫博物院藏）

宋高宗赵构是宋朝第十位皇帝，南宋开国皇帝，在位35年，宋徽宗赵佶第九子、宋钦宗赵桓之弟。绍兴三十二年（1162），在金海陵王完颜亮南侵失败后，赵构将皇位禅让给养子赵昚，自己作为太上皇帝退居德寿宫，颐养天年。

南宋孝宗赵昚草书《后赤壁赋》，赵昚书法无连绵苟且之习，用笔起讫分明，笔笔清楚，字字独立而气脉连贯，易于辨识。藏品现藏于辽宁省博物馆。

（南宋）赵昚草书《后赤壁赋》（辽宁博物馆藏）

宋孝宗赵眘(shèn)是南宋第二位皇帝，初名伯琮，后改名瑗，赐名玮，字元永。由于宋高宗赵构唯一的儿子元懿太子夭折，只好从旁系家族中选择赵眘为后继者。绍兴三十二年(1162)，宋高宗让位于赵眘。赵眘在位27年。淳熙十六年(1189)，他又让位于儿子赵惇。

该作品为泥金书(用金泥墨书写在磁青纸上)，整件作品字字独立，偶有上下字连带，草法略显僵硬，微有章草笔意，书风介于《书谱》与《十七帖》之间，章法疏朗，乍看貌似后世董其昌一路风格。总之，这是一件书写比较老实的经典之作。

由于该作之末没有作者的款识，因此对于书写人是谁这一问题，从元代起就有不同的说法：有人认为是宋徽宗赵佶所书，有人认为是宋高宗赵构之作，还有人认为是宋孝宗赵眘手笔。赵眘学赵构书法很像，几可乱真。从书写上分析，赵眘之字较之赵构，往往落笔凝重不够，结字略显松懈。检视此卷，正有这样的欠缺。再则，赵眘更喜爱苏轼诗文，因此这件草书《后赤壁赋》当出自赵眘之手。

为什么两位皇帝要写《后赤壁赋》？

1102年，宋徽宗对苏轼发出"清剿"号令。这一年，是苏轼去世后的第二年，宋徽宗当皇帝的第二年。

在蔡京等人的煽动下，宋徽宗在这年四月发出诏令："天下碑碣榜额，系东坡书撰者，并一例除毁。"

宋徽宗亲笔书写党人碑，刻在端礼门的石碑上，内容是关于清除苏轼等旧党的诏令，这就是著名的"元祐党人碑"。次年，蔡京下令焚毁苏轼、黄庭坚等人的文集，严禁生徒习读、藏家藏之。徽宗虽然任用旧党，但旧党中富有个性的文人苏轼、黄庭坚等人未能得到徽宗的认可，将他们排除在《宣和画谱》和《宣和书谱》之外。

后来，"元祐党人碑"成为碑上有名字的后人骄傲的资本。

北方霸主金太宗反其道而行，以昭苏轼、黄庭坚为忠烈，扫除逆党为出师灭宋之名，奉北宋文人画为金朝宫廷里的正统艺术。

划江而治的南宋王朝，党争早已尘埃落定，宋高宗书写《后赤壁赋》拉开给苏东坡平反的序幕，宋高宗一方面为了不让金军找到南侵的口实，另一方面为了笼络文人士大夫的人心，开始为苏轼和黄庭坚昭雪，他们的书画风格也为皇室所仿。

在这样的背景下，高宗从师法徽宗直接转向黄庭坚。老臣郑亿年悄悄禀报高宗，说伪齐傀儡皇帝刘豫也在学黄庭坚字，他担心今后可能会与御笔"相乱"，高宗"遂改米芾字，皆夺其真"。

高宗特别优厚米芾子米友仁，这是出于对米氏父子书画之艺的推崇。特别是绍兴十一年（1141），高宗敕宫中刻《绍兴米帖》，汇集了米芾的书迹。

北京故宫博物院藏《后赤壁赋》卷是赵构书法历程刚刚进入第三个阶段的作品。这是赵构在马和之《赤壁图》卷后抄录的苏轼《后赤壁赋》的全文。这不是一般的诗文抄录，在高宗书法的背后，深藏着今人不易察觉的政治意味。它以艺术的手段给苏轼等旧党平反昭雪，肯定了他在文学艺术方面的功业，这是一种特殊的，也是最好的平反形式；这是历史上第一个以帝王身份感受苏轼《后赤壁赋》的人。

（二）康熙、乾隆用《赤壁赋》来笼络人心

说到春节送礼，不花什么钱又能让大臣们开心的皇帝，莫过于康熙。自康熙朝起，宫中表现好的大臣们，会在年节之时收到一份特别的礼物——由康熙亲笔书写的"福"字一张。

康熙帝书法造诣很深，一生摹写和颁赐臣下的书法作品很多。在其个人爱好的背后，康熙帝的书法活动也体现了他的政治思想。康熙帝从小喜好书法，但真正开始练习已是20岁之后的事。康熙帝的书法作品，除岁时节庆和游览名胜时的应景之作外，大多数都带有明确的政治倾向和政治意义。

康熙早在摹写书帖阶段，便觉察到书法在沟通君臣关系方面的独到作用，这是他日后不断赐予大臣亲书匾榜、字幅、卷轴，并使此事渐渐成为其政治生活重要组成部分的主要原因。

康熙帝的书法活动绝非一般文人间的相互酬答唱和，而是具有丰富的政治内涵，成为其密切君臣关系、贯彻政治意图和统治思想的重要手段。

在中国历史上，书法对文人的影响十分深远。一个人字写得好坏，是其思想深度和格调高低的重要参考。康熙帝发现，自己日益长进的书法技艺使群臣尤其是汉族文臣钦佩不已，而颁赐书法作品又能使他们感恩戴德，于是，书法作品便成为其赏赐文臣的重要物品。康熙帝与汉族臣僚也在频繁的赏赐中建立起融洽和悦的君臣关系。依靠书法这门古老的艺术，康熙帝与汉族士人找到了一个新的契合点和情感沟通的桥梁，很快赢得了汉族士人的普遍认可。

康熙帝曾说自己"政事稍暇，颇好书射"。大量史料表明，他的书法活动主要是围绕着改善满汉关系开展的，而射猎活动主要是围绕着维护满蒙关系和永葆本民族尚武精神举行的。"书"与"射"是他文治武功的典型表征，而对"书"的巧妙运用恰恰体现了他高超的政治艺术。

康熙皇帝于康熙十八年（1679）将临摹元代大书法家赵孟頫的《赤壁赋》赏赐给江南总督董讷。

康熙四十九年（1710），学政按察司金事董思凝奉命视学三楚，校试于黄州，将康熙皇帝赐给其父亲董讷的《赤壁赋》钩摹上石，嵌于东坡赤壁御书亭内，石刻现存于东坡赤壁酹江亭。

乾隆也依葫芦画瓢，同样有《赤壁赋》的书法传世。

（三）徐世昌书写前、后《赤壁赋》

徐世昌（1855—1939），字卜五，号菊人，又号弢斋、东海、涛斋，晚号水竹村人、石门山人、东海居士。直隶（今河北）天津人。

1918 年 10 月，徐世昌被国会选为民国大总统，1922 年 6 月通电辞职，退隐天津租界以书画自娱。徐世昌国学功底深厚，不但著书立言，而且研习书法，安阳袁林的墓碑"大总统袁公世凯之墓"九个大字系徐世昌的手笔。他工于山水松竹，如《石门山临图帖》等。一生编书、刻书 30 余种，如《清儒学案》《退耕堂集》《水竹村人集》等，被后人称为"文治总统"。

徐世昌的书法多为行、草体，学苏体达至臻之境。其楷书大字，用笔飘逸遒劲，潇洒有致，轻灵飞动，清朗隽永。行草结体疏密有致，用笔遒劲潇洒，字字不联而气脉相通，给人以轻松飞动之感。他模仿苏体，精妙至极，名重一时，在津门各殿堂里多有其墨迹。如天津老字号"正兴德茶庄""直隶书局"等匾额均出自他的手笔。1919 年至 1926 年，徐世昌将其书法作品汇集成《水竹邨人临帖》3 册、《石门山临图帖》1 册，刊印发行。将之对比苏体，墨色随着语境的变化而变化，跌宕起伏，气势不凡而又一气呵成，达到"心手相畅"的几近完美的境界，尤其是《水竹邨人临帖》3 册，姿态百出而结构紧密，集中反映了苏轼书法"结体短肥"的特点，又兼众家之美，令人赞叹。

东坡赤壁二赋堂中有徐世昌小楷前、后《赤壁赋》，并根据二赋的意境撰写对联："古今往事千帆去，风月秋怀一篷（dí）知。"

四、宋、元、明、清的传承

北宋元丰年间以后，苏东坡泛舟夜游赤壁的故事，被广泛运用到各类艺术作品的创作之中，成为我国古代绘画、雕塑艺术的经典题材之一。前后《赤壁赋》表达出的意境和深刻内涵，借着优美的文辞，相互传递、感染，而同是文人的画家心领神会，又将这种大自然景状形诸笔墨，构成画面，代代相传。因为前后《赤壁赋》赋予了泛舟的图像和丰富的哲理，所以历代画家都热衷以苏轼《赤壁赋》为题材。全世界各大博物馆藏有大量以赤壁泛舟为题材的传世文物，其品种几乎涵盖了各种艺术品类别：瓷器、玉器、漆器、竹木骨角雕刻、织绣、紫砂器、景泰蓝、杂项。进入 21 世纪，赤壁泛舟题材的古代艺术品成为艺术品拍卖市场的"常青树"，屡屡创造拍卖价格的新高。

（一）宋金时期

苏轼曾多次手书《赤壁赋》并赠给友人。孙承泽在《庚子消夏录·苏东坡书前赤壁赋》中说："《赤壁赋》为东坡得意之作，故屡书之。"苏轼自书《赤壁赋》至少有五份。传世作品苏轼楷书《赤壁赋》，现藏台北故宫博物院。

除苏轼外，现在我们所知道的最早书写《后赤壁赋》的书法家是宋孝宗赵眘，他草书的《赤壁赋》（辽宁省博物馆藏），用金泥墨书写在磁青纸上，纵 24.5 厘米，横 101.4 厘米。作品通篇气象浑穆，一气呵成，足见他书写时神清气足、兴致高扬。

宋高宗赵构草书的《后赤壁赋》（北京故宫博物院藏），绢本，纵 29.5 厘米，横 143 厘米（含画）。《后赤壁赋》卷同马和之的画作《后赤壁赋图》装裱在一起，笔法精熟，笔画稍显瘦峻。

以上传世的三幅书法作品开启了以前、后《赤壁赋》为内容的书法创作的序幕。同时，《赤壁赋》在宋代已成为常见的绘画题材，著名画家乔仲常、马和之、杨士贤、李嵩、李龙眠、王诜、赵伯驹、赵伯骕等都曾绘过《赤壁图》。

宋代乔仲常的《后赤壁图》（美国纳尔逊·艾特金斯艺术博物馆藏）是目前所存最早的"赤壁画"，纸本，纵 29.7 厘米，横 560 厘米。此图采取中国画长卷通常采用的"异时同图"的手法，分段表现苏轼的《后赤壁赋》内容，画面分九段从右向左展开，逐一描绘了东坡与客游赏的进程，每段既相互独立，又连成一个整体，让我们领略到了赤壁一带的佳胜，感受到当时东坡与客同游的心情。

南宋马和之的《后赤壁赋图》（故宫博物院藏），绢本，纵 25.8 厘米，横 143 厘米，描绘的是《后赤壁赋》中东坡与客泛舟夜游赤壁，遇孤鹤"横江东来""掠余舟而西"的瞬间景象。此画构图简洁，大片的空白给人以无穷的想象。笔法飘逸，婉转纤巧，特别适合表现道家看重的水流和云气，给人虚无缥缈之感。

南宋马远《子瞻赤壁》(台北故宫博物院藏),绢本,长 801 厘米,横 25.8 厘米。画面通过水面迂回盘旋的效果,衬托出孤舟泛月的空灵,给人玩味不尽的意趣。

宋无款《赤壁图》(台北故宫博物院藏),绢本,纵 24 厘米,横 23.2 厘米。本幅是以一叶扁舟为主景的局部山水,画面中置石壁于右上角,仅画出赤壁之山脚与山石部分,扁舟上回身仰望的苏轼,反因取材精简,景致更能突出。波浪起伏回转,表现一叶扁舟之摇摇荡荡,飘飘乎遗世而独立,可说是极为生动地将《赤壁赋》最为浪漫的憧憬画出来了。

宋杨士贤《赤壁图》(美国波士顿博物馆藏),绢本,横 733 厘米,纵 30 厘米。图中景为陡峭的赤壁,横贯江面,与前景阴暗的巨石相呼应,衬出湍急的江流,一叶扁舟,三五客,相比而愈显渺小,表现出江流浩荡之气和赤壁雄伟之势,与苏轼的豪放情怀颇相契合。

南宋李嵩《赤壁赋图》(纳尔逊·阿特金斯艺术博物馆藏),绢本,纵 25 厘米,横 26.2 厘米。图中暗礁石壁,漩流急浪,远水无波,淡墨晕染,得悠远之境;孤舟泛波,名士闲坐,抒怀古之情。虽为小品,堪称神妙。

此外,还有李龙眠的《赤壁图卷》,王诜的《赤壁图》,赵伯驹的《后赤壁图》,赵伯骕的《后赤壁图》等。

金代武元直《赤壁图》(台北故宫博物院藏),在众多"赤壁图"中最负盛名。纸本,水墨,纵 50.8 厘米,横 136.4 厘米。此画构图雄奇壮阔,大江奔流、石壁峭立、峰峦起伏、树木苍郁,石壁之下一小舟中,苏子与二客对饮,船夫撑篙顺流而下。烟波浩渺、宽阔的江面和高耸险峻的石壁,衬托出小舟及其乘客的渺小,让人不禁感叹"哀吾生之须臾,羡长江之无穷"。在画法上,近景山石用类似"斧劈皴"的短皴和淡墨直线皴结合,用笔严谨,笔力劲健,凸显出石壁的峭拔和坚硬。皴笔用淡墨,只在结构折转处以浓墨醒出,墨色湿润,浓淡墨色的渗化使景象稍趋朦胧。

赵秉文《赤壁图卷》题诗墨迹是题在武元直赤壁图卷之后的,纸本纵高

51.9 厘米，横长 697.7 厘米，创作年代为金哀宗正大五年(1228)，赵秉文时年已 69 岁。作品有着鲜明的个性和澎湃的激情，洋溢着蓬勃向上的活力，能以其纯朴的真诚和鲜活的生命拨动读者的心弦。

(二)元代

与宋、金相比，元代留存至今的赤壁图和《赤壁赋》书法作品不多，但历代著录和题画诗中提到的并不少。其中赵孟頫与《赤壁赋》结缘最深，见于著录和现存的有四幅：行楷书前、后《赤壁赋》，行书前、后《赤壁赋》并《苏东坡像》，行草前、后《赤壁赋》，行书《前赤壁赋》。代表作品是行书前、后《赤壁赋》(台北故宫博物院藏)，纸本，册装，共 11 开 21 页，每页纵 27.2 厘米，横 11.1 厘米。赵孟頫于大德五年(1301)47 岁时创作的前、后《赤壁赋》为行书长卷，用笔娴熟、精湛。在笔法上以流丽挺健为主，线条温润凝练，外秀内刚。该帖分行布白疏朗从容，用笔圆润遒劲，宛转流美，风骨内含，神采飘逸，尽得魏晋风流遗韵。同时，台北故宫博物院藏有传为赵孟頫所作的绘画作品前、后《赤壁赋图》。

除赵孟頫外，还有一些关于赤壁的书画作品，如吴镇的《赤壁图》、鲜于枢的行书《前赤壁赋》、虚庵的题画诗《盛子昭〈赤壁图〉》等。元代题《赤壁图》的诗甚多，有赵孟頫的《题四画·赤壁》、郑思肖的《苏东坡〈前赤壁赋〉图》、吴师道的《游赤壁图》、房祺的《题〈东坡赤壁图〉》等。这些"赤壁图"今已散佚，但这一题材为元代书画家所热爱的盛况，由此可见一斑。

(三)明代

宋元时期，前、后《赤壁赋》的传播方式是刻版印刷、手工书写、绘画图像、家传户颂，大量工艺品上出现了以《赤壁赋》为题材的图像，《赤壁赋》已成为绘画以及工艺创作的常见题材。这种情形堪比王羲之《兰亭序》，在中国文学名作传播史上并不多见。

明代是《赤壁赋》书画创作的高峰期，作者和作品的数量都远远超过前代，且精品较多。据历代著录和《中国古代书画图目》《故宫书画图录》《文徵明书画简表》等资料统计，有祝允明书《赤壁赋》共 16 幅，文徵明书《赤壁赋》共 56 幅，董其昌书《赤壁赋》共 6 幅，张瑞图书《赤壁赋》共 20 幅。

此外，沈周、唐寅、王宠、陈道复、陆治、彭年、陈泰来等都有《赤壁赋》书法作品存世。仇英、陆治、文伯仁、丁玉川、戴进、陈淳等都有《赤壁图》存世。

明代《赤壁赋》书画作品也不少，如陈士谦的《后赤壁图》，杨荣的《书〈赤壁图〉后》和陈粹之(冷庵)的《赤壁图》。明代有大量题《赤壁图》的诗，如张以宁《苏公赤壁图》、刘泰《东坡赤壁图》、何景明《题〈苏子瞻游赤壁图〉》等。同时，赤壁图也是明代中后期工艺品的常见题材，常见于陶瓷器的绘饰、竹木器的雕饰、纺织品的修饰及犀牛角雕、漆雕、玉雕等。

文徵明极为喜爱《赤壁赋》，一生之中曾以不同笔法多次书写，还多次创作《赤壁图》，并为友人如祝允明、仇英等人的《赤壁赋》书、画题跋。文徵明在 89 岁高龄时，更以苏轼笔意，为苏轼《赤壁赋》卷(台北故宫博物院藏)补写所缺 36 字，形神兼备，几可乱真。被各大博物馆收藏的著名作品有上海博物馆藏行书《赤壁赋》《赤壁赋图并书》，台北故宫博物院藏行书《前、后赤壁赋》及《赤壁图》《仿赵伯骕后赤壁图》《赤壁册页》，故宫博物院藏小楷《前后赤壁赋》等。

除以上名家名篇外，明代还有不少传世藏品。上海博物馆藏文彭草书《后赤壁赋》、祝枝山草书《前、后赤壁赋》、朱之蕃行书《前、后赤壁赋》、王宠草书《后赤壁赋》；北京市工艺品进出口公司藏徐渭行书《赤壁赋》；故宫博物院藏周天球行书前、后《赤壁赋》，张瑞图草书《赤壁赋》；台北故宫博物院藏董其昌行书前、后《赤壁赋》，张瑞图草书《后赤壁赋》；江西博物馆藏汪道全楷书《赤壁赋》等。足见明代文人书写《赤壁赋》已成为时尚。

明代的赤壁图重要作品有台北故宫博物院藏顾大典后《赤壁图》、丁玉川《后赤壁赋图》、钱谷《赤壁图》、文伯仁《赤壁图》、文嘉《赤壁图》、丁云鹏《前赤壁图》扇面、程嘉燧《赤壁图》、唐毕宏《赤壁秋深图》、吴士冠

《赤壁赋图》；北京故宫博物院藏蒋乾《赤壁图》等。

以赤壁为题材的艺术品，不能不说核舟了。明末魏学洢写下一篇《核舟记》，描述明代天启年间核雕艺人王叔远雕刻的橄榄核舟："通计一舟，为人五；为窗八；为箬篷，为楫，为炉，为壶，为手卷，为念珠各一；对联、题名并篆文，为字共三十有四。而计其长曾不盈寸。"此反映明代核雕艺人技艺出神入化。明代的核雕赤壁泛舟没有实物传世，当前可以见到的只有清代实物，馆藏的代表作品有清代陈祖章橄榄核雕《赤壁夜游》（台北故宫博物院藏）、清咸丰年间橄榄核雕《苏东坡夜游赤壁花船》（广东省增城市博物馆藏）、清道光十四年（1834）湛菊生橄榄核雕《赤壁夜游》（济南博物馆藏）等。大量的赤壁橄榄核舟收藏于海内外收藏家手中。

（四）清代

清代，赤壁题材被广泛运用到各类艺术品创作之中，经常制作成笔筒、核雕等工艺品，其中佳作精品不少，如故宫博物院藏清掐丝珐琅《赤壁图》扁瓶、台北故宫博物院藏清雕漆《赤壁图》插屏、美国大都会博物馆藏清康熙青花《赤壁赋山水诗文》方棒槌瓶、南京博物院藏清翡翠《东坡赤壁夜游》插屏、上海嘉定竹刻博物馆藏清竹雕《赤壁泛舟》笔筒、清邓石如"江流有声，断岸千尺"篆字印章等。前后《赤壁赋》的传播突破了单靠纸质为媒介的传统方式，瓷、玉、漆、石、竹、木、骨、角、丝、铜、金、紫砂等都成为传播载体，极大地丰富了赤壁二赋的传播途径。

清代书画家创作的《赤壁赋》书画作品也不少，但艺术水平逊于前朝。见诸著录和今存的书法作品有徐枋、黄杰、吴山涛、何绍基的前、后《赤壁赋》，王芑孙、赵之琛、陈士本、程焕伦、成亲王的《赤壁赋》，曹贞秀、魏鸿选、黄辉、正诣的《后赤壁赋》等。

绘画作品有黄慎的《赤壁图》（上海博物馆藏）、吕焕成的《赤壁图》、王梦龙的《前赤壁图》、钱杜的《后赤壁图》、徐坚的《临唐寅赤壁图》等。书画合璧作品有张在辛的《赤壁赋书画》、唐泰的《前赤壁赋书画》等。清代也有许多题《赤壁图》的诗，如钱大昕的《题爻吉兄〈赤壁图〉》、陈瑞林的《题王香雪〈赤壁醉眠图〉》等。

五、拍卖市场常青树

各类赤壁图反映了苏轼赤壁文学在古代绘画中的接受、诠释与再创造过程，画家撷取"泛舟赤壁"这一典型场景，经由视觉转换与图像演绎，既拓展了苏轼《赤壁赋》原作的阐释空间，又展现了古代文人的山水理想与审美，折射出中国古代绘画与文学的融通特质。从艺术特色和历史价值来说，《赤壁图》拍卖超过千万美元都是实至名归，其中涵蕴的艺术魅力和"泛舟山水，自得逍遥"的哲思理趣，彰显了东坡赤壁的千年古韵，发人深思，引人向往。

赤壁图上的苏东坡标准形象，一般是戴着高耸的传说中的东坡帽，明显与其他人物进行区分，用东坡帽来突出一号人物成为人物造型的定式。

苏东坡死后民间开始流传关于他和朋友间的各种趣闻轶事。到了明代，有人开始把与苏东坡同游赤壁的朋友具体化为一个是道人、一个是和尚，反映在图像上，游赤壁舟中三人的服饰就有了明显区别：苏东坡戴东坡帽，一人扎道家小巾，一人光头。

这种代表儒、释、道三种人物造型问世之后，随即受到民间工匠的青睐，并大量见于各种工艺制品之中，包括瓷器、漆器、竹器、玉雕等。

(一)明代仇英《赤壁图》达7952万，创2007年度中国绘画拍卖纪录

2007年11月7日，明代仇英《赤壁图》，在中国嘉德2007年秋季拍卖会上以7952万元人民币成交，创造了当时中国绘画拍卖成交价的世界纪录，标志着中国绘画作品的拍卖成交价首次超过1000万美元级别。

画作长129厘米、宽23.5厘米，以石青、石绿为主色调，描绘了苏东坡携友泛舟夜游赤壁的情景。作者将一个秋高气爽、月光如银的宁静夜晚极富诗情地融入令人陶醉的画意之中。画面布局爽朗、明媚，用笔工细，

笔触细腻绵密，敷色淡雅清丽，技法纯熟稳健，墨韵浓郁，为仇英佳作。

仇英所作《赤壁图》的传世作品共有三幅：辽宁省博物馆和上海博物馆各藏一幅，皆绢本短卷。

此幅《赤壁图》流传有序，最早收藏者是晚明的张修羽，之后曾先后被康熙皇帝的第三个儿子和乾隆皇帝收藏，辛亥革命后被末代皇帝溥仪携出清宫散落民间，民国期间为天津实业家张謇所得，密藏80余年。

(二)明清时期的"赤壁赋瓷"

二赋一词诞生后，"苏东坡赤壁泛舟"这一风雅韵事引发了各个领域的演绎，诸如"赤壁图""赤壁戏"之类的艺术品创作喷薄而出，明清时期景德镇瓷器制造业引入了"苏东坡赤壁泛舟"这一图像，在300多年间"赤壁赋瓷"成为民间用瓷的一个品种，从17世纪初期开始，赤壁赋瓷就借助航海贸易渠道行销海外。

现今普遍认可的说法是，赤壁赋瓷器出现最早的时间不会早于万历年间(1573—1620)，其生产的高峰期是17世纪初到康熙年间。

早期大多是碗，17世纪中期后更加多元化，出现了杯、盘、瓶、笔筒等器型。绝大多数已知的赤壁赋瓷都是青花釉下彩，多数产于瓷都江西景德镇，少量可能来自安徽、江西、浙江等地的一些民窑。

现存"赤壁赋瓷"的纹样，总结起来一个突出特点是图加文的结合。

"文"指的是瓷器上都题有苏东坡前、后《赤壁赋》中的一篇，有的是全文，有的是节选，而且后赋出现的频率要远远高于前赋，主要原因是《后赤壁赋》的字数比《赤壁赋》的字数少。

"图"指的是瓷器上都有描绘苏东坡夜游赤壁的图像。画面的主题是：天空有一轮圆月、"水波不兴"的水面、植被茂密的水岸山丘起伏之态、小舟上的人呈交谈宴饮之态。

这种场景几乎形成了定式，赤壁泛舟画面的主要元素是：水、月、山、小舟、舟上的人物。图像画法形成较为固定的套路，好处在于能大大节省瓷器生产过程中表面纹饰绘制时间和人力资源。

不过有意思的是，"赤壁赋瓷"并非供文人清赏把玩的案头精品，目前存世的赤壁赋瓷，多为粗劣之作——瓷胎厚，底足粗笨，釉色发色不纯，绘制纹彩的笔触潦草，题文的书法也良莠不齐。

显然，在当时，至少有一些赤壁赋瓷碗是普通人日常饮食起居所用，售价也不会太高。可以看出，"赤壁赋瓷"并非是集"诗书画"三绝于一体的高雅摆设，反而是平常人消费得起，磕磕碰碰也不会心疼的日用品。

现今，"赤壁赋瓷"广泛分布于世界各地的博物馆、拍卖行。仅海外的博物馆，就包括伦敦大英博物馆、荷兰阿姆斯特丹国立博物馆、荷兰莱瓦登博物馆、德国柏林东亚艺术博物馆、德国德累斯顿瓷器馆、土耳其伊斯坦布尔的托坎普宫、日本东京国立博物馆、新加坡国立博物馆等重要的瓷器收藏机构。

（三）流通于拍卖市场的赤壁图像

随着财富积累形式的转变以及艺术品交流需求的增加，艺术品的投资价值已经越来越为人们所认可。当代中国正进入全民收藏的时代，民众对艺术品收藏投资的热情高涨，艺术品的价格也水涨船高。纵观中国艺术品拍卖市场，以赤壁二赋为题材的艺术品可谓是一朵奇葩，其数量品种远远高于其他古代文学作品，不得不引发对东坡赤壁文化的思考，以下略举以赤壁二赋为题材的已成交的各类艺术品。

竹木牙角雕

竹木牙角器，是我国古代工艺美术百花园中一颗耀眼的明珠。虽然器微，但往往秀工极巧，精雅无比，深受人们的喜爱。

由于历史和环境的原因，这类物品，尤其是竹木器不易保存，传世较少。现在流散在民间的竹木牙角器主要是明清以来的器物。

竹雕、木雕、象牙雕刻以及犀角雕刻，均是我国古代工艺美术领域中的不同门类，因其工艺、题材，甚至是从业人员具有很大的同一性，往往被合称为"竹木牙角雕"。

明清时期，随着整个工艺美术领域的繁荣与发展，竹木牙角雕也取得了空前的成就，形成了独具特色的工艺技法，留下了大量美轮美奂的作品，派生出全国闻名的地方物产，得到了上层社会的关注乃至亲身参与。

在明清时期出现的众多著名匠师中，有很多兼能雕竹木牙角者，在雕刻技法、器型设计等方面，各门类间相互影响，相互借鉴。

犀角雕

犀角雕在我国古代各种门类的工艺美术品中，属于既高雅又稀有的品种，与竹木、金、玉等雕刻器物同为艺林珍赏之品。

明清时期，涌现出大批的能工巧匠，许多格调高雅、精美绝伦的牙角雕作品问世。犀角雕受原料来源的限制，只在清代尤其是雍正乾隆两代出现过昙花一现的繁荣。

近现代牙角资源更加匮乏，随着保护野生动物力度的加大，有的国家已禁止牙角雕的拍卖，牙角雕将成为更加珍稀的收藏品。

明代方弘斋制赤壁夜游犀角杯。2010 年 7 月 6 日，西泠印社 2010 年春季拍卖会成交价为 537.6 万元。

雕漆

雕漆工艺，是把天然漆料在胎上涂抹出一定厚度（要做一件雕漆作品少则 60 余道漆，多则 300 多道，一道漆只能有 0.6mm 厚），再用刀在堆起的平面漆胎上雕刻花纹的技法。其工艺流程极其复杂，制漆、制胎、打磨、雕刻、退光等，过程繁复，用时很长，因此大型雕漆极其昂贵，在古代一直是皇室贵胄的陈设品。雕漆品种之一，又名"雕红漆"或"红雕漆"。此技法成熟于宋元时期，发展于明清两代。根据漆色的不同，有剔红、剔黄、剔绿、剔黑、剔彩、剔犀之分，其中以剔红器最多见。

明代雕漆赤壁夜游图方盘。2012 年 10 月 25 日，北京保利第 20 期古董精品拍卖会工艺品专场成交价 3.5 万元。

漆器

"百里千刀一两漆"，这句话的意思是走 100 里路，在漆树上割 1000

刀，才能得到一两生漆。而漆器制作以工艺繁琐著称，必须经历制胎、水裱、推光、生漆调细等上百道工序，稍有疏忽，就前功尽弃。一器之成，往往需历经数月，漆器是当仁不让的古代奢侈品。

随着拍卖市场艺术品类的进一步细分，近年漆器也逐渐崭露头角，有相当数量的收藏爱好者涉猎，但漆器整体上仍未形成独立的收藏门类。漆器怕干燥，易裂，管理和保存难度大，这些都在一定程度上制约了这个门类的收藏规模。

明晚期剔红泛舟夜游倭角盘。2011 年 5 月 23 日，中国嘉德 2011 年春季拍卖会成交价 5.98 万元。

青花瓷器

青花瓷，又称白地青花瓷，常简称青花，是中国瓷器的主流品种之一，属釉下彩瓷。青花瓷始于唐代，最早在唐代的巩县窑烧制成功，用的是中亚进口钴料，与唐三彩中蓝彩使用有着密切的关系。宋代浙江省出土的青花瓷用的是国产料，不及唐代艳丽而较为灰淡，而元代青花瓷在艺术上已有很高水准，它为明清两代青花瓷发展提供了极其良好的基础，烧制技术更加成熟。明初至清初是中国古代青花瓷的黄金时代，是瓷都景德镇釉下彩的主流产品，其艺术的魅力迷倒不少古今收藏家。

明天启青花赤壁夜游碗五只及竹雕碗筒。2013 年 6 月 5 日，北京保利国际拍卖有限公司春季拍卖会成交价 20.7 万元。

清康熙青花夜游赤壁诗文笔筒。2014 年 10 月 26 日，北京翰海拍卖有限公司秋季拍卖会成交价 89.7 万元。

五彩瓷器

五彩和青花是同时期诞生的，但五彩并没有青花这样有名气，原因之一就是青花是一次成型的，它是釉下彩，烧完了就是成功的，因此成本比较低。

彩瓷相比青花有一个劣势，它需要二次入窑：就是先要烧一个素器，烧好了出窑，画上彩瓷；第二次入窑，以低于第一次的温度把它烧成，这个烧结温度是不能高于第一次的，高了就烧成废品了。

这个时期的文人审美，还是停留在宋代以朴素为美这样一个基础上。青花和五彩比较：五彩由于热烈，就显得更俗。清代以后，彩瓷逐渐细分，才有了珐琅彩和粉彩。

清五彩赤壁赋人物瓶。2004 年 6 月 26 日，中国嘉德第 81 期周末拍卖会成交价 1. 21 万元。

粉彩瓷器

粉彩是清代创制的一种釉上彩绘瓷器品种，是在康熙晚期五彩瓷器的基础上，通过改进传统彩料配方，使用新的绘画技巧，借鉴珐琅彩瓷的艺术风格而创烧成功的，其艺术表现效果与五彩相比大为提升。

粉彩瓷器的烧制方法是：在瓷器釉面上用玻璃白打底，再在玻璃白用各种彩料进行绘画，然后入窑烧烤而成。

康熙晚期是粉彩的萌芽阶段，当时的御窑已开始用珐琅彩中的胭脂红色、白色、黄色等彩料来描绘五彩瓷器上装饰图案的个别部位。

康熙官窑很少烧制粉彩，传世品极少，且多为小器，仅见盘及马蹄尊等日用品，基本都是在白釉瓷器上施彩绘面，少数有在其他彩上加绘胭脂红彩。所施彩料有胭脂红、矾红、赭、白、黄、蓝、绿、黑等。装饰题材比较简单，以洞石花蝶草虫为主。构图古朴单调，纹饰简朴粗犷，色彩浓艳厚重而不离康熙五彩瓷器的基本风格。

清中期粉彩赤壁赋人物故事图盖盒。2014 年 9 月 21 日，中国嘉德国际拍卖有限公司第 39 期拍卖会成交价 2. 07 万元。

洒蓝描金瓷器

洒蓝描金的灵感来源于洒蓝釉瓷器，为明代宣德时期创烧，在清康熙时期成熟的一种低温色釉品种。采用吹釉工艺而成，釉面浓淡不一，浅蓝色质地上散布着深蓝色点，犹如散落的蓝色水滴，故称为"洒蓝"或"雪花蓝"。

清光绪洒蓝描金赤壁夜游笔筒。2010 年 10 月 23 日，北京保利第 12

期精品拍卖会海外私家藏瓷器、杂项专场成交价 5.04 万元。

青金石雕

青金石是以深蓝的色泽而享誉珠宝界的，它的色泽取决于内部的青金石含量，该成分越高，原石越闪亮，市场价值也就越高。长期以来，青金石被广泛运用于雕刻界、书画界和医学界，有时也会被运用于传统仪式中，由此可见，青金石的地位十分重要。放眼全球，青金石不仅在我国珠宝界广受欢迎，成为高价值的收藏品，而且国际知名奢侈品牌更是将青金石作为产品原材料，用于生产饰品配件等。更为重要的是，阿富汗和智利两国还将青金石视为国石。随着全球珠宝市场的发展，青金石成为珠宝界的新宠。

清乾隆青金石雕赤壁怀古插屏。2013 年 12 月 4 日，北京保利国际拍卖有限公司秋季艺术品拍卖会拍卖成交价 80.5 万元。

玉雕

人无完人。十玉九杂，玉石同样或多或少都有瑕疵。人病了可以找医生，原石有瑕，玉雕师就成了治石的良医。雕刻的过程有时候无异于一场外科手术。

瑕疵是一块真玉的身份证，每一块玉都带有天然的瑕疵。瑕疵大致可以分为以下几种：绺裂、小浅口、通裂、白棉、黑沁（水草沁）、脏沁、水线、猴毛、麻点、僵、串僵等瑕疵。

我们都知道决定玉器价格的因素大致有三：一是玉质，二是瑕疵，三是工艺。而玉雕师就是将这三个元素处理好，特别是瑕疵的处理，往往有化腐朽为神奇的功力。

清代白玉赤壁夜游图插屏。2014 年 11 月 20 日，中国嘉德国际拍卖有限公司秋季拍卖会拍卖成交价 92 万元。

玛瑙巧雕

巧雕艺术，一言以蔽之可用巧色、巧思、巧工、巧形、巧妙，以及巧合来概括。巧色：不少于两种颜色；巧思：设计上用足心思；巧工：以画入石，以刀代笔；巧形：自然匀称，可爱别致；巧妙：百看不厌，妙不可言；巧合：看似上色接拼，难以置信。玛瑙巧雕的价值还远没被大众所认知，一些巧色玛瑙作品的价格在当今的收藏市场上还处于低点，升值空间巨大。

清代玛瑙巧雕夜游赤壁鼻烟壶。2014 年 11 月 20 日，北京东正拍卖有限公司秋季艺术品拍卖会拍卖成交价 6.325 万元。

端砚

中国传统文化的文房四宝中，砚为其一。在中国所产的四大名砚中，尤以广东省端砚最为著名。端砚石出产在肇庆市东部的烂柯山和肇庆市七星岩北面(西起小湘峡，东到鼎湖山)的北岭山一带，尤以老坑、麻子坑和坑仔岩三地之砚石为最佳。

砚雕与玉雕一样，是一种艰苦细致的技术工作，从设计开始到完成工序是一次性的。砚雕艺术品不但有巧、妙、绝的技巧和别具匠心的构思，而且砚的造型雕饰体现着雕刻、绘画、书法、篆刻、造型以及文字等方面的艺术修养。砚雕的精髓强调"以刀化笔""随石赋形""以意为之"，力求达到"天人合一"的艺术境界。所刻山水人物、花鸟鱼虫、博古器物等题材皆透露出一种高旷脱俗的风雅神韵，浓郁的书卷气充满了浪漫的诗意。

清代谢士骥做赤壁图随形端砚。2013 年 12 月 17 日，西泠印社拍卖有限公司秋季拍卖会拍卖成交价 57.5 万元。

澄泥砚

澄泥砚起源于秦汉时期的砖瓦，烧造工艺经后世摸索逐步完善。

唐代澄泥砚制作技艺在秦汉时期的砖瓦烧造工艺基础上，开创了众多的制作技艺，当时制作的澄泥砚曾被列为"贡砚澄泥砚"。

宋代时期，经澄泥砚制作技艺烧制的砚已为"四大名砚"之一。宋、元、明、清是澄泥砚发展的高峰期，但由于统治阶层更替以及文化差异，澄泥砚在这一时期呈现出不同的工艺特点。了解这些不同的工艺特点，这是澄泥砚辨伪的关键因素之一。

清时，由于种种原因澄泥砚制作技艺已失传。随着澄泥砚制作方法的失传，绛州澄泥砚的生产出现了一个近300年的断档期。

澄泥砚由于使用经过澄洗的细泥作为原料加工烧制而成，因此澄泥砚质地细腻，犹如婴儿皮肤一般，而且具有贮水不涸、历寒不冰、发墨而不损毫、滋润胜水可与石质佳砚相媲美的特点，因此前人多有赞誉。澄泥砚由于原料来源不同、烧制时间不同，具有鳝鱼黄、蟹壳青、玫瑰紫等不同颜色。

澄泥砚一般注重图案，讲究造型，器物线条凝练，状物摹态，形象毕显，灵通活脱。

清代赤壁泛舟澄泥砚。2011年11月11日，北京荣宝2011年秋季艺术品拍卖会江苏省工艺美术馆旧藏专场成交价3.92万元。

镶嵌螺钿

螺钿，一种手工艺品，用螺蛳壳或贝壳镶嵌在漆器、硬木家具或雕镂器物的表面，做成有天然彩色光泽的花纹、图形。根据贝壳打磨的厚薄程度，螺钿分为厚螺钿镶嵌和薄螺钿镶嵌。薄螺钿镶嵌因为需要将贝壳打磨精细，操作难度极高，所以在宋代以前都是厚螺钿镶嵌，而到宋代，则出现了薄螺钿镶嵌，但是关于这种漆器，没有实物，只有文字记载。

清代黑漆平磨螺钿书法赤壁赋香道装置。2013年7月5日，上海嘉泰拍卖有限公司春季艺术品拍卖会拍卖成交价3.68万元。

白铜嵌银

刻铜墨盒是在铜质墨盒的盒盖上，用特制的工具刻上书法绘画图案纹饰，由于材质坚固精美，图案线条刀感明快，风格俊秀独特，充满了文人趣味而在清代晚期风靡一时。

清代白铜嵌银赤壁赋八方墨盒。2013年6月6日，北京保利国际拍卖有限公司八周年春季拍卖会拍卖成交价1.15万元。

琥珀雕

琥珀雕刻技艺，因造型精巧、细致灵动而闻名，具有体积小巧、做工精细、层次分明的特点，主要有人物雕件、动物雕件、素活、手把件等，还包括首饰雕件、烟嘴、印章、鼻烟壶、胸针等。其雕刻技法主要有圆雕、浮雕、透雕三种，并在造型设计和雕刻技巧方面借鉴玉雕和煤雕，并加以改进和创新。

清代琥珀刻前赤壁赋随形鼻烟壶。2013 年 5 月 27 日，香港苏富比有限公司 5 月拍卖会成交价 81.25 万元。

成扇

扇画作为书画之小品样式，小小尺寸有包罗万象的气韵，越来越受藏家青睐。而此一形式对艺术家的创作功力考验甚高，画面、书法需布局合宜，方显出审美之趣。

一柄成扇，却承载着文人的交流，如今看来，也记录了一小段历史，可以通过它们了解一个"朋友圈"。在当时的社会中，能得到这些大家墨宝的，尤其是书画成扇，社会地位一定是非富即贵。因为同一作者，同类题材，同样尺幅的作品，画在扇面上的润格是平常的一倍半。于是在社交场合中手持一把书画折扇，开合把玩，自有一种儒雅之风，也是身份的象征。

1837 年程庭鹭赤壁泛舟图成扇。2005 年 4 月 27 日，上海信仁拍卖有限公司春季艺术品拍卖会成交价 8800 元。

掐丝珐琅

掐丝珐琅起于元朝，以明宣德、景泰为代表，也称为"景泰蓝"。景泰之后，这一工艺品种至乾隆时期达到又一巅峰。

掐丝珐琅在古代是一门仅供帝王享有的独特工艺，作为传统中国宫廷艺术典型代表，蕴涵高贵、华美的艺术风格和特质，无论是历代收藏，还是当今艺术品市场，掐丝珐琅都被视为贵重之器。近年，拍卖市场价格也是屡创新高，一些极品甚至拍出了亿元天价。凭借拍卖场上的不俗成绩，掐丝珐琅受到了越来越多收藏者的关注。

清代掐丝珐琅夜游赤壁扁瓶。2010 年 10 月 24 日，北京保利第 12 期精品拍卖会成交价 3. 136 万元。

田黄章料

田黄印章昂贵而稀有。田黄形成于数百万年前第三纪末期，寿山石矿的部分矿石受风雨剥蚀，自矿床分离而散落于溪旁基础岩石上，逐步被沙土覆盖，形成冲积性砂矿沉于田地中及河滩下。田石埋于沙土中，日久天长，其表皮铁质酸化，致使石色外浓内淡，产生了色皮与"萝卜纹"等特征。田黄产于总面积不足 1 平方公里的寿山溪一段约 8 公里的溪流及溪旁水田的底下。

史载，清时福建巡抚用一整块上等田黄雕刻了"三链章"，乾隆皇帝奉为至宝，清室代代相传；咸丰帝临终时，赐予慈禧一方田黄御玺；末代皇朝解体，溥仪不要所有珍宝，只将那枚"三连章"缝在棉衣里。至于民间相传，田黄石是女娲补天时遗留在人间的宝石，又说是凤凰鸟蛋所变，还传田黄石可驱灾避邪，藏田黄者能益寿延年等。

清代田黄薄意赤壁泛舟随形章料。2011 年 5 月 23 日，中国嘉德 2011 春季拍卖会成交价 25. 3 万元。

黄花梨雕

海南黄花梨，一种从古至今都被人们喜爱的文玩品种。它的美，与其他文玩相比，有着很大的不同。

海南黄花梨无论是在中国的历史上，还是在如今的文玩人眼中，都是无法替代的。

据介绍，海南黄花梨被称为红木中的极品，是世界上最珍贵的硬木之一，其花纹美丽、色泽柔和、有香味，具有加工性能良好、软硬轻重适中、不易变形等特点。

海南黄花梨的盛行始于明朝，马未都在《百家讲坛》中曾引用古籍：一张海南黄花梨床榻在明中叶时期价值 12 两白银，而当时的一个丫鬟还不到 1 两白银。换句话说，一张海南黄花梨床抵得十余人身价。

至清朝时朝廷和民间对黄花梨的追捧达到了顶峰。皇帝为了让黄花梨制作的家具或物件既节省用料又能流芳千古，亲自过问设计图，经皇帝批准后方能动工。乾隆就曾训示朝廷百官"凡黄花梨作件事宜，必优先呈报于朕"。

清代黄花梨《赤壁赋》图文笔筒。2010 年 10 月 24 日，北京保利第 12 期精品拍卖会成交价 8960 元。

沉香木雕

作为香料，沉香自古以来即被列为香中极品，受到极为尊贵的礼遇。在我国传统中医学、印度传统医学、藏医学里，沉香入药已有几千年的历史。近几年来，随着社会经济的发展和生活水平的不断提高，人们对沉香的药用价值认识越来越深，产品需求量也进一步增加。在现代生活中，沉香越来越受到白领们的欢迎。由于沉香生成状态及结构的特殊性，用之雕刻，可完成的大件沉香雕刻品十分罕见，因此在市场上，可见的多是一些制作精良的小件。

清代沉香木雕夜游赤壁图笔筒。2012 年 12 月 16 日，北京传是 2012 年秋季拍卖会成交价 3.45 万元。

六、日本绘画中的赤壁和赤壁会

至少从 14 世纪起，《赤壁赋》就已经作为画题出现在日本了，据日本中央大学教授池泽滋子的《日本的赤壁会和寿苏会》记载，现存室町时代（1336—1573）五山僧的 30 多首题画诗中，题《赤壁赋图》的有十多首。

江户时代（1603—1867）的日本人喜欢画"赤壁图"，还常常把日本某地当做赤壁来泛舟游览。流传至今的"赤壁画"有祇园南海的《赤壁赋书画卷》（肋村奖学会藏），彭城百川的《赤壁雨游》（林原美术馆藏）、《前赤壁赋图》，长泽芦雪的《赤壁雨游》（根津美术馆藏），谷文晁的《赤壁赋》（静嘉堂文库美术馆藏），山本守礼的《赤壁赋图小袄》，池大雅的《赤壁游图》《洞庭赤壁图》，圆山应举的《赤壁图》等。

日本文人为纪念苏轼的赤壁之游及其所撰的前、后《赤壁赋》及《念奴娇·赤壁怀古》，常开赤壁会并撰写纪念诗文，其中影响较大的有以下 5 次：宽政十二年(1800)的赤壁会、享和二年(1802)的赤壁会、享和三年癸亥的赤壁会、文久二年(1862)的赤壁会和大正十一年(1922)的赤壁会。

通过对历代《赤壁赋》书画、艺术品的调查，我们看到了文学经典对后世艺术创作的巨大影响力。但更重要的是，通过调查，可以看到文学经典在传承文化精神、塑造文化人格方面的巨大影响力，这就是文学经典永恒的魅力。

第四节　以赤壁为题材的戏曲

戏曲是一种通俗的艺术，是在农耕文化背景下成长起来的一种艺术形式，赤壁被戏曲作为特定场景写入剧本，与赤壁诗词、小说、文赋、楹联、传说等众多文学形式相映衬，共同构成了丰富多彩的赤壁文学。

元代　吴昌龄撰《花间四友东坡梦》

吴昌龄，字号不详，西京(今山西大同)人，约元宪宗元年(1251)前后在世，生平事迹不可考。

全剧 4 折，写苏轼与王安石政见不合，遭王陷害被贬黄州，机缘巧合欲用计迫使佛印还俗共赴宦场，为黎民苍生分忧，但反遭佛印设计，在梦中与花间四友欢情一场，而梦醒时分方觉南柯一梦，后觉红尘俗事、功名利禄、风花雪月乃是一场空；其中文人对理想功名的痴迷况味，佛家禅理的诸法皆空等二元结构成就千古文人的精神世界。

该剧故事在《施注苏诗》《东坡外集》《西湖游览志余》《清平山堂话本》《吴中记闻》等书中均有记载。现存的版本有《元曲大观》本、《元人杂剧全集》本等。

元代　无名氏《苏子瞻醉写赤壁赋》

苏轼因酒后癫狂戏弄王安石之妻，且误改其诗作招致王安石的不满，王安石奏明皇帝后，苏轼被贬谪到黄州，后因学识独特而复还旧职。

剧本用第三折整折戏写苏轼游赤壁，途中苏轼高唱"则愿的吾皇万岁社稷兴，有江山依旧青青"，并吟诵了超然出世的《赤壁赋》全文。

元代剧作家的不羁与洒脱中痛苦的一面，在这一折努力超脱又难以舍弃出仕为官的剧目设置上得到呈现。尽管在元王朝科举制度废立无常，文人大部分时间仕进无门，人格与理想受到极大挫折和打击，他们的精神风貌因颓唐而玩世不恭，但他们对世事仍然热切关怀，以"赤壁赋"作为表现苏轼才华的手段和贬谪生活的插曲，表达了对苏轼入仕与官复原职的肯定，含蓄地完成了对"兼济天下"社会理想的向往，体现出激越的社会政治理想和参政意识。

元代　费唐臣《苏子瞻风雪贬黄州》

描写苏轼因反对王安石变法，被贬为黄州团练副使的故事，对封建官场的黑暗和世态炎凉都有所揭露。如写御史李定用断章取义、曲解原作的手法，弹劾苏轼"托吟咏而谤讪朝廷"。又如写苏轼谪居黄州时，杨太守对他冷酷无情。当他奉诏回朝时，杨又赶来巴结。作者通过苏轼的遭遇，鞭挞了"清浊不分，仁义不存""仗富欺贫，倚势欺人"的黑暗社会现象。

明代　许潮《苏子瞻泛月游赤壁》

单折抒情剧。以超脱的心境来演绎苏东坡在赤壁赋诗之状。剧中除苏轼外，末、净、外三生人亦各拟诗作，共同在清风明月之境，怀古抒情，被时人黄嘉惠评为"感慨淋漓，墨酣笔畅"。因为超然，剧作家的思想与精神可以穷极八荒，不受空间、时间、俗世的限制，所以安排苏轼剧末道白曰："吾辈伤今吊古，且少间莫提。趁此江天清夜，当涤杯再酌，以罄良宵胜游之兴。左右！可将酒来。"洒脱中透出愉快，丰富了《赤壁赋》的意蕴。

明代　汪廷讷《狮吼记》

喜剧。剧中苏轼是配角，故事主要情节写苏轼好友陈季常惧内，最后二人及妻妾都被佛印点化成佛，主旨是"三从四德的伦常说教及因果报应的佛欲教义的多量组合"。

第五出《赤壁》，以前、后《赤壁赋》作为苏轼洒脱生活的典范，诗酒之余谈禅入佛，呈现在观众面前更多的是"吟诗度曲，风月任招呼"的悠闲场面，作品抒发的是及时行乐的文人生活态度和情趣，苏轼成为一个智者和高僧的化身。

明代　沈采《苏子瞻赤壁记》

《曲海总目提要》卷十七分四条著录此剧，第一为《曲江记》，第二为《东山记》，第三为《赤壁记》，第四为《邮亭记》。《赤壁记》条云："此卷曰《苏子瞻赤壁记》，点缀轼事，以赤壁之游为主，作四时中秋景。虚实相参，互见《赤壁游》杂剧及《金莲记》。"

此剧今不见传本。

明代　黄澜《赤壁记》

全剧已失，不见传本。

清代　车江英《游赤壁》

全剧五折，第四折《赤壁》写苏轼与黄庭坚、佛印同游赤壁，凭吊古迹。

此剧现存版本有雍正年间原刻本、《清人杂剧》二集本等。

清代　姜鸿儒《赤壁记》

全剧共 2 卷 20 出。剧中对苏轼的生平经历都有所涉及，虚实参半。正史出自《宋史》卷三百三十八，参以野史杂传。其中将《赤壁赋》的内容用戏曲的形式表现了一部分。

此剧现存清康熙九经堂刊本，上海图书馆藏，《古本观曲丛刊》五集据之影印。

清代　无名氏《前后赤壁赋》

全剧分上下两卷。其故事依据苏轼《念奴娇·赤壁怀古》《赤壁赋》《后赤壁赋》组合而成。讲述了苏轼与陈季常、佛印泛舟赤壁，苏轼先到，见千层石壁、大江东去，想到时事变迁、宦海沉浮不禁感慨万千，后陈季常、佛印来到，三人寒暄后，划船往赤壁而去。三人放怀痛饮，相与枕藉乎舟中，不知东方之既白。三月后，几人又携酒登舟，重游赤壁。有仙人丁令威，适遇苏轼泛舟赤壁，便乘月来访。苏轼在梦中恍惚听得仙人宣诏入宫，苏轼醒来，猜疑不已，回想当年漫游赤壁，曾经看见一只飞鹤横江东来，翅膀大如车轮，戛然长鸣，在船旁擦过。苏轼心想，这孤鹤是否就是仙人的化身呢？只怕还在这里吧？于是推窗一看，只见苍茫一片，什么都没有。

此剧现存清嘉庆十五年（1810）抄本，北京图书馆藏。

当代　黄梅戏《东坡》

2010 年 10 月 25 日，湖北省黄梅戏剧团编演的大型黄梅戏《东坡》在"中国黄冈大别山旅游节"迎宾晚会上公演。

描写苏轼因"乌台诗案"被贬黄州的生活。该剧通过苏轼在黄州的吟诗、作赋、赏花、泛舟、种地、救婴、施药等史有记载的生活，反映苏轼由人生的政治高峰跌入政治低谷时的精神苦闷，并由苦闷、挣扎走向旷达超然的心路轨迹，以及融儒、佛、道于一炉的思想形成过程。该剧着重表现苏轼身陷困境时坚韧乐观的性格，与黄州百姓的血肉关系，以及境遇与才情的契合促使他的创作达到人生的艺术巅峰。用余秋雨先生的两句话来说，就是："苏东坡成就了黄州，黄州也成就了苏东坡。"

第五章 腾飞之地

1085 年，离开黄州的苏东坡东山再起，任朝奉郎知登州，礼部郎中，起居舍人，中书舍人，翰林学士，知制诰，知礼部贡举等职。但是，凤凰涅槃后的苏东坡，还会在乎这些吗？苏东坡在黄州已经明白，那些功名利禄、争权夺利之事，最后终归变成一场虚空。所以他说："回首向来萧瑟处，也无风雨也无晴。"早生华发，回头看一看，心静了、放下了，也就无所谓了。

第一节 文艺创作

"华夏民族之文化，历数千载之演进，而造极于赵宋之世。"陈寅恪认为宋朝文化是中国文化的最顶峰。宋代也是文学艺术大家辈出、星光闪耀的时代。苏东坡无疑是最亮的那颗星。

苏东坡无疑是北宋文学艺术全才，代表了宋代文学的最高成就。他诗、词、文、赋等样样精通，其诗与黄庭坚齐名，人称"苏黄"；其词开豪放一脉，与辛弃疾齐名，人称"苏辛"；散文方面，是"唐宋八大家"之一；其书法位列宋四家"苏黄米蔡"之首；绘画特色鲜明，擅长枯木竹石。在黄州 4 年多的时间里文学艺术创作推陈出新、硕果累累，名作佳篇迭出，发泄出他的痛苦，成就了他艺术人生中最辉煌的岁月。

一、黄州时期主要成就和作品

(一)元丰三年(1080)

苏东坡 43 岁。二月一日到达黄州城，太守徐大受礼遇他。初居定惠院，后迁居城南临皋亭。他对黄州城的初步印象中加入了诗人浪漫的想象："长江绕郭知鱼美，好竹连山觉笋香。"（《初到黄州》）他孤独、痛苦、不安，但研习《易》《论语》，颇有心得。

诗歌有：《定惠院寓居月夜偶出》《雨中看牡丹三首》《安国寺浴》《安国寺寻春》《黄州春日杂书四绝》《游武昌寒溪西山寺》《五禽言五首》《迁居临皋亭》《石芝》《晓至巴河口迎子由》《与子由同游寒溪西山》《武昌铜剑歌》《次韵答子由》《和何长官六言次韵五首》《观张师正所蓄辰砂》《铁拄杖》等。

词有《临江仙·细马远驮双侍女》《南歌子·寸恨谁云短》《卜算子·黄州定惠院寓居作》《菩萨蛮·七夕朝天门上作》《菩萨蛮·七夕》《定风波·两两轻红半晕腮》《好事近·烟外倚危楼》《菩萨蛮·回文四时闺怨》等。

散文有：《到黄州谢表》《书苏李诗后》《胜相院经藏记》《自跋胜相院经藏记》《书清悟墨》《商君功罪》《菩萨泉铭》《画水记》《石氏画苑记》《书南史卢度传》《朱元经炉药》等。

另有书信分别写给司马光、王定国、李公择、秦观、参寥子、言上人、陈慥（季常）、章惇（子厚）、朱寿昌、杜道源、范子丰、佛印、章质夫、杜孟坚、庞安常、毕仲举、赵晦之、王元直、王庆源等人。

（二）元丰四年（1081）

苏东坡44岁。寓居临皋亭，躬耕于东坡。《书孟东野序》提出"大凡物不得其平则鸣"的文论主张，立论卓异，寓意深刻，是议论文的典范之作。《东坡易传》《东坡论语解》两书写成。陈师仲自杭州来信告诉他已经编成《超然集》《黄楼集》。

诗歌作品有：《武昌酌菩萨泉送王子立》《东坡八首》《归去来集字十首》《乐全先生生日以铁拄杖为寿二首》《与潘三失解后饮酒》《闻捷》《闻洮西捷报》《杭州故人信至齐安》《四时词四首》《侄安节远来夜坐三首》《冬至日赠安节》《雪后到乾明寺遂宿》《岐亭五首》《次韵陈四雪中赏梅》《送牛尾

狸与徐使君》《记梦回文二首》《三朵花》等。

词作有：《少年游·玉肌铅粉傲秋霜》《定风波·咏红梅》《南乡子·晚景落琼杯》《西江月·龙焙今年绝品》《减字木兰花·赠君猷家姬》《减字木兰花·赠徐君猷三侍人》《菩萨蛮·赠徐君猷笙妓》《水龙吟·次韵章质夫杨花词》《水调歌头·昵昵儿女语》《少年游·端午赠黄守徐君猷》《虞美人·定场贺老今安在》《水龙吟·小沟东接长江》《南乡子·霜降水痕收》《浣溪沙·覆块青青麦未苏》《浣溪沙·醉梦昏昏晓未苏》《浣溪沙·雪里餐毡例姓苏》《浣溪沙·半夜银山上积苏》《浣溪沙·万顷风涛不记苏》《江城子·黄昏犹是纤纤雨》等。

散文有：《子姑神记》《仙姑问答》《书所获镜铭》《四花相似说》《与张天觉四首》《戏题》《应梦罗汉记》《跋子由栖贤堂记后》《书唐氏六家书后》《杂书琴事十首》《杂书琴曲十二首》《祭任师中文》《谢徐州失觉察妖贼放罪表》《书渊明酬刘柴桑诗》《跋陶诗》《送海印禅师偈》《书游垂虹亭》《饮酒说》《题陈吏部诗后》《跋所书摩利支经后》《记与安节饮》《书雪》《方山子传》《陈公弼传》《代滕甫论西夏书》《寒热偈》《记樊山》《书孟东野诗》等。

另有书信分别写给宝月大师、滕达道、章质夫、朱寿昌、文彦博、杜道源、王定国、郭至孝、李方叔、李琮、郭廷评、王正夫、吴子野、陈师仲、佛印、任德翁、赵晦之、杨元素、杜孟坚、范子丰等人。

（三）元丰五年（1082）

苏东坡 45 岁。筑成雪堂，又开挖陂塘，种植黄桑，成就了雪堂的美丽景致。春季写成书法名篇《黄州寒食帖》。秋、冬季，他多次游览赤壁，写成"二赋一词"。这一年，其名篇佳作爆发式涌现。

诗歌作品有：《次韵子由寄题孔平仲草庵》《陈季常见过三首》《寒食雨二首》《徐使君分新火》《次韵答元素》《西山戏题武昌王居士》《蜜酒歌》《赠黄山人》《问大冶长老乞桃花茶栽东坡》《鱼蛮子》《夜坐与迈联句》《次韵和王巩六首》《初秋寄子由》《梦中赋太真裙带》《吊徐德占》《李委吹笛》《黄泥

坡词》《吊李台卿》《曹既见和复次韵》《蜀僧明操思归书龙丘子壁》等。

词作有：《水龙吟·小舟横截春江》《满江红·忧喜相寻》《临江仙·诗句端来磨我钝》《定风波·莫听穿林打叶声》《西江月·照野弥弥浅浪》《浣溪沙·山下兰芽短浸溪》《南歌子·送行甫赴余姚》《南歌子·雨暗初疑夜》《南歌子·带酒冲山雨》《哨遍·为米折腰》《渔家傲·赠曹光州》《满江红·寄鄂州朱使君寿昌》《念奴娇·赤壁怀古》《念奴娇·中秋》《醉蓬莱·笑劳生一梦》《定风波·重阳》《醉翁操·琅然》《洞仙歌·冰肌玉骨》《满庭芳·三十三年》等。

文、赋有：《书欧阳公黄牛庙诗后》《祭堂兄子正文》《天篆记》《武昌西山题名二首》《与朱鄂州书》《黄鄂之风》《丹石砚铭》《雪堂记》《题渊明饮酒诗后》《书吕道人砚》《单庞二医》《书庞安时见遗廷珪墨》《二红饭》《怪石供》《题伯父谢启后》《赤壁赋》《题和王巩六诗后》《自跋所画竹赠方竹逸》《后赤壁赋》《帖赠杨世昌二首》《徐忠愍圹铭》《跋李康年篆心经后》《题所书归去来词后》《书赠王十六二首》《书张遇潘谷墨》《苏世美哀词》等。

另有书信分别写给陈慥、佛印、李昭玘、滕达道、朱寿昌、李公择、苏不危、蔡景繁、苏不疑、李方叔、李康年、蹇授之、上官彝、毛维瞻、赵晦之、杜孟坚、杜道源、章惇等人。

（四）元丰六年（1083）

苏东坡46岁。从巢谷那里得到"圣散子"药方，在大疫中救活无数人，并写《圣散子序》。修建南堂，有诗。生病半年，有关于养生的诗文多篇。为快哉亭命名、填词，苏辙作记。书写《赤壁赋》，是其书法代表作。

诗作有：《正月三日点灯会客》《六年正月二十日复出东门仍用前韵》《大寒步至东坡赠巢三》《和黄鲁直食笋次韵》《南堂五首》《元修菜》《日日出东门》《寄周安孺茶》《题沈君琴》《次韵王巩南迁初归二首》《喜王定国北归第五桥》《次韵子由种杉竹》《洗儿戏作》《邓忠臣母周氏挽词》《赠杨耆》《和蔡景繁海州石室》《徐君猷挽词》《橄榄》《东坡》《次韵孔毅父集古人句见赠

五首》《孔毅父妻挽词》等。

　　词作有：《临江仙·夜饮东坡醒复醉》《定风波·雨洗娟娟嫩叶光》《好事近·黄州送君猷》《西江月·重九》《十拍子·白酒新开九酝》《水调歌头·黄州快哉亭赠张偓佺》《南歌子·黄州腊八日饮怀民小阁》等。

　　散文有：《唐画罗汉赞》《跋张益孺清净经后》《帖赠杨世昌二首》《代黄檗答子由颂》《送僧应纯偈》《东坡羹颂》《书士琴二首》《跋吴道子地狱变相》《跋先君与孙叔静帖》《书刘庭式事》《祭陈君式文》《节饮食说》《书田》《书蜀公约邻》《书张芸叟诗》《永洛事》《王定国诗集叙》《记承天夜游》《记故人病》《书唐林夫惠诸葛笔》《记赵贫子语》《孟仰之》《书子由君子泉铭后》《孔毅甫龙尾砚铭》《书名僧令休砚》《书砚》《郭忠恕画赞》《书四戒》《跋怀素书》《祭徐君猷文》《记张公规论去欲》《徐十三秀才相见辄求字帖》《遗爱亭记》《圣散子叙》《书怀民所遗墨》《赌书字》《梦中作祭春牛文》《跋钱君倚书遗教经》《题孟郊诗》等。

　　另有书信分别写给巢谷、徐得之、郭澄江、苏辙、滕达道、蔡景繁、蹇授之、杨元素、张天觉、沈睿达、吴君采、李公择、范子丰、张安道、李端叔、苏子平、范蜀公、王定国、钱世雄、孟亨之、徐得之、沈睿达、胡道师、程彝仲等人。

（五）元丰七年（1084）

　　苏东坡47岁。被改任汝州。四月六日离开黄州城，他有诗词表达不舍之情。过长江后仍有诗《过江夜行武昌山上，闻黄州鼓角》。

　　诗歌有：《和秦太虚梅花》《再和潜师》《次韵曹九章见赠》《黄州春日杂书四绝》《晚游城西开善院泛舟暮归二首》《戏作切语竹诗》《山行见月四言》《春日与闲山居士小饮》《赠黄州官妓》《别黄州》《和参寥》等。

　　词作有：《菩萨蛮·城隅静女何人见》《浣溪沙·徐邈能中酒圣贤》《减字木兰花·琴》《浣溪沙·西塞山边白鹭飞》《满庭芳·蜗角虚名》《满庭芳·归去来兮，吾归何处》等。

散文有：《代滕甫辩谤乞郡状》《师中庵题名》《剑易张近龙尾子石砚诗跋》《卵砚铭》《记游定惠院》《与大别才老三首》《净因净照臻老真赞》《书鸡鸣歌》《记阳关第四声》《书渊明羲农去我久诗后》《书赠何圣可》《评杨氏所藏欧蔡书》《梦弥勒殿》《五祖山长老真赞》《石恪画维摩颂》《献寿戏作》《偶题》《跋自作诗文二首》《黄州李樵卧帐颂》《牛酒帖》《送圣寿聪长老偈》《鱼枕冠颂》《书晁无咎所作杜舆子师字说后》《记潘延之评予书》《谢量移汝州表》《赠别王文甫》《跋自书赤壁二赋及归去来辞》《黄州安国寺记》《题连公壁》《记张君宜医》等。

另有书信分别写给司马光、蔡景繁、滕达道、苏子容、何圣可、圆通禅师、江惇礼、赵仲修、石幼安、徐十二、贾耘老、王文甫、王庆源等人。

综上所述，苏东坡在黄州期间面对"本州安置""不得签书公事"的贬谪境遇，采用了开源节流、少食等方法解脱经济困境，采用爱国泽民、修道养生、杂处渔樵等方式解脱精神上的困境，"故我"脱胎换骨成"今我"，最终找到了人生的价值，达到了"也无风雨也无晴"的境界，度过了艰难的岁月。他务实地对待生命、对待出世入世的方式在宋代是最独特的，这典型地体现着宋代的文化精神，他成为宋代文化最杰出的代表。

二、作品入选教科书

苏东坡在黄州的诗文被选入人教版《语文》教材的共有 9 篇，分别是《念奴娇·赤壁怀古》《赤壁赋》《记承天寺夜游》《方山子传》《游沙湖》《定风波》《浣溪沙》《卜算子·黄州定惠院寓居作》《水龙吟·次韵章质夫杨花词》。

黄州是苏东坡人生中非常重要的一站，他自己也说："问汝平生功业，黄州惠州儋州。"经历了"乌台诗案"的九死一生，他在黄州涅槃重生了，成为我们现在熟知的乐观旷达的苏东坡。正如余秋雨在《东坡突围》中说的，他在黄州"经历了一次整体意义上的脱胎换骨"。我们可以通过人选的诗文了解苏东坡在黄州的心路历程，从中探寻苏东坡突破自我的路径，哪怕学到一点点苏东坡对待逆境的态度，对自我的突破与提升将会有积极影响。

念奴娇·赤壁怀古

大江东去，浪淘尽，千古风流人物。故垒西边，人道是，三国周郎赤壁。乱石穿空，惊涛拍岸，卷起千堆雪。江山如画，一时多少豪杰。遥想公瑾当年，小乔初嫁了，雄姿英发。羽扇纶巾，谈笑间，樯橹灰飞烟灭。故国神游，多情应笑我，早生华发。人生如梦，一尊还酹江月。

【来源】国家教材委员会审核通过（2019）普通高中语文教科书《语文》必修上册

元丰三年（1080），苏东坡游黄州赤壁，感慨良多，写下了这首词。

全词以怀古为主题，描绘出一幅雄伟壮丽的千里长江赤壁图。在对古代英雄业绩的赞羡中，深深表达出对建功立业的向往和自己壮志难酬的不平之气。在表现手法上，用丰富的想象力，构思成梦幻的意境，将写景、咏史、抒情、言志，有机结合在一起，有较强的概括力，表现出一代大家之手笔。

词中，滚滚奔流的长江之上，一位卓异不凡的青年将军周瑜，谈笑自如地指挥水军，抗御横江而来不可一世的强敌，使对方的舰船，顿时化为灰烬，这是何等的气势。苏东坡如此倾慕周瑜，满怀一腔报国疆场的热忱，非常渴望有如三国那样称雄一时的豪杰人物，来扭转北宋颓败的现状。词的收尾，思绪激荡起伏，犹如奔涌的江水遇到赤壁矶这个坎阻，略作回旋，随即继续流向旷远的前方。这是历史与现状、理想与实际经过尖锐的冲突之后在作者心理上的一种反映，这种感情跌宕，更使读者感到真实，从某种意义上说，更能引发读者的思考。

这首词大气磅礴，格调雄浑，其境界之宏大，是前所未有的。通篇大笔挥洒，却也衬以谐婉之句，英俊将军与妙龄美人相映生辉，昂奋豪情与感慨超旷的思绪迭相递转，特别是它第一次以空前的气魄和艺术力量塑造了一个英气勃发的人物形象，透露了作者有志报国、壮志难酬的感慨，为词体如何表达重大的社会题材开拓了新的道路，产生了重大影响。

赤 壁 赋

壬戌之秋，七月既望，苏子与客泛舟游于赤壁之下。清风徐来，水波不兴。举酒属客，诵明月之诗，歌窈窕之章。少焉，月出于东山之上，徘徊于斗牛之间。白露横江，水光接天。纵一苇之所如，凌万顷之茫然。浩浩乎如冯虚御风，而不知其所止，飘飘乎如遗世独立，羽化而登仙。

于是饮酒乐甚，扣舷而歌之。歌曰："桂棹兮兰桨，击空明兮溯流光，渺渺兮予怀，望美人兮天一方。"客有吹洞箫者，倚歌而和之。其声呜呜然，如怨如慕，如泣如诉，余音袅袅，不绝如缕。舞幽壑之潜蛟，泣孤舟之嫠妇。

苏子愀然，正襟危坐而问客曰："何为其然也？"客曰："'月明星稀，乌鹊南飞'，此非曹孟德之诗乎？西望夏口，东望武昌，山川相缪，郁乎苍苍，此非孟德之困于周郎者乎？方其破荆州，下江陵，顺流而东也，舳舻千里，旌旗蔽空，酾酒临江，横槊赋诗，固一世之雄也，而今安在哉？况吾与子渔樵于江渚之上，侣鱼虾而友麋鹿。驾一叶之扁舟，举匏樽以相属。寄蜉蝣于天地，渺沧海之一粟，哀吾生之须臾，羡长江之无穷。挟飞仙以遨游，抱明月而长终，知不可乎骤得，托遗响于悲风。"

苏子曰："客亦知夫水与月乎？逝者如斯，而未尝往也。盈虚者如彼，而卒莫消长也。盖将自其变者而观之，则天地曾不能以一瞬；自其不变者而观之，则物与我皆无尽也，而又何羡乎！且夫天地之间，物各有主，苟非吾之所有，虽一毫而莫取。惟江上之清风，与山间之明月，耳得之而为声，目遇之而成色，取之无禁，用之不竭，是造物者之无尽藏也，而吾与子之所共适。"

客喜而笑，洗盏更酌。肴核既尽，杯盘狼藉。相与枕藉乎舟中，不知东方之既白。

【来源】国家教材委员会审核通过（2019）普通高中教科书《语文》必修上册

元丰五年（1082）七月十六日，苏东坡与道士杨世昌等泛舟游于赤壁，作《赤壁赋》。十月十五日，与杨世昌、潘大临等再次游赤壁作《后赤壁赋》。

此赋记叙了苏东坡与朋友们月夜泛舟游赤壁的所见所感，以作者的主观感受为线索，通过主客问答的形式，反映了作者由月夜泛舟的舒畅，到怀古伤今的悲咽，再到精神解脱的豁然开朗。全赋在布局与结构安排中体现了其独特的艺术构思，情韵幽远、哲理通透，在中国文学史上有着很高的地位，并对后来的赋、散文、诗产生了重大影响。

"以文为赋"的体裁形式是本文的特征，既保留了传统赋体的那种诗的特质与情韵，同时又吸取了散文的笔调和手法，打破了赋在句式、声律的对偶等方面的束缚，更多是散文的成分，使文章兼具诗歌的情韵，又有散文的透辟理念。通篇大多押韵，但换韵较快，而且换韵处往往就是文意的一个段落，这就使本文特别宜于诵读，并且极富声韵之美，体现了韵文的长处。

赋中苏东坡表现出的宇宙观和人生观拥有现代性、科学性，表达出他随缘自适、随遇而安的超然物外的生活态度。文章分三层来表现作者复杂矛盾的内心世界：首先写月夜泛舟大江，饮酒赋诗，使人沉浸在这美好景色之中而忘怀世俗的快乐心情；再从凭吊历史人物的兴亡，感到人生短促，变幻莫测，因而又跌入现实的苦闷；最后阐发变与不变的哲理，显现出人和万物同样是永久的存在，表现了旷达乐观的人生态度。写景、抒情、说理达到了水乳交融的程度。

记承天寺夜游

元丰六年十月十二日夜，解衣欲睡，月色入户，欣然起行。念无与为乐者，遂至承天寺寻张怀民。怀民亦未寝，相与步于中庭。庭下如积水空明，水中藻、荇交横，盖竹柏影也。何夜无月？何处无竹柏？但少闲人如吾两人者耳。

【来源】教育部审定（2017）义务教育教科书《语文》八年级上册

北宋元丰六年（1083）十月十二日夜，住在黄州临皋亭的苏东坡被入户的美好月色吸引，便步行到承天寺，邀请寓居寺内的张怀民一起赏月，并为此创作了此文。这篇小品随笔虽然不足百字，却是苏东坡散文的代表作之一。

《记承天寺夜游》表达的感情是微妙而复杂的，贬谪的悲凉，人生的感慨，赏月的欣喜，漫步的悠闲都包含其中。作者"解衣欲睡"的时候，"月色入户"，于是"欣然起行"，月光难得，不免让人欣喜。可是没有人和自己共同赏月，只好去找同样被贬的张怀民，这里面有多少贬谪的悲凉与人生的感慨呀！两人漫步中庭，又是悠闲的。自比"闲人"，则所有意味尽含其中。对澄澈透明的美妙的月色作了生动形象的描绘，透露出作者在贬谪中虽不无感伤，而又随缘自适、自我排遣的特殊心境，表达了作者对月光的爱慕，抒发了作者自解、自矜、自嘲，对自然生活的向往与欣赏，和对与"闲人"相对的"忙人"（朝廷官员小人）的鄙夷与讽刺。

方山子传

方山子，光、黄间隐人也。少时慕朱家、郭解为人，闾里之侠皆宗之。稍壮，折节读书，欲以此驰骋当世，然终不遇。晚乃遁于光、黄间，曰岐亭。庵居蔬食，不与世相闻；弃车马，毁冠服，徒步往来山中，人莫识也。见其所著帽，方耸而高，曰："此岂古方山冠之遗象乎？"因谓之方山子。

余谪居于黄，过岐亭，适见焉。曰："呜呼！此吾故人陈慥季常也。何为而在此？"方山子亦矍然，问余所以至此者，余告之故。俯而不答，仰而笑，呼余宿其家。环堵萧然，而妻子奴婢皆有自得之意。

余既耸然异之，独念方山子少时，使酒好剑，用财如粪土。前十有九年，余在岐下，见方山子从两骑，挟二矢，游西山。鹊起于前，使骑逐而射之，不获。方山子怒马独出，一发得之。因与余马上论用兵及古今成败，自谓一世豪士。今几日耳，精悍之色，犹见于眉间，而岂山中之人哉？

然方山子世有勋阀，当得官，使从事于其间，今已显闻。而其家在洛阳，园宅壮丽，与公侯等。河北有田，岁得帛千匹，亦足以富乐。皆弃不取，独来穷山中，此岂无得而然哉？

余闻光、黄间多异人，往往阳狂垢污，不可得而见，方山子傥见之欤？

【来源】经全国中小学教材审定委员会 2005 年初审通过　普通高中课程标准实验教科书语文选修《中国古代诗歌散文欣赏》

苏轼通过谈方山子家世，解开了疑问，陈季常远离尘世，并非因为穷得无以为生或不得为官所致。恰恰相反，方山子"世有勋阀，当得官"，且"园宅壮丽，与公侯等"。出人意料的是，陈季常没有走入一般官二代的死胡同，他跳出了物质享乐的历史怪圈，决然远离尘嚣，遥迹山林，自愿过起艰苦的隐居生活，原因就是对北宋政权极度不满和丧失了信心。

读罢此文，方山子形象渐渐成为背影，苏轼而成苏东坡的形象慢慢清晰。好友身上的那种精神气质于刚刚从濒死境地中逃脱出来的苏轼而言，不啻一次精神救赎，一次风骨重构。这篇《方山子传》，表面是为方山子抱不平，骨子里是在发泄对宋朝廷的愤怒，作者通篇无一字一句愤懑之语，可字字句句都凝聚着苏轼对统治者的痛斥。

苏轼在黄州期间，与陈季常交往甚密。苏轼几乎每到一地，都有一个很大的朋友活动群和书信朋友圈，着实让人羡慕。在资讯发达、交通便捷的今天，有几个值得你率性而往、不期而来的相得者？人世间，你能遇到这样的朋友吗？

游沙湖

黄州东南三十里为沙湖，亦曰螺师店。予买田其间，因往相田，得疾。闻麻桥人庞安常善医而聋，遂往求疗。安常虽聋，而颖悟绝人，以纸画字，书不数字，辄深了人意。余戏之曰："余以手为口，君以眼为耳，皆一时异人也。"

疾愈，与之同游清泉寺。寺在蕲水郭门外二里许，有王逸少洗笔泉，水极甘，下临兰溪，溪水西流。余作歌云："山下兰芽短浸溪，松间沙路净无泥，萧萧暮雨子规啼。谁道人生无再少？君看流水尚能西，休将白发唱黄鸡。"是日剧饮而归。

【来源】经全国中小学教材审定委员会2005年初审通过　普通高中课程标准实验教科书语文选修《中国古代诗歌散文欣赏》

《游沙湖》写于北宋神宗元丰五年（1082）三月，元丰三年，苏东坡因乌台诗案，责受黄州团练副使，贬居黄州。元丰五年，苏东坡打算在黄州沙湖买田，未成，却在去相田时认识了蕲水医生庞安常，因而创作了这篇写人记游的随笔小品。《游沙湖》是一篇山水游记，又是记人之作。这中间，庞安常是个关键人物，作者是从庞安常与"我"同"异"的角度来写人的，"异"是关键之关键。作者抓住"聋"这个特征来下笔，自己只能"以手为口"来表达内心的想法，而庞安常却能"以眼为耳"来向你了解病情，真是聪明绝顶。

在一个有生理缺陷的人面前戏言说笑，不怕忌讳，从后文同游来看，他们其实是心心相印的好朋友。看似谐谑，其实也是在写他自己，实在寄寓了很深的感叹。聋子庞安常"以眼为耳"，成一方巧手神医；而诗人"以手为口"，是一代诗文绝佳的士子。庞安常"颖悟绝人"，却隐居乡间，权充一名村医；自己也因诗文得祸，贬居僻远，而又自居"异人"，可见作者开朗诙谐、活泼风趣与乐观自信的性情。得这样一位同病相怜、眼明心慧之能人，苏轼早已把自己的病放到了一边，直接写在他病好之后同庞安常游清泉寺的喜悦之情。

白居易《醉歌示妓人商玲珑》诗借"黄鸡催晓"叹时光易逝、人生易老，苏轼却反其意，认为人生可再来，这是一种从容自信、旷达乐观的人生豪情，最后一起畅饮而后归。这种人生情怀也使该文具有了一种超然洒脱的韵致。

定风波

三月七日，沙湖道中遇雨，雨具先去，同行皆狼狈，余独不觉。已而遂晴，故作此词。

莫听穿林打叶声，何妨吟啸且徐行。竹杖芒鞋轻胜马，谁怕？一蓑烟雨任平生。

料峭春风吹酒醒，微冷，山头斜照却相迎。回首向来萧瑟处，归去，也无风雨也无晴。

【来源】教育部审定（2018） 义务教育教科书《语文》九年级下册

这首记事抒怀之词作于 1082 年(元丰五年)春。词人与朋友春日出游，风雨忽至，朋友深感狼狈，词人却毫不在乎，泰然处之，吟咏自若，缓步而行。此词为醉归遇雨抒怀之作，词人借雨中潇洒徐行之举动，表现了虽处逆境屡遭挫折而不畏惧不颓丧的倔强性格和旷达胸怀。

全词即景生情，语言诙谐。苏轼对失去自由、身心遭受欺凌和侮辱的心灵体验渐渐淡化，苦难不仅没有打倒苏轼，还成为他扩展胸怀的推动力。贬居黄州后，度过了最初的惶恐不安、寂寞无奈的时光，躬耕东坡，雪堂赋诗，超脱地面对现实和人生，让一个旷达乐观的苏东坡从黄州诞生了，从此迈步走向成熟，走向未来。

浣溪沙

游蕲水清泉寺，寺临兰溪，溪水西流。

山下兰芽短浸溪，松间沙路净无泥。萧萧暮雨子规啼。

谁道人生无再少？门前流水尚能西！休将白发唱黄鸡。

【来源】2019 年教育部审定　义务教育教科书《语文》六年级下册

苏轼的《浣溪沙·游蕲水清泉寺》词作于宋神宗元丰五年(1082)三月，与《定风波·莫听穿林打叶声》写作时间相隔不远，而且事有关联。

苏轼写作这首《浣溪沙·游蕲水清泉寺》词的原因，是他谪居黄州第三年，即元丰五年三月七日，苏东坡到黄州沙湖相田，途中遇雨，他独不觉，还说"何妨吟啸且徐行"，人洒脱，词豪迈，身体却承受不了，患病了，症状是臂疾，就到蕲水县(今湖北浠水县)麻桥，找名医庞安常(又名庞安时)治病，病愈后，与庞安常一起游历蕲水清泉寺，并填写此词。所以词前有小序："序云：游蕲水清泉寺，寺临兰溪，溪水西流。"

清泉寺门前有一条河，名浠水，古代又名"兰溪"，是鄂东五水之一。受地势影响，中国的大江大河绝大多数是从西向东奔流，但这条河的河水千百年来都是从东向西流去的，并且人们熟视无睹，但苏东坡机缘巧合，目睹了此情景，"溪水西流"让苏东坡惊奇欣喜，由此顿悟，也成为他作词的灵感触发点，感慨千万，就写下了此《浣溪沙》词。

透过此词，我们领悟到：一方面相信世界一切都按照常规在推进，而在一般情况之外，也还有个别特殊情况发生和存在。由此联想到自己，他相信自己的处境和命运也可能会发生超常规的变化，自己几乎泯灭的效国之愿还有可能实现；而另一方面呢，苏东坡由这一特殊的自然地理现象，看到了他的人生拐点，就是不要沉沦，而要自强不息，"休将白发唱黄鸡"。于是乎，他确立了自己新的生活态度和新的生活方式，就是俯仰自适天地，荣辱笑写人生。苏轼从这一人生拐点开始，迈开了他登临北宋文坛顶峰的步伐。

卜算子·黄州定惠院寓居作

缺月挂疏桐，漏断人初静。谁见幽人独往来，缥缈孤鸿影。

惊起却回头，有恨无人省。拣尽寒枝不肯栖，寂寞沙洲冷。

【来源】教育部审定（2017） 义务教育教科书《语文》八年级下册

北宋元丰三年（1080）二月，苏东坡寓居黄州定惠院，作此词。

苏轼初到黄州，常常漫步寺院和林间，生活就如同这首词，孤寂！

夜深人静、月挂疏桐的孤寂氛围，为幽人、孤鸿出场作好了铺垫。

这是一种什么样的氛围呢？似乎周围的一切都静止了，人在这种极致的静中，就会产生修佛似的冥想，此时此刻，研习佛法的苏轼或许会有片刻的领悟，体会到人生只是一种幻觉，但很快，这种思绪就与他骨子里的儒家入世基因，构成了某种背离。

于是，挣扎和冲突、自省和重建缠绕于心。

慢慢地，在这种孤独寂然中，他渐渐地回归于自然和平和，以至清纯和空灵，也可以说，他完成了一次真正意义上的心灵的升华。

幽人就是孤独的人，孤鸿就是幽人，是苏轼，也是和他有一样境遇的人。

遭遇不幸，心怀幽恨，惊恐不已！高枝寒枝也不肯栖，哪怕宿于寂寞荒冷的沙洲！但这个选择的结果是，严寒，寂寞！在绝尘的境况中，只能自我慰藉，高旷洒脱！

这首卜算子，用极美的意境道尽了一个文化巨擘精神上的孤苦无告，没有比这更痛苦的了。

余秋雨先生在他的《苏东坡突围》中这样写：正是这种难言的孤独，使他彻底洗去了人生的喧闹，去寻找无言的山水，去寻找远逝的古人。在无法对话的地方寻找对话，于是对话也一定会变得异乎寻常。

这一切，使苏轼经历了一次整体意义上的脱胎换骨，也使他的艺术才情获得了一次蒸馏和升华……

水龙吟　次韵章质夫杨花词

似花还似非花，也无人惜从教坠。抛家傍路，思量却是，无情有思。萦损柔肠，困酣娇眼，欲开还闭。梦随风万里，寻郎去处，又还被莺呼起。

不恨此花飞尽，恨西园落红难缀。晓来雨过，遗踪何在？一池萍碎。春色三分，二分尘土，一分流水。细看来，不是杨花，点点是离人泪。

【来源】普通高中课程标准实验教科书　语文选修《中国古代诗歌散文欣赏》读本

这是一首非常有名的咏物词。章质夫，福建蒲城人，是苏轼的同僚和好友。他作有咏杨花的《水龙吟》，苏轼的这一首是次韵之作。依照别人词的原韵，作词答和。

苏轼之词以豪放为风格，然而苏词也有不少细腻婉约之作，本词便是一篇极为情致细腻的婉约词。

本篇构思巧妙，刻画细致，咏物与拟人浑然一体。上阕惜杨花之飘坠，下阕抒发哀悼杨花委尘之悲恨，表现了极其缠绵悱恻的情思，达到物与神的境界，词中自出新意，情韵俱佳，为咏物妙作。全词用拟人化手法，亦物亦人，通过杨花随风飘转的情景，刻画出一位魂牵梦绕、幽怨缠绵的熟女形象。

此词空灵婉转、精妙绝伦，压倒古今，为咏物词的极品。

三、用黄州期间所写诗词起名

苏东坡在黄州写下诗 220 余首、词 66 首，豪放与唯美并举，他用唯美之句形容月亮、他用清丽的语言描述风景，他用婉约的词藻形容女人，在苏东坡的笔下，唯美，有着不同的形态。读苏东坡在黄州的诗词作品，清新雅致，读一遍就心动。根据东坡诗词取出来的名字，意境唯美、寓意深远，更是带有花晨月夕之诗情画意，亦给人清耳悦心之感，接下来就为大家分享从其诗词中起的名字。

（一）用于宝宝起名

苏东坡为唐宋八大家之一，他的诗歌豪放洒脱，一首《念奴娇·赤壁怀古》，让人隔着数百年的时光还能产生共鸣，那么，用苏东坡在黄州的诗词取名字，好听的名字有哪些呢？接下来，让我们一起来看看

竹柏——《记承天寺夜游》

堆雪、如梦、江月——《念奴娇·赤壁怀古》

疏桐、初静、鸿影——《卜算子·黄州定惠院寓居作》

吟啸、徐行、烟雨、相迎——《定风波·莫听穿林打叶声》

浸溪、无泥——《浣溪沙·游蕲水清泉寺》

随风、莺呼——《水龙吟·次韵章质夫杨花词》

竹隐、红蕖——《鹧鸪天·林断山明竹隐墙》

帘卷、连空、青红、烟雨、浩然——《水调歌头·快哉亭作》

潺潺、飞雪、清溪——《梅花二首》

(二)用于网名

作为诗书大家，苏东坡是文学史上的一座高峰。直到今日，他的诗句依然脍炙人口，妇孺传唱。进入现代社会，网络盛行的时代，苏东坡的诗词依然适用。

苏东坡在黄州的诗词，几乎句句有名，最适合做成个人签名。

1. 三字网名

纵一苇、凌万顷、举匏樽、寄蜉蝣、渺沧海、挟飞仙、抱明月、无尽藏——《赤壁赋》

踞虎豹、登虬龙——《后赤壁赋》

千堆雪、酹江月——《念奴娇·赤壁怀古》

孤鸿影——《卜算子·黄州定惠院寓居作》

且徐行、轻胜马——《定风波·莫听穿林打叶声》

短浸溪、净无泥、无再少、尚能西、唱黄鸡——《浣溪沙·游蕲水清泉寺》

梦随风、莺呼起、花飞尽、恨西园、离人泪——《水龙吟·次韵章质夫杨花词》

绣帘卷、水连空、知君为我、湿青红、醉翁语——《水调歌头·黄州快哉亭赠张偓佺》

2. 四字网名

清风徐来、水波不兴、明月之诗、窈窕之章、东山之上、斗牛之间、白露横江、水光接天、冯虚御风、遗世独立、饮酒乐甚、扣舷而歌、江上清风、山间明月——《赤壁赋》

仰见明月、月白风清、江流有声、断岸千尺、山高月小、水落石出、风起水涌——《后赤壁赋》

大江东去、千古风流、乱石穿空、惊涛拍岸、江山如画、雄姿英发、羽扇纶巾、故国神游、人生如梦——《念奴娇·赤壁怀古》

何妨吟啸、一蓑烟雨、向来萧瑟——《定风波·莫听穿林打叶声》

拍手狂歌、吹断横笛——《念奴娇·中秋》

家在岷峨、楚语吴歌、鸡豚社酒、洛水清波——《满庭芳·归去来兮》

3. 五字网名

寂寞沙洲冷——《卜算子·黄州定惠院寓居作》

人在清凉国——《念奴娇·中秋》

小舟从此逝、江海寄余生——《临江仙·夜归临皋》

浮生一日凉——《鹧鸪天·林断山明竹隐墙》

一点浩然气、千里快哉风——《水调歌头·黄州快哉亭赠张偓佺》

飞雪度关山——《梅花二首》

名花苦幽独、风轻春睡足、逍遥自扪腹——《寓居定惠院之东，杂花满山，有海棠一株，土人不知贵也》

一蚁寄大磨、借眼风雨过、澹然无忧乐——《迁居临皋亭》

孤瘦雪霜姿——《红梅三首》

千帆落浅溪、南堂新瓦响、东坞小荷香、焚香闭阁眠，如水帐如烟、西窗浪接天——《南堂五首》

铿然曳杖声——《东坡》

兰芽短浸溪、沙路净无泥、流水尚能西、白发唱黄鸡——《游沙湖》

吟啸且徐行、烟雨任平生——《定风波·莫听穿林打叶声》

四、与黄州相关的成语

河东狮吼

苏东坡在黄州，开好友陈季常的玩笑说："龙丘居士亦可怜，谈空说有夜不眠，忽闻河东狮子吼，拄杖落地心茫然。"因为这首诗，后人把"河东狮吼"表示为怕老婆，而陈季常怕老婆的名声也就千古流传了。

取之不尽，用之不竭

苏东坡在《赤壁赋》中有："且夫天地之间，物各有主，苟非吾之所有，虽一毫而莫取。惟江上之清风，与山间之明月，耳得之而为声，目遇之而成色，取之无禁，用之不竭，是造物者之无尽藏也，而吾与子之所共适。"后来，有人把"无禁"改为"不尽"。

水落石出

苏东坡《后赤壁赋》有："于是携酒与鱼，复游于赤壁之下。江流有声，断岸千尺，山高月小，水落石出。""水落石出"便由此演化而出。

明日黄花

"明日黄花"出自苏东坡在重阳节所写的一首诗和一首词。他在《九日次韵王巩》诗中写道："相逢不用忙归去，明日黄花蝶也愁。"又在《南乡子·重九涵辉楼呈徐君猷》词中写道："万事到头都是梦，休休，明日黄花蝶也愁。"后人从这个名句引申一步，以"明日黄花"比喻种种过时的人或事物。

小舟从此逝，江海寄余生

《临江仙·夜归临皋》"小舟从此逝，江海寄余生"句，据叶梦得《避暑录话》记载，相传这首词写成后，当晚就在人们中间流传开了。由于结尾表达了作者隐逸的想法，以致人们第二天纷纷传说，苏东坡已将冠服挂于江边，坐上小舟，长啸而去。地方官得知，大吃一惊，怕因犯人走失而失职，急忙前去查看。到了住所，却发现他鼾声如雷，还没有起床。

沧海一粟

《赤壁赋》："驾一叶之扁舟，举匏樽以相属。寄蜉蝣与天地，渺沧海之一粟。""沧海一粟"由此而得。

冰肌玉骨

《洞仙歌》："冰肌玉骨，自清凉无汗。"冰肌玉骨用来形容肌骨像冰一样。

不绝如缕

《赤壁赋》："余音袅袅，不绝如缕。"

不时之需

《后赤壁赋》：我有斗酒，藏之久矣，以待子不时之需。

春梦无痕

《与潘郭二生出郊寻春》：人似秋鸿来有信，事如春梦了无痕。

大江东去

《念奴娇·赤壁怀古》：大江东去，浪淘尽，千古风流人物。

簟纹如水

《南堂五首》：扫地焚香闭阁眠，簟纹如水帐如烟。

第二节　黄州书法真迹

一、定惠院二诗草稿卷

纸本。凡12行，计255字。纵30厘米，横23.8。故宫博物院藏

释文：

幽人无事不出门，偶逐东风转良夜。参差玉宇□□□，□□□烟来月下。

江云有态清□□，竹露无声浩如□。□□□□□丝垂，幸有残梅一枝亚。

清诗独吟还自和，白酒已尽谁能借。不词青春忽忽过，但恐欢意年年谢。

自知醉耳爱松风，会拣霜林绕茅舍。浮浮大甑长炊玉，溜溜小槽如压蔗。

饮中直味老更浓，醉里狂言醒可怕。但当谢客对妻子，倒冠落佩从嘲骂。

去年花落在徐州，对月酣歌美清夜。今年黄州见花发，小院闭门风露下。

万事如花不可期。余年似酒那禁泻。忆昔还乡溯巴峡，落帆武口高桅亚。

长江滚滚流不尽，白发纷纷宁少借。竟无五亩继沮溺，□有千篇凌鲍谢。

至今归计负云山，未免孤衾眠客舍。少年辛苦真食蓼，老境清闲如啖蔗。

饥寒未至且安居，忧患已空犹梦怕。

二、京酒帖(又名《致杜氏五札之二》)

纸本，凡3行，共21字。纵26.1厘米、横14.9厘米。台北故宫博物院藏。

释文：京酒一壶送上，孟坚近晚必更佳。轼上，道源兄。十四日。

三、啜茶帖(又名《致杜氏五札之三》)

纸本。凡4行，计32字。23厘米×17.7厘米。台北故宫博物院藏。

啜茶帖(台北故宫博物院藏)

释文：道源无事，只今可能枉顾啜茶否？有少事须至面白。孟坚必已好安也。轼上，恕草草。

四、新岁展庆帖

纸本。凡 19 行，计 249 字。20.2 厘米×48.8 厘米。故宫博物院藏。

释文：轼启。新岁未获展庆，祝颂无穷。稍晴，起居如何？数日起造必有涯，何日果可入城？昨日得公择书，过上元乃行，计月末间到此。公亦以此时来，如何，如何？窃计上元起造尚未毕工，轼亦自不出，无缘奉陪夜游也。沙枋画笼，且夕附陈隆船去次。今先附扶劣膏去。此中有一铸铜匠，欲借所收建州木茶臼子并椎，试令依样造看，兼适有闽中人便，或令看过，因往彼买一副也。乞暂付去人，专爱护，便纳上。余寒更乞保重，冗中恕不谨。轼再拜，季常先生丈阁下。正月二日。

子由亦曾言，方子明者，他亦不甚怪也。得非柳中舍已到家言之乎。未及奉慰疏，且告伸意，伸意。柳丈昨得书，人还即奉谢次。知壁画已坏了，不须快怅，但顿著润笔，新屋下不愁好画也。

五、吏部陈公诗跋

纸本。凡 13 行，计 106 字。27.8 厘米×60.6 厘米。台北故宫博物院藏。

释文：故三司副使吏部陈公，轼不及见其人。然少时所识一时名卿胜士，多推尊之。尔来前辈凋丧略尽，能称诵公者，渐不复见。得其理言遗事，皆当记录宝藏，况其文章乎？公孙师仲，录公之诗廿五篇以示，轼三复太息，以想见公之大略云。

元丰四年十一月廿二日，眉阳苏东坡书。

六、杜甫桤木诗卷

纸本。凡 19 行，计 159 字。日本林多兰千山馆藏。

释文：

背郭堂成阴白茆，缘江路熟俯青郊。桤林碍日吟风叶，笼竹和烟滴露梢。

暂下飞鸟将数子，频来语燕定新巢。旁人错比扬雄宅，懒惰无心作《解嘲》。

蜀中多桤木，读如敧仄之敧，散材也，独中薪耳。然易长，三年乃拱。故子美诗云："饱闻桤木三年大，为致溪边十亩阴。"凡木所蔽，其地则瘠。惟桤不然，叶落泥水中辄腐，能肥田，甚于粪壤，故田家喜种之。得风叶声，发发如白杨也。吟风之句，尤为纪实云。笼竹亦蜀中竹名也。

七、黄州寒食诗帖

纸本。凡 17 行，计 129 字。33.5 厘米×28 厘米。台北故宫博物院藏。

黄州寒食诗帖（台北故宫博物院藏）

释文：

自我来黄州，已过三寒食，年年欲惜春，春去不容惜。

今年又苦雨，两月秋萧瑟。卧闻海棠花，泥污燕支雪。

暗中偷负去，夜半真有力。何殊病少年，病起头已白。

春江欲入户，雨势来不已。小屋如渔舟，濛濛水云里。

空庖煮寒菜，破灶烧湿苇。那知是寒食，但见乌衔纸。

君门深九重，坟墓在万里。也拟哭途穷，死灰吹不起。

右黄州寒食雨二首

八、获见帖（又名《致长官董侯尺牍》）

纸本。凡12行，计71字。27.7厘米×38.4厘米。台北故宫博物院藏。

释文：轼启。近者经由获见为幸。过辱遣人赐书，得闻起佳胜，感慰兼极。忝命出于余芘，居承流喻，益深愧（慰）畏。再会未缘，万万以时自重。人还，冗中，不宣。轼再拜长官董侯阁下。六月廿八日。

九、前赤壁赋卷

纸本。凡63行，存572字，卷首文徵明补36字。23.9厘米×258厘米。台北故宫博物院藏。

释文：（略）

十、人来得书帖

纸本。凡19行，计193字。29.5厘米×45.1厘米。故宫博物院藏。

释文：轼启。人来得书，不意伯诚遽至于此，哀愕不已。宏才令德，百未一报，而止于是耶？季常笃于兄弟，而于伯诚尤相知照，想闻之无复生意。若不上念门户付嘱之重，下思三子皆不成立，任情所至，不自知返，则朋友之忧盖未可量。伏惟深照：死生，聚散之常理，悟忧哀之无益，释然自勉，以就远业。蒙交照之厚，故吐不讳之言，必深察也。本欲便往面慰，又恐悲哀中反更挠乱。进退不皇，惟万万宽怀，勿忽鄙言也。不一一。轼再拜。

知廿九日举挂，不能一哭其灵，愧负千万、千万。酒一担，告为一酹之。苦痛，苦痛。

十一、满庭芳词

纸本。10行，计96字。尺寸失记，今不知藏处。

释文：三十三年，今谁存者？算只君与长江。凛然苍桧，霜干苦难双。闻道司州古县，云溪上、竹坞松窗。江南岸，不因送子，宁肯过吾邦？搅搅，疏雨过，风林舞破，烟盖云幢。愿持此邀君，一饮空缸。居士先生老矣！真梦里、相对残釭，歌声断，行人未起，船鼓已逢逢。

十二、职事帖（又名《致主簿曹君尺牍》）

纸本。凡10行，计80字。27.8厘米×38.8厘米。台北故宫博物院藏。

释文：轼启。衮衮职事，日不暇给，竟不获款奉，愧负不可言。特辱访别，怅怅不已。信宿起居佳胜。明日成行否？不克诣违，千万保重、保重！新酒两壶，辄持上，不罪浼渎。不一一。轼再拜主簿曹君亲家阁下。八月十九日。

十三、一夜帖（又名《季常帖》《致季常尺牍》）

纸本。凡7行，计70字。27.6厘米×45.2厘米。台北故宫博物院藏。

释文：一夜寻黄居寀《龙》不获，方悟半月前是曹光州借去摹搨，更须一两月方取得。恐王君疑是翻悔，且告子细说与：才取得，即纳去也。却寄团茶一饼与之，旌其好事也。轼白，季常。廿三日。

十四、覆盆子帖

纸本。6行，计44字。27.7厘米×44.8厘米。台北故宫博物院藏。

释文：覆盆子甚烦采寄，感怍之至。令子一相访，值出未见，当令人呼见之也。季常先生一书，并信物一小角，请送达。轼白。

第三节　从八品升到正三品

在我们的印象中，苏东坡的一生，不是被贬，就是在被贬的途中。但是，苏东坡的仕途也并非一直处于低谷，他的人生也曾有过高光时刻。

元丰八年(1085)，朝中政局正发生着巨大的变化，三月初一神宗病重无法上朝，年仅10岁的哲宗不能亲政，应群臣的请求，神宗的母亲高太后垂帘听政。太后的政治态度十分鲜明，十几年来，她一直坚定地站在反变法派的一边。三月初五，年仅37岁的神宗皇帝因病身亡。不久太后传下诏书，将以"母改子政"的形式改变神宗的既定政策，这在"以孝治天下"的封建时代，本是天经地义，群臣之中，无人敢公开非议。高太后采取的第一个措施就是起用司马光。北宋历史从此进入一个新的阶段，史称"元祐更化"。

这边政坛雷声隐隐，山雨欲来风满楼，将变而未大变，那边苏东坡在黄州正悠然自得地过着田园生活。他不时往返各地，和相知相得的朋友作愉快的短途旅行，诗词唱和好不快哉。

此时司马光已在朝中身居要职，大批反变法的大臣正有计划、分步骤得到重新起用，苏东坡既以才高名世，又曾因讥讽新法下狱遭贬，自然不会被人遗忘，京城便已盛传苏东坡即将被起用的消息。

元丰七年(1084)，苏东坡离开黄州，奉诏赴汝州就任。由于长途跋涉，旅途劳顿，苏东坡的幼子不幸夭折。汝州路途遥远，且路费已尽，再加上丧子之痛，苏东坡便上书朝廷，请求暂时不去汝州，先到常州居住，后被批准。当他准备要南返常州时，神宗驾崩。常州一带水网交错，风景优美。他在常州居住，既无饥寒之忧，又可享美景之乐，而且远离了京城政治的纷争，能与家人、众多朋友朝夕相处，苏东坡于是选择常州作为自己的终老之地。

元丰八年(1085)，宋哲宗即位，高太后以哲宗年幼为名，临朝听政，司马光重新被起用为相，以王安石为首的新党被打压。苏东坡还没有到汝州，就被任命为朝奉郎知登州(正七品)。

元丰八年十月十五日，苏东坡到山东登州上任，上任才5天时间，又于十月二十日接到朝廷的任命，让他回京担任礼部郎中。这就是所谓的"五日太守"。其实，苏东坡是11月上旬才离开登州的，在登州的逗留时间接近 20 天。

苏东坡任登州太守虽然只有五天时间，但他深入百姓中调查研究，了解到百姓对盐税政策不满。苏东坡当即向朝廷上了奏书，对当地的盐业管理政策的弊端进行了分析，指出这样下去不但百姓受害无穷，官府也将无一毫之利，建议改变盐税收缴政策。

原来，盐商之盐只能卖给官家，百姓只能向官家买盐，而官家收进盐价很低，卖出盐价又太高，结果盐商纷纷破产逃亡，百姓吃不起盐，民声沸腾。此状经诏准后，朝廷废除了过去的当地食盐专营专卖制度，这样既保护了盐民的生产积极性，又方便了百姓生活，而且交易价格下降，减轻了百姓负担，老百姓欢呼雀跃。

以礼部郎中被召入京的苏东坡，来到京城当月就成了六品起居舍人。这个起居舍人虽然也是从六品，但工作性质非常重要，专门负责记录皇帝的言行，实为皇帝的秘书。

还是六品起居舍人小官时，苏东坡就开始与三品大员的司马光顶上了牛。他主要是针对司马光一行对废除新法一刀切的做法，具有代表性的就是苏东坡坚决反对废除"免役法"。

3个月后，苏东坡又升为中书舍人兼知制诰（正四品）。按规定，这个职位必须先考试然后任命，宋朝开国百余年来，免试任命者，只有陈尧佐、杨亿、欧阳修三人。如今苏东坡也荣登此列，不能不说非常受朝廷恩宠。

五个月后，元祐元年（1086）九月，苏东坡再次获得荣升，任翰林学士知制诰（正三品），"苏学士"的称谓由此而来。

翰林学士知制诰这个职位就更重要了，这是一个专为皇帝草拟圣旨的职务，承命撰写有关任命将相大臣、册立皇后、太子等事的文书，以及与周边国家往来的文书等。对大臣奏章的批答亦在其职责范围内，这个职位从中唐以来就有"内相"之称，往往是将相候选职位。品级虽然比宰相低一级，为正三品，但由于能比宰相更为亲密接近和影响皇帝，其重要性不亚于宰相，苏东坡之前，欧阳修、王安石、司马光都担任过这一职务。

元祐二年（1087）八月，在原有官职的基础上，苏东坡又兼任了经筵侍读，侍读是皇帝的老师。对于这一任命，苏东坡从内心深处是十分愿意接受的。"致君尧舜"，这是千百年来中国传统知识分子的最高理想，"帝王之师"则是实现这一理想的最佳位置。此时的苏东坡比当年的王安石环境还要优越：9岁的小皇帝还是名顽童，摄政的高太皇太后对苏东坡极信任，任命苏东坡时太皇太后还亲送苏东坡官衣、金带及白马一匹，甚至没忘记附赐一套镀金的绶绳鞍。

官运来的时候挡也挡不住。从元丰八年（1085）三月到元祐元年（1086）八月，短短16个月的时间里，朝廷一共给苏东坡下了7个任职通知。他在起居舍人这个副部级的京官上才干了3个月，在中书舍人这个正部级的岗位上才干了5个月，就被提拔为副国级的翰林学士、知制诰了。

当过皇帝的秘书，又当了皇帝的老师。

苏东坡那个时代，朝廷最高只任命正二品（宰相）的官职，苏东坡当过很长时间的从二品官职。这是绝大多数从政的人做梦都想达到而达不到的高位。

苏东坡任高官的时间长达9年，是做官成功的标志，和苏东坡同时代的王安石，在宰相的位置上，前后也不过6年的时间。苏东坡所处的时代正是北宋历史上政权更替频繁的时代，皇上走马灯似的换，他做官40余年，一共经历了仁宗、英宗、神宗、哲宗、徽宗五位皇上，中间还有曹太后、太皇太后高氏和向太后3次垂帘听政，也就是说他一共换了8个老板。所谓"一朝天子一朝臣"，这不仅是苏东坡一个人的痛楚，和苏东坡同时代的所有大臣都遭受过惩罚和贬谪，无一漏网，只是倒霉程度不同罢了。

可以说，黄州是苏东坡起飞的跑道，机遇永远留给有准备的人，离开黄州，苏东坡达到了人生的高光时刻：由从八品升到正三品，只用了16个月的时间。

第四节　给我们的启示

历史是过去时，但历史从没有真正远去。在许多古人的身上，甚至表现出连今人都难以企及的现代性，他们的精神不仅远远超越了他们所处的时代，也照耀着今天的世界。苏东坡即是一例。

苏东坡来到黄州，黄州人民呵护了他，同时，在黄州清凉的月色下苏东坡开展了自我救赎，用积极心态解救自己，不断进行自我安抚，在最险恶的境遇里，他用一种超然豁达的心胸，超越了所有的不幸。

当命运的风雨无情地袭来，我们怎样去学习苏东坡的做法，总结一下苏东坡在黄州的心路历程，主要有三点：

第一，受伤害，懂得转弯放下，不要为难自己。睡前原谅一切，醒来不问过往。人生很重要的一个能力，就是将往日的悲伤和烦恼能够迅速清零，第二天醒来，便又是崭新的一天。无论何时何地，无论遭遇何种苦难，苏东坡都能够在绝望中生出希望，在困境中怡然自得，在尘埃中开出璀璨的花朵。

旷达是装不出来的。苏东坡黄州以后的文章，旷达通透，骨子里是因为他遭逢大变后大彻大悟，不纠缠过往。

第二，想不通，换个角度思考，努力调整心态。经历过生死之后，苏东坡已经没有什么不能放下的了。所谓的脸面，所谓的荣辱，所谓的富贵，所谓的名利，所谓的恩宠，在生命的无常面前，通通不值一提。好与坏总在不经意中转换，心态好，自然就成为人生的赢家。

第三，走出门，发现生活的美，身心变得平和。乌台诗案虽已过去，但当年的梦魇仍然萦绕苏东坡心头，挥之不去。

什么是幸福？对于苏东坡而言，幸福就是一觉醒来，发现自己还活着。

苏东坡在黄州，特别是头三年，经常做的一件事，就是泛舟长江，通过游览美好河山这种方式，进行"自我调适"。苏东坡的这种游览，不是一般地观赏一下景物景色，而是面对赤壁，置身山河，进行"遐想、幻想、奇想、联想"，进行人生感悟。他实则在用心阅读山河，达到心态的平和和升华。苏东坡数次登临黄州赤壁矶头，面对滔滔东去的长江之水，仿佛看到了赤壁大战，仿佛读到了曹操和周瑜，感悟到"人生如梦"。游览蕲水清泉寺，发现清泉寺下的河水一反常态自东向西流，感慨油然而生："门前流水尚能西，休将白发唱黄鸡。"一系列的感悟而发出的感慨，使得他的人生价值取向，实现了新的正向转折；人生态度实现了新的更为积极的调整。同时，也使得他浑身上下添加了崛起所需的正能量。

苏东坡在黄州，之所以没有因为被贬谪而抑郁，归结起来大概有以下原因：

一是得到家人陪伴和拥有归属感。浓浓的亲情永远是一个人最稳固的精神支柱。对于苏东坡来说，家人的支持尤其重要，因为家庭是安全感和归属感的重要来源。苏东坡最初在定惠院寄居，和僧人同住同食，内心并没有归属感，因此常常以"逐客""幽人"自称。

直到元丰三年（1080）五月，弟弟苏辙带着苏东坡一家妻小来到黄州，这种孤单的情况才得以改变。在家人抵达的前一天，苏东坡激动得睡不着觉，天刚刚亮就跑到江岸上迎接。家人的到来，让苏东坡有了更多的亲人陪伴，也使他的负面情绪被驱散不少。

随后苏东坡和家人迁居临皋亭，虽然只是个破旧的驿站，但总算有了自己固定的住所，后来又在朋友的帮助下得到了耕种的土地，这些都使他在黄州有了一些归属感。

开垦"东坡"的农耕生活，既缓解了物质上的困乏，解决现实生活上的难题，也让苏东坡投入到生活和劳动中，身体得到了活动和锻炼，使他逐渐告别抑郁忧愁。

苏东坡在此期的书信中就一再提及自己种稻子、种蔬菜、种瓜果之事，虽然感到劳动辛苦，但是内心常常感到快乐。

归属感的建立自然也离不开居所和房子，苏东坡早在开垦东坡的时候，就有了为自己盖一个房子的想法，认真地想过选址、丈量、建造设计这些事情。

尤其苏东坡与其弟苏辙感情极深，完美诠释了"兄友弟恭"的内涵。两人人生际遇不同经常天各一方，但不管相隔多远多久，两人一见面只需一个眼神就能读懂彼此。被贬黄州，苏东坡与弟弟书信往来不断，犹如促膝谈心。

二是亲近大自然与朋友相处。人在和大自然产生连接的时候不仅可以驱散内心的孤独感，还能有效提升生活品位。

户外出游，寄情山水，拥抱大自然也是苏东坡保持心态健康的一个重要的途径。

在迁居临皋亭后，苏东坡出门就能看到清旷宽广的江面，于是经常走在江岸边吹着迎面而来的江上清风，拄着手杖沿江边散步，渴了就捧一口江水喝。过后不但能感到舒缓安慰，还心生感恩之情；又回想到落难期间有不少朋友的雪中送炭，孤独忧郁的感受愈发消除了不少。"已迁居江上临皋亭，甚清旷。风晨月夕，杖屦野步，酌江水饮之，皆公恩庇之余波，想味风义，以慰孤寂。"（《与朱康叔二十首》之五）

苏东坡常常穿着布衣草鞋，出入田野之间，每隔几天，就一定会与朋友一起泛舟长江，沿途漫游。而游玩后所作的文学作品则更具旷达的境界，"惟江上之清风，与山间之明月，耳得之而为声，目遇之而成色，取之无禁，用之不竭，是造物者之无尽藏也。"（《赤壁赋》）

可能在苏东坡看来，江上的清风，山间的明月，朋友和美酒，不仅是美景和宝藏，也是帮助自己走出抑郁，治愈内心的良药。他在黄州游山玩水，泛长江、望赤壁；在这里饮酒赋诗，凭吊古人，续写生命中另一篇华章。

三是读好书丰富精神生活。丰富的精神生活为苏东坡的不良情绪找到了释放出口，苏东坡家学渊源丰厚，从小博览群书，对"儒、释、道"三家之言均有涉猎且能融会贯通，尤其是深耕研读，对抵御其人生寒潮起到了非常大的正向、积极作用。在黄州期间他也因此有感而发，创作了大量脍炙人口的诗词书画作品。苏东坡在黄州，写下了《易经》9卷、《论语说》5卷，苏东坡的勤奋不言而喻。

人的一生总会有起起落落。

面对逆境我们应该学会调试自己的心态，使自己与自己、与环境和谐相处；这种调试和适应的过程，能够帮助我们完善自己，使自己更成熟，逐渐达到心理健康的状态。所以说心理健康是一个动态的、不断修炼的过程。

有的人在遭遇挫折后封闭自己，害怕再次经历失败，也就错过了实现成长的机会。

苏东坡在为官被贬后，尽管有郁郁不得志之感，但仍然有家人和朋友陪伴，专心治学，遇到生活上的困难想办法解决，从而对生活有了更多的理解，留下了很多传世的佳作。

所以，在人生不如意时，应该正确地面对和处理它。

今天，我们一起仰望东坡先生，感悟东坡文化，与大家分享黄州东坡文化的感召力，不妨先用苏东坡在黄州期间写的文学作品去感知一下东坡先生的神奇：

"拣尽寒枝不肯栖，寂寞沙洲冷"，这是孤独无助的苏东坡；

"门前流水尚能西！休将白发唱黄鸡"，这是奋发图强的苏东坡；

"小舟从此逝，江海寄余生"，这是旷达随缘的苏东坡；

"若言琴上有琴声，放在匣中何不鸣？若言声在指头上，何不于君指上听？"，这是哲思睿智的苏东坡；

"待他自熟莫催他，火候足时他自美"，这是热爱美食的苏东坡；

"谁怕？一蓑烟雨任平生"，这是旷达豪放的歌者苏东坡；

"只恐夜深花睡去，故烧高烛照红妆"，这是浪漫诗人苏东坡；

"归去来兮，吾归何处？万里家在岷峨"，这是孤独行者苏东坡。

要不是这些诗词，我们怎么能够在千百年之后，认识如此乐观旷达坚韧不拔的铮铮男儿，接近如此百折不挠生动有趣的灵魂！

第五节　苏东坡的一生

一、1037 年 1 月 8 日出生于眉州眉山。（四川眉山）

二、1054 年，17 岁，娶王弗为妻。（四川眉山）

三、1056 年，19 岁，苏轼、苏辙随父进京赶考。（河南开封）

四、1057 年，20 岁，兄弟登科，高中进士。（河南开封）
母亲病逝，回乡守孝 3 年。（四川眉山）

五、1061 年，24 岁，参加制科考试，成绩第一（河南开封），签书凤翔府判官。（陕西宝鸡）

六、1065 年，28 岁，妻子王弗去世，年仅 27 岁。（河南开封）

七、1066 年，29 岁，父亲病逝，扶柩还乡，守孝 3 年。（四川眉山）

八、1068 年，31 岁，娶王闰之为妻。（四川眉山）

九、1069 年，32 岁，与弟返京，任职史馆。与王安石变法政见不合。（河南开封）

十、1071 年，34 岁，请求外调，任职杭州通判。（浙江杭州）

十一、1074 年，37 岁，任密州知州。（山东诸城）

十二、1077 年，40 岁，任徐州知州。（江苏徐州）

十三、1079 年，42 岁，任湖州知州。因"乌台诗案"（河南开封）入狱130 天，被贬黄州。

十四、1080 年，43 岁，二月来到黄州。（湖北黄州）

十五、1081 年，44 岁，在黄州东坡开荒种地，自号东坡居士。（湖北黄州）

十六、1084 年，47 岁，离开黄州，赴任汝州，请任常州，过金陵见王安石，相遇一笑泯恩仇。（江苏常州）

十七、1085 年，48 岁，调任登州太守。（山东蓬莱）

宋哲宗即位，苏轼回京，任中书舍人。（河南开封）

十八、1086 年，49 岁，以翰林学士知制诰，起草诏令。（河南开封）

十九、1089 年，52 岁，任杭州知州，疏浚西湖，修筑苏堤。（浙江杭州）

二十、1091 年，54 岁，召回京城，翰林大学士、吏部尚书。（河南开封）

政见不合，出任颍州知州。（安徽阜阳）

二十一、1092 年，55 岁，龙图阁学士，调任扬州知州。（江苏扬州）

再次召回京城，兵部尚书、端明殿学士、翰林侍读学士，礼部尚书。（河南开封）

二十二、1093 年，56 岁，妻子王闰之去世，终年 46 岁。多次请辞后，出任定州知州。（河北定州）

二十三、1094 年，57 岁，新党执政，被贬惠州。（广东惠州）

二十四、1096 年，59 岁，爱妾王朝云病逝，年仅 34 岁。（广东惠州）

二十五、1097 年，60 岁，被贬儋州，培养出海南第一位进士。（海南儋州）

二十六、1100 年，63 岁，宋徽宗即位，大赦天下，苏轼北归。

二十七、1101 年，64 岁，游金山寺，回首一生写下《自题金山画像》，问汝平生功业，黄州惠州儋州(江苏镇江)

二十八、1101 年 8 月 24 日，苏轼病逝。（江苏常州）

二十九、1102 年，苏辙遵兄遗嘱，将苏轼于常州移葬河南郏县。（河南郏县）

第六章　东坡美食

罗曼·罗兰说："世界上只有一种真正的英雄主义，那就是认清生活的真相后还依然热爱生活。"这句话，简直就是为苏东坡量身定做的。

19岁出头凭着文采名动京师，24岁便在制科中以第三等成绩获得大理评事的职务，官途一片坦荡。在王安石推行新法之际，苏东坡自请出京为官，乌台诗案爆发，让苏东坡成为众矢之的，深陷囹圄，差点丧命。虽然最后躲过一劫，剩下的却是黄州团练副使的犯人身份……他的一生，跌宕起伏，可他用自己的一生演绎了"生活以痛吻我，我却报之以歌"。正是由此，林语堂赞其一生是"人生的盛宴"，而美食，无疑就是这场"盛宴"中的点睛之笔。

苏东坡在黄州，创制了东坡肉和东坡饼等饮食佳肴，形成了著名的"东坡黄州菜系"，经宋、元、明、清数百年岁月，到民国时，已形成独具特色的黄州菜。它继承苏东坡饮食精粹，以烹、烧为主，兼炒、蒸、炸、爆，具咸、辣的风味，以地域气息浓郁、制作工艺精细、色香味美而闻名长江两岸。

黄州菜品讲究滚、淡、烂，"滚"即滚入口热烫，"淡"即口味清淡，"烂"即口感软烂。食材以猪肉、鲜鱼为主。酒席有规矩，一般为二十道菜点，寓意"双十"（十全十美）；菜品组合多"三"，如三圆（丸）：鱼圆、肉圆、藕圆；三全：全鸡、全鱼、全髈；三炒：炒猪肝、炒肚片、炒腰花；三烧：烧鸡块、烧蹄花、红烧肉；三蒸：清蒸（鳊、鳜）鱼、清蒸肘子、粉蒸肉；三汤：一甜、一素、一荤；三素：

一青蔬、一脆炒、一合菜。

第一节　寻味之旅

1080 年初，苏东坡来到黄州，来到这荒野蛮夷之地，短暂的孤寂与痛苦，触动了他敏感的神经，迸发出跳跃性的思维，使他迅速融入当地的生活之中，并非常诗意地活下来，而且活得很超脱，他寻觅到了远离政治漩涡的人生乐趣与超脱的自由。

一、平生为口忙

> 自笑平生为口忙，老来事业转荒唐。
> 长江绕郭知鱼美，好竹连山觉笋香。

初到黄州的苏东坡，怀着难以言表的心情，以自嘲的口气写下以上诗句，并因江而知鱼美，见竹而觉笋香。在逆境中生活的人，需要懂得享受美食，配合酒的力量，缓解内心的失落和不满，培养出心气平和的气质。

苏东坡终其一生的经历，创造出以东坡命名或传说的菜、小吃、酒，大约有一百种，他的众多诗文中不乏熬、煮、烹、烩、煨、炖、烧、烤、蒸、熏、卤、酱、腌专用词，并为这些菜肴的制作和风味特点提供了理论依据，形成了一个自成系统的菜系。

一个懂得美食且日思节俭的人，首先食性要杂，苏东坡特别重视菜肴制作的各道环节，每一个步骤、每一个细节都不马虎，他总结出——

> 水欲新而釜欲洁（水要新鲜，锅要干净）
> 火恶陈而薪恶劳（火怕过猛，柴怕腐朽）
> 九蒸暴而日燥（有些食材需要蒸煮后晒干备用）

百上下而汤鏖（汤需上下翻滚，长时间熬制）

尝项上之一脔（品尝动物颈项上的肉最鲜美）

嚼霜前之两螯（品尝霜前肥蟹的双螯味最佳）

烂樱珠之煎蜜（熟透的樱桃用来熬制蜜酱）

蛤半熟而含酒（牡蛎半熟时需喷酒杀腥）

蟹微生而带糟（蟹接近半熟时需加带酒之糟）

二、东坡肉

苏东坡初到黄州之时，因家大口阔，久未尝肉食，乃捉屋檐下麻雀烤之，觉味之极美，遂成其饭桌上的家常菜。

对美味有敏锐洞察力的苏东坡，发现黄州的猪肉价格便宜，本地人大多不懂食用方法而少有食用。苏东坡却独爱之，并在《炖肉歌》中教人制作：

净洗铛，少著水，柴头罨烟焰不起。

待他自熟莫催他，火候足时他自美。

黄州好猪肉，价贱如泥土。

富者不肯吃，贫者不解煮。

早晨起来打两碗，饱得自家君莫管。

苏东坡改进的炖肉方法，广为流传开来，形成了"大火煮粥，小火炖肉"的黄州民谚。

苏东坡的确喜欢吃猪肉，在他的诗及友人信中多次说自己是"午餐便一肉"，"每日一餐烧猪肉"，"食猪肉，实美而真饱"，常以烧猪肉佐酒。后人仿效其做法，形成了"东坡肉"这道菜，并成为中国具有广泛影响力的传统名菜。

东坡肉

三、煮鱼法

苏东坡喜爱吃鱼，在黄州时爱亲自掌勺煮鱼汤，但不宰杀活鱼，略微能动弹之鱼，必放入水瓮中，待其死后再吃，这是信佛之念。选鱼，是苏东坡的强项，同时也是鱼汤味道的保证，做鲫鱼汤必选白背鲫鱼，他认为鲫鱼生在活水中，背上的鳞是白色的，生在死水中，背上的鳞是黑色的，而且味道不好。他结合当地渔民煮鱼之法："破釜不著盐，雪鳞芼青蔬。"自创的熬鱼汤方法是，把鲜鲫鱼或鲤鱼去鳞剥洗，用清水冲洗干净后，下入冷水锅中，大火煮，加盐，将青白菜和整段的葱白加入，不能搅动，水开的时候，放入少量的生姜、萝卜丝和酒，微熟时，加入桔皮丝，小火熬至汤汁如乳、香气四溢，即可食之。这道菜中，生姜和萝卜的妙用，如民谚所云："冬吃萝卜夏吃姜，不用医生开药方。"味道怎样，望观文者，下厨一试。苏东坡《煮鱼法》原文如下：

> 子瞻在黄州，好自煮鱼。其法，
> 以鲜鲫鱼或鲤治斫冷水下入盐如常法，
> 以菘菜心芼之，仍入浑葱白数茎，不得搅。

半熟，入生姜萝卜汁及酒各少许，三物相等，调匀乃下。

临熟，入桔皮线，乃食之。其珍食者自知，不尽谈也。

数年后，苏东坡在杭州，遍食当地美食，忽一日思念鱼汤鲜美之味，按照住在黄州雪堂时煮鱼之法，熬制鱼汤，请仲天贶、王元直、秦少章品尝，众人皆赞不绝口，均夸非一般的厨师能做之。他便写《书煮鱼羹》自夸：

予在东坡，尝亲执枪匕，煮鱼羹以设客，客未尝不称善，意穷约中易为口腹耳！今出守钱塘，厌水陆之品，今日偶与仲天贶、王元直、秦少章会食，复作此味，客皆云：此羹超然有高韵，非世俗疱人所能仿佛。岁暮寡欲，聚散难常，当时作此，以发一笑也。元祐四年十一月二十九日。

四、东坡羹

东坡羹是苏东坡在黄州创制并以自己的名号命名的一种羹，在黄州生活期间，他形容自己是"时绕麦田寻野荠，强为僧食煮山羹"，并写有《东坡羹颂》一文：

东坡羹，盖东坡居士所煮菜羹也。不用鱼肉五味，有自然之甘。其法以菘若蔓菁、若芦菔、若荠，揉洗数过，去辛苦汁。先以生油少许涂釜。缘及一瓷碗，下菜沸汤中。入生米为糁，及少生姜，以油碗覆之，不得触，触则生油气，至熟不除。其上置甑，炊饭如常法，既不可遽覆，须生菜气出尽乃覆之。羹每沸涌。遇油辄下，又为碗所压，故终不得上。不尔，羹上薄饭，则气不得达而饭不熟矣。饭熟羹亦烂可食。若无菜，用瓜、茄，皆切破，不揉洗，入罨，熟赤豆与粳米半为糁。余如煮菜法。应纯道人将适庐山，求其法以遗山中好事者。以颂问之：甘苦尝从极处回，咸酸未必是盐梅。问师此个天真味，根上来么尘上来？

　　东坡羹实际是把野菜和米放入一起蒸出的一种野菜糊糊，这是他在黄州生活时所创制的，将菘(白菜)、荠菜(地菜)、芦菔(萝卜菜)、蔓菁(香菜)洗净，切成细末，撒上盐，腌制片刻，将苦汁逼出，用双手将其揉成团，挤出汁，去掉其中辛辣和苦涩之味，加入生姜末。将泡好的粳稻米滤干，取炖钵一个，钵内涂抹麻油，注入水，先放入菜末，再放米，将炖钵盖内涂上麻油，盖在炖钵上，盖碗时不能碰到汤上，如碰上，汤水会有生油气味，钵上扣一只碗，放在饭甑上蒸熟，即可食用。在无菜之时，可用瓜茄之类剁碎做之。

　　南宋诗人陆游也曾做过此羹，并写诗说："荠糁芳甘妙绝伦，啜来恍若在峨岷。莼羹下豉知难敌，牛乳抨酥亦未珍。异味颇思修净供，秘方当惜授厨人。午窗自抚膨脖腹，好住烟村莫厌贫。"他认为"东坡羹"比著名的莼菜羹、奶酪都好，味之甘美，实非想象。

　　东坡羹的做法可能直接影响到后世广东煲仔饭的制作，可以说，苏东坡当年制作了一个可口的蔬菜煲仔，并将其做法广为传播。

　　东坡先生借用美食治愈自己的苦难，有着将一生遭遇的不公通通化作美食来调侃写诗的人生态度，至此他虽宦海沉浮几十载，仍不失一颗赤子之心，一直以豁达开朗的态度面对生活，与朝廷的争斗和解，与人生的不公和解，与自己和解。

第二节　饕餮盛宴

　　苏东坡是能吃会做菜还爱写"微博"的人，用现代网络言语表达是一个标准的吃货！有一张豪放的嘴巴。

　　细数历代的文人，苏东坡大概是胃口最好的一个。身体倍儿棒，吃嘛嘛香。1.80 米的个头，估计就是吃出来的。

从汴梁到杭州，从密州到徐州，从湖州到黄州，走到哪里、就吃到哪里。年近六旬的时候，还被贬谪到广东和海南，体验了一把热带风味。短短十几年，他凭着一张嘴，吃遍了川、淮、鲁、粤四大菜系。

苏东坡的诗词书稿中与美食有关的文字不胜枚举，如果你想说《东坡集》是半本食谱，我觉得一点也不为过。只要苏东坡愿意，将笔杆一扔，马上就是现成的一级大厨。

苏东坡在自己的诗词中以老馋嘴自居，其中提及的食物也是不胜枚举，当然这里的日常食品不包括酒和茶，单指日常生活中的蔬果饭食，其中素食类有荔枝、龙眼、槟榔、杨梅、橄榄、笋、蕨、蔓菁、芦菔、芹芽、韭芽、芦笋、桃、杏、梨、枣、石榴、樱桃、黄柑、朱橘、白苋、木瓜、棕笋、藤菜、莼菜、元修菜、白菘、菠菜、东坡羹、玉糁羹、豆粥、新麦汤饼、为甚酥、青蒿饼、薴馒头、烧芋子等，荤食类有鲫鱼、鲈鱼、白鱼、鲤鱼、江豚、紫蟹、猪肉、羊炙、兔、牛尾狸、黄雀、春鸠、雉、薰鼠、蝙蝠、蛇、蛙。

在苏东坡的眼中，日常生活中的饮食不仅能够维持生理需求，同样也能够在平凡的饮食中享受到点点滴滴的乐趣。他的这种坦然豁达的好食之乐，能随时随地让人感受到身心的双重愉悦。

一、从东坡肉感受东坡身上的执着精神

东坡肉这道菜也许大家都不陌生，现在不管是星级酒店还是平民小餐馆都可以点到这道菜，作为黄州人可以很自豪地说：黄州是东坡肉的发明地，苏东坡是东坡肉的创始人。

1080 年，苏东坡来到黄州后，饮食、生活条件都比较艰难，但是再难也难不倒苏东坡这个潇洒的美食家。那时黄冈一带猪肉比较便宜，苏东坡经常下厨做肉菜，其中以红烧肉最为拿手。

文人出身的苏东坡是个手不释卷酷爱书画的才子，他既要烹调美食，

又要写写画画，为了兼顾，他采取用文火炖肉的办法，以便一边照看火候，一边写他的文章或者摆弄他的画笔。

东坡肉的诞生则跟他与友人下棋有关。有一天，苏东坡烧猪肉菜招待客人，猪肉下锅后，加水和调料，用微火慢慢煨着，他就和客人下棋去了。两人棋艺相当，杀得难舍难分，一连十几盘之后，苏东坡才猛然想起锅里的肉，赶忙跑向厨房，原以为肯定烧焦了，可是，扑面而来的并不是菜肴过火的焦煳味，而是诱人的肉香味，揭锅一看，每块猪肉色泽红润、形整不散、软烂如豆腐，客人看得垂涎欲滴，苏东坡赶紧盛出来与客人一起共享美味；那汁味浓醇，香糯不腻，十分可口，妙不可言。于是，苏东坡把这道菜的做法记录下来，并特地写了一首《猪肉颂》，记载了他当时的体会与心境。现在看来，《猪肉颂》这首打油诗可以算作东坡肉的广告诗了。

"猪肉颂"三字，看似滑稽，实际是在幽默中蕴涵了严肃的主题。作者的"颂"，当然包括了在味觉方面的享受，对自身烹调创新方面的自得；但是当我们了解到苏东坡当时的艰难处境时，就会在诗人享受美味后面，朦胧看到一个不屈的灵魂，一个在为人处世方面，永远追求更高远深刻的情味，将日常生活与理性思考达到"知行合一"理想的哲人。

后来这首诗传了出去，人们争相仿效如法炮制并把这道菜戏称为"东坡肉"。过去了数百年，"东坡肉"的制作方法不断改进，流传至今。

苏东坡一生处处与美食结缘，处处有美食影子。关于这个红烧肉，除了在我们黄州研究出的东坡肉外，苏东坡还在徐州任知州时烧制了"回赠肉"，在杭州任知州时进一步推广了东坡肉，到广东惠州后，将"东坡肉"搭配上惠州特产梅菜，制出了一道新菜——"梅菜扣肉"等，这些菜都成为当地的名菜。

有人说东坡肉是在黄州发明的，在杭州推广的。

他创造的东坡肉至今仍是宾馆、酒楼的名肴之一，甚至被列为国宴菜单。1972 年美国总统尼克松访华时也曾品尝过此菜，尼克松吃得津津有味，赞不绝口。2005 年，连战到访大陆开展和平之旅。这是 56 年来两岸高层的首次接触。在《半世纪的相逢——两岸和平之旅》一书中，连战夫人连方瑀特意提到了胡锦涛的瀛台宴请，"席上气氛温馨，像一场家庭聚会"，菜肴丰富但不奢华，有虾子茭白、芥末鸭掌、东坡肉、火腿粽子等。

二、黄州东坡饼

东坡饼就是苏东坡在黄州发明的干脆面。

据《竹坡诗话》载，苏东坡在黄州时和当地老百姓相处得很融洽。有一天，他去何秀才家聚餐。席上菜肴丰盛，其中有盘油果酥脆可口，苏东坡很喜欢吃，询问此油果叫什么？主人说不出来。苏东坡又问："为甚酥？"意思是说这油果为什么这样酥，主人一听，说："油果本是内人自制，并无名称，听大人一问，干脆叫'为甚酥'吧。"其他的客人也都附和："您说的'为甚酥'三字就可以作为它的名字了。"

不久，又有姓潘的朋友请苏东坡吃饭，因知苏东坡爱酒但酒量不大，每次东坡来的时候，就特地为他准备了一些度数低的甜酒。苏东坡喝着低度酒就开玩笑说："这酒一定是兑水了。"苏东坡虽酒量不大，但喝这种酒嫌不过瘾，戏称此酒是"错著水"。

有一天，苏东坡办完公事，出门信步漫游，看到野花丛中有一小亭，便走上前去，解下腰间盛酒的葫芦，正准备喝时，想到没有下酒的点心，便写了一首诗：

> 野饮花前百事无，腰间唯系一葫芦。
>
> 已倾潘子错注水，更觅君家为甚酥。

随行的人携此诗前去何家，何名士当即带"为甚酥"来与苏东坡一道吟诗遣兴。于是，一种无名的乡间油炸米果就叫成了"为甚酥"。自然，苏东坡的原意是要问这米果为甚这么酥啊，没想到却成了一个好名字，今日想来，此名仍然很有特色。

苏东坡经常上安国寺去，同继莲和尚谈禅说佛，聊天喝茶。他喜欢吃"为甚酥"的事传到安国寺大和尚参寥那里，他知道苏东坡喜欢油酥点心，又有一手制作酥食点心的好手艺。每当预料苏东坡要去安国寺，就事先做好油酥饼等他。可往往不凑巧，他做好油酥饼，苏东坡偏偏没有去。有一回，苏东坡上安国寺去找继莲，参寥端出放了一段时间的油酥饼说："等你不来，都搁成这个样子了！脆的变成软的，不酥不香了。"

苏东坡看了看，也叹了口气觉得很可惜，但他知道继莲的好手艺，就说："凭你这样高的手艺，就不能制作一种又好吃又能存放的油灸酥食点心么？"

继莲也有这个想法。于是，苏东坡设计了一种"千层饼"，继莲试制成功了。这种饼，用上等细面粉做成蟠龙状，用香麻油煎炸，片片如薄丝，然后撒上雪花白糖，吃起来香、甜、酥、脆，搁上十天半月也不变味。

这种"千层饼"传开后，黄州人都说好吃。传到外地去，外地人也都说好吃。因为它是苏东坡设计的，就将"为甚酥"改称为东坡饼，大家都叫它"东坡饼"。

东坡饼

从此以后，黄州就有了"东坡饼"招待贵宾的风俗。同时，"东坡饼"现在也发展成黄州有名的旅游小吃。

东坡饼的外形，很像古代仕女盘在头上的螺髻，而上面撒一堆白糖，又像螺髻上插了许多栀子花。

关于"东坡饼"来历的传说有很多种，只是说法上有些不同罢了，却都以苏东坡曾经品尝而美名远扬。人以文传，饼以人传，此举既有人们对苏东坡的敬仰和怀念之情，也有"以人传菜"的"名人效应"。

不过，话又说回来了，一种事物仅借名人提高自己的身价，却没有自己真正的特色，恐怕也难以维系长久。东坡饼在制作上确实造型别致，色泽诱人，香甜酥脆，落口消融，别具滋味，才成了湖北一种十分传统的风味美食。

三、东坡豆粥

据清《食谱》和宋《遵生八笺》载，豇豆、刀豆、扁豆、芸豆、赤小豆、豌豆、绿豆、红白饭豆皆可煮粥，尤以红白饭豆、赤小豆、绿豆煮粥味道最香最美。鄂东人最喜用后面三种豆子煮粥。前面所说的"东坡二红饭"即以赤小豆为之。东坡《豆粥》诗所指的当为后三种豆子中的一种。

方法：先煮豇豆、刀豆、扁豆、黄豆、赤小豆、豌豆、绿豆、红白饭豆，开锅后，泼碗凉水，使浮在上面的豆子沉到底。再用文火煮五六分钟，豆子就能吃透水涨起来，待煮烂后，将淘洗的大米用中火熬沸，再用小火熬烂，置入豆羹中即成。此法熬出来的豆粥，黏黏糊糊的，再拌上白糖或红糖，色、味、香俱全，营养非常丰富。在腊月寒天喝碗"豆粥"，既是暖胃消寒的佳品，又是增进食欲、滋补身体的良药。

四、东坡元修菜

元修菜是苏东坡谪居黄州期间引进的一种菜。其菜状若豌豆，其叶较小。清光绪版《黄州府志》说它"似芥，蜀种"。其菜为东坡的友人巢元修从四川带的，故称"元修菜"。东坡有元修菜诗并序曰："菜之美者有吾乡之巢，故人巢元修嗜之，余亦嗜之。元修曰：'使孔北海见，当复云吾家菜耶?' 因谓之元修菜。余去乡十有五年，思而不可得。元修适自蜀来，见余于黄，乃作是诗，使归至其子，而种之东坡之下云。"

元修菜，浠水县还有人种植。按其诗意测之，其菜"豆荚圆而小，槐芽细而丰"。类似野豌豆，又不是野豌豆。将它洗净蒸熟还不褪色，放卤盐，拌点豆豉、葱花、姜丝，用来下酒，美味可与鸡肉猪肉相比。苏东坡在其诗中说："我老忘家舍，楚音变儿童。此物独妩媚，终年系予胸。君归致其子，囊盛勿函封。"

第三节　黄　州　美　酒

自屈原以来，长江流域文酒风流，名人雅士，绵延不绝，而其中最得酒中趣的，恐怕要首推苏轼。苏轼酒量不大，据说，他自己说是"吾少时望见酒盏而醉"（《东坡志林》）；及至成年，也是"少饮辄醉"。但他喜酒、爱酒。他称酒是"钓诗钩"（《洞庭春色》），在诗酒相伴中创造了辉煌的文学艺术成就。他称酒是"扫愁帚"（《洞庭春色》），处世乐观旷达，超然物外，"常以把杯为乐"（《和饮酒二十首》）。他极少有"以酒浇愁愁更愁"的愤懑，有的是"得之心寓之酒"的乐趣和对人生的透彻体悟。他不满足于饮别人酿的酒，喜欢亲自动手实践，并且对酿酒颇有研究。可能正是这种与酒的特殊缘分，人们给他赠送了一个"酒友"的雅号。

苏东坡来黄州后，政治上的失意，理想不能实现，才能又不得施展，从而对现实产生了处处受压抑的感觉，一种强烈的不满，滋长了消极避世的思想感情。他曾在诗篇《洗儿》中写道："人皆养子望聪明，我被聪明误一生。惟愿我儿愚且鲁，无灾无难到公卿。"苏东坡的一生中多次遭到政治打击，因此他只能选择寄情山水，用自然山水来抚慰受创的心灵。生活虽清苦，但日子总要过下去，心中的憋屈与苦闷常常只能靠酒来解决，俗话说"酒为欢伯，除忧来乐"，这时的酒是摆脱愁苦心情的良药，也是平静下来调整人生姿态悠然享受生活的调和剂，酒给他带来灵感与快感，在他深厚的文化基础下，心中所感所想在毛笔与纸张的游走中皆成旷世之作。

一、北宋榷酒制度与黄州酒业

北宋的榷酒制度大抵有三种形式："王城之中征其麹，不征其市，闽蜀之地取其税，不禁其私，四方郡国则有常榷。"一是京城（包括四京）和四川、贵州、两广、福建等地实行榷曲制，即允许民间酿造而对"曲"实行严格的专卖制度。二是对上述地区以外的各路、府、州、军实行"官酤"，即在榷曲的基础上实行官酿专卖。三是对人口不甚密集、产销量不大的地区，实行"官监酒务"或"买扑"制（相当于现在的租赁经营）。受苏轼乌台诗案连累的苏辙，当时被贬至"筠州监酒务"，就是担任这一角色。

《宋史》《宋会要辑稿》《熙宁酒课》《文献通考》等史料记载，严格酒类专卖制度下的酒课收益，支撑起宋朝一定比例的财政收入。庆历年间的酒课收入高达1700万贯，占货币总收入的38.9%。至熙宁年间，为满足酒课的征榷，宋朝在各地设官监酒务。以熙宁十年（1077）为例：全国共设监酒务1861处，实现酒课收益1310万贯。当时的黄州属淮南西路，旧时在黄州城及久长镇（旧街）、团风镇、麻城镇、岐亭镇、故县镇、黄陂县等处共设酒务8处，熙宁十年前收酒课为32881贯。自熙宁十年起，黄州治以上八处酒务，确立祖额（即下达酒课任务）为41000贯。与黄州一江之隔的鄂州，当时属荆湖北路，同设8处监酒务，酒课收入与确立祖额均为黄州的一倍。笔者尚无法考证：41000贯酒课任务，在黄州持续了多少年，但北宋的榷酒制度，从景德、庆历、熙宁到元祐、宣和、靖康的123年间，酒课收入占年度货币收入的20%以上，其中庆历、绍兴年间超过了30%的比例。

因此，从文献史料的记载来看：北宋榷酒制度下的黄州酒业，历史上是客观存在的。

在北宋官酿专卖制度下，私酒和非商品酒的生产是客观存在的。所谓非商品酒即未进入市场流通的酒：一是官府酿造的自用酒，如御酒、公使酒，具有督促地方官吏廉政意义。二是由宗室、戚里和品官之家酿造的自用酒，是政府"恩逮百官者，唯恐其不足"，同时防止他们凭借权势参与市场，影响酒课征榷的一种措施。三是允许广大乡村酿造非商品酒，即"村酒"，以自酿自饮或自给自足为要。苏东坡在黄州时，只是"城中禁酒如禁盗"，而城外乡村是可自酿自饮非商品酒的。"田中黍穗处处黄，瓮头新绿家家有"，能自酿待客多是农家大户，他几次翻越城外，穿花踏月饮村酒，此举是不违法的。

二、黄州压茅柴酒

苏东坡在黄州的身份，决定了他的饮酒观念具有很多养生的成分。他的"半酣""欢适"说就是这种观念的产物，从半酣、欢适出发，他对历来引以为风流的魏晋、盛唐式的狂饮滥醉的饮酒生活方式进行了批评，斥之为"贪狂嗜怪"：一是由苏东坡个人天生酒量不大决定的；二是由北宋时代"浅斟低唱"的饮酒风气所决定的；三是在黄州的处境，不敢喝醉，怕醉后说错话惹来无妄之灾。

"半酣"，不仅是养生的最佳状态，也是饮酒获得精神愉悦的最佳状态。"味尤长"，不仅指的是味觉审美，更包含了一种人生的精神追求，包含了他对所创作的酒诗的一种审美追求。这种精神境界，就是"旷适"，就是通过内省体验实现个人主体与现实世界之间的亲和，并从日常生活如饮酒、作诗之中细嚼发现自身愉悦、酣适之美。作为"蜀学"的重要代表人物，苏东坡既是饮食文化专家，又是一个哲学家、文学家，这种多重身份和博学多识又决定他能在融合前人的基础上，把饮酒上升到一个更高的美学境界。

北宋时黄州民间饮品中最具名气的是黄州酒。

元丰五年(1082)十一月，苏东坡第4次到岐亭访友陈季常，在《岐亭五首》之四中，记录了他已在黄州的3年中，几次想饮一种叫茅柴酒而未能遂愿的憾事。有学者称之为"黄州压茅柴"，还有人认为亦即茅台酒。经考证，北宋时期的黄州城内，确有一种著名的白酒叫"压茅柴"或"茅香酒"。茅柴实为一种茅香草，简称"香茅"。以镇江茅山香草为佳，亦称茅山香草，又叫柠檬香草。据李时珍《本草纲目》记载：茅香草有青、白二种之分，无毒、性温、入药。吴津《观林诗话》载："东坡几思压茅柴，禁网日夜急，盖市号市沽为茅柴，以其易著易过。"由此可见，黄州茅香酒，当时的市场认可度较高，"盖市号市沽"为茅柴。因其易于贮积且不上头而受欢迎，是在尚无现代生物技术条件下，以植物(茅香草)浸提增香的绿色环保酒。难怪东坡如此青睐："三年黄州城，几思压茅柴。何从得此酒，千石供李白。"

王禹偁在黄州有"待其酒力醒，茶烟歇，送夕阳，迎素月，亦谪居之胜概也"的雅致。

苏东坡在黄州有"日欲把盏为乐，殆不可一日无此君"的乐趣。

张文潜在绍圣四年(1097)任黄州监酒务税，更是遍享黄州酒，三位文豪一致推崇黄州酒，公然说"去国一千里，齐安酒最醇"，说明黄州的确有"佳酿"。

黄州酿酒以"压茅柴酒"名气最大，据清朝学者王文诰考证，此酒平和，不晕头，"饮之一热便过，剧熄如压茅柴"。因压茅柴酒质佳名大，全部为官府掌握，严禁私自酿制和销售，连苏东坡也难得一尝。

他在《岐亭五首》中叹息："三年黄州城，饮酒但饮湿，我如更拣择，一醉岂易得，几思压茅柴，禁网日夜急。"

张文潜在黄州尝过此酒后感慨："黄州压茅柴酒可亚琼液，适有佳匠也。"

"几思压茅柴"，不知道这酒哪里吸引了苏东坡，让他天天想着去喝，也许黄州压茅柴酒的确有特别之处，在苏东坡心心念念而不得之下，这种黄州的土酒竟然变成了美酒名品。

由于苏东坡、张文潜的名人效应，"压茅柴"酒在中国酒史上享有一定声誉。

三、东坡蜜酒

在苏东坡的诗词中，我们领悟到：他是饮酒想起诗，赋诗想起酒。在他的人生中，酒与诗相得益彰，比翼齐飞，结下了不解之缘。他虽然穷困，但很好客，有亲友来访，都以美酒待客，一是为了自己体面，二是增加欢趣。

苏东坡不仅会喝酒，而且还会酿酒，有人称他为酿酒大师。他在黄州酿蜜酒，以米和米饭为原料，然后加以少量蜂蜜，做出来的米酒就是蜜酒。

1083 年，四川绵竹武都山的道士杨世昌来黄州，苏东坡陪他同游了赤壁，饮酒赋诗。杨世昌不仅善画山水，能鼓琴，还晓星辰历法和黄白药术，是个知识渊博的人，与苏东坡意气相投。就是从杨世昌那里，苏东坡知道了蜜酒的酿造法。为此苏东坡作了题为《蜜酒歌》的诗。在这首诗的叙中他写道："西蜀道士杨世昌，善作蜜酒，绝醇酽。余既得其方，作此歌遗之。"

真珠为浆玉为醴，六月田夫汗流沘。不如春瓮自生香，蜂为耕耘花作米。一日小沸鱼吐沫，二日眩转清光活，三日开瓮香满城，快泻银瓶不须拨。百钱一斗浓无声，甘露微浊醍醐清。君不见南园采花蜂似雨，天教酿酒醉先生。先生年来穷到骨，问人乞米何曾得。世间万事真悠悠，蜜蜂大胜监河侯。

后来，黄州人跟着苏东坡学会了用蜜酿酒的方法，关于"东坡蜜酒"的制法，在《东坡志林》中有记载："予作蜜格与真一水乱，每米一斗，用蒸面二两半，如常法，取醅液，再入蒸饼面一两酿之，三日尝看，味当极辣且硬，则以一斗米炊饭投之。若甜软，则每投更入面与饼各半两，又三日，再投而熟，全在酿者斟酌增损也，入水少为佳。"

南宋高邮有个藏书家张邦基，在其所撰的《墨庄漫录》中对蜜酒制法作了较详细的记叙："东坡性喜欢，而饮亦不多。在黄州，尝以蜜为酿，又作蜜酒歌，人罕传其法。每蜜用四斤炼熟，入熟汤相搅，成一斗，入好面曲二两，南方白酒饼子米曲一两半，捣细，生绢袋盛，都置一器中，密封之。大暑中冷下，稍凉温下，天冷即热下。一二日即沸，又数日沸定，酒即清可饮。初全带蜜味，澄之半月，浑是佳酎。方沸时，又炼蜜半斤，冷投之，尤妙。予尝试为之，味甜如醇醪，善饮之人，恐非其好也。"

蜜酒的这种酿造法看来是科学的和可行的。由于苏东坡的赞美和介绍，进而在民间流传开来。张邦基根据苏东坡的介绍，通过试验，也成功地酿制了蜜酒。

蜜酒的酿制方法虽然简便易行，然而却有一定的工艺要求，特别是温度的控制，一般不能超过30°。过高，蜜水极易酸败变味；若发酵不完全，往往会生出某些不适之味。

苏东坡在当时的试验就曾遇到过挫折。后人在《避暑录话》中说："苏子瞻在黄州，作蜜酒，不甚佳，饮者辄暴下。蜜水腐败者尔，尝一试之，后不复作。"

从这段评论可以知道，苏东坡所酿的蜜酒，尽管方法是对的，但是由于他在操作中不细心，没有掌握好要领，曾因蜜水腐败，而使酿出的酒变质，喝了它，许多人都拉肚子。苏东坡后来就没有继续酿制蜜酒。在当时，人们还不可能了解微生物在酿造中的作用。虽然凭经验知道容器要清洁，水要熟冷，但是对蜜水极易腐败的情况认识不足，所以苏东坡遇到的挫折是可以想象的。

由于苏东坡的介绍，蜜酒方得以流传，所以苏东坡之言，李保所著的《续北山酒经》就把蜜酒法列入酿酒法中的一种。南宋的《酒小史》也把"杨世昌蜜酒"列为酒名之一。

明代李时珍在他的名著《本草纲目》中，更是多处论及蜜酒，特别在"附诸药酒方"中作了重点介绍："蜜酒，孙真人曰：治风疹风癣。用沙蜜一斤，糯饭一升，面曲五两，熟水五升，同入瓶内，封七日成酒。寻常以蜜入酒代之，亦良。"

李时珍所述有两点新意。

第一，他指出蜜酒的酿造法并不是杨世昌所发明，而是早在唐初孙思邈时已有之，也可能更早一些。当时这种方法只是在炼丹家和医药家中流传，主要作为药酒。只是到了苏东坡之后，这方法才传入民间。

第二，李时珍所述的蜜酒法中，原料中增加了糯饭一升。这可能是后人的改良，使蜜酒更接近黄酒。

黄州人从苏东坡这里学会了酿酒的方法，不断传承，改进工艺，形成了麻城老米酒、浠水封缸酒等系列土特产品。这些地方酒，用稻米发酵，口味较甜。

元朝以前，中国人喝的酒主要是发酵酒，酒精度一般为 10%～15%。蒙古人南下带来了蒸馏酒法，此后高度白酒，俗称烧酒，才流行开来。

我们需要知道，唐诗宋词中的豪迈雄浑、激昂慷慨，都离不了诗家杯中口味甘醇、平和温润的发酵酒。

这款酒选用优质糯米，蒸煮糖化后，经自然发酵而成。发酵要 15 天的时间，就形成了熟酒。熟酒颜色金黄，如同琥珀，酒精度为 15 度，酒味清甜。把熟酒用酒缸封装起来，放在酒窖里。封存一段时间后，酒体颜色变深，酒体变得黏稠，颜色逐年变深，陈年的封缸酒会呈现漂亮的深红色。

封缸陈化，是这款酒的基本特点。这是一种后发酵工艺。

四、雪堂义樽

苏东坡在雪堂修好之后，将朋友们送来的酒混装在一个大容器之中，称之为"雪堂义樽"，用来招待朋友，常常大醉不醒。当时应该是以发酵型的酒为主，相对于蒸馏酒，发酵酒的物质更为复杂。因此，不同的酒有可能混合在一起使很多物质结合析出，产生沉淀，但也可能结合不析出，使香气物质融合变得更浓郁都是有可能的。这种混合在一起，类似今天的兼香，需要酿酒师的专业技术和按照一定比例进行调制，没有想到苏东坡还具备这样的专业技术。

常人饮酒多是单一种酒，少有混饮。苏东坡却早将多种风味的酒调和而饮，开中国式鸡尾酒之先河。在黄州雪堂时，四邻皆送酒。他将各地送来的酒合置一器中，并亲书"雪堂义樽"交夫人王闰之珍藏。在这里，苏东坡将友人送来的不同风格白酒合置一器中，器为何物？苏东坡与杨世昌等友人泛舟赤壁，怀古作赋，饮于舟中，不知东方之既白，饮的什么酒？只要考察一下雪堂的修筑和"一词二赋"成文的时间，即可找到答案。

丰元五年(1082)二月苏轼《雪堂记》载："苏子得废园于东坡之胁，筑而垣之，作堂焉，号其正曰'雪堂'……苏子居之，真得其所居者也…雪堂之前后兮，春草齐。雪堂之左右兮，斜经微。雪堂之上兮，有硕人之颀颀…挹清泉兮，抱瓮而忘机。"从苏东坡《雪堂记》对自然环境和自己避世心态的描写，可看出苏轼在黄州雪堂，过着自甘恬静、与世无争的生活。雪堂的确有一酿酒或贮酒之器，"瓮"即酒器。苏东坡于元丰三年五月二十九日，从定惠院迁居临皋亭，而临皋亭靠近长江，亭下八十数步，便是大江，地势较低，属于朝廷官员莅临之居所，即"官驿"。"苏子得废园于东坡之胁"(半山腰)，"筑而垣之"，做茅屋五间。相对临皋亭而言，雪堂是苏轼躬耕休息、受赠待客等相对僻静而独立的主要场所，才有"夜饮雪堂归于临皋""步自雪堂将归于临皋"之说，更是东坡酿制蜜酒、贮集瓮藏"雪堂义樽"唯一合适之地。东坡酿制蜜酒，"不如春瓮自生香，蜂为耕耘花作米……三日开瓮香满城"，显然使用的是"瓮"作为酿酒器具。接受邻近赠酒，合置一器并亲书"雪堂义樽"的贮藏之酒器，是令其抱而忘机的"瓮"。雪堂修建于元丰五年正月，《雪堂记》成文于元丰五年二月，《蜜酒歌·并叙》作于同年五月，《念奴娇·赤壁怀古》和前后《赤壁赋》写于同年七月和十月。

综上所述：苏东坡夜饮雪堂归于临皋，携酒与鱼泛舟赤壁，与杨世昌、潘大临饮酒乐谈，扣舷而歌，一尊还酹江月所用之酒，皆出于他自己合置一器（瓮）中，调和、融合且经夫人王闰之斗藏之酒——雪堂义樽。

五、东坡酒器

酒器即酒具，苏轼使用过大量酒器，在后来谪居海南前变卖。一个既饮酒又酿酒的文人，竟然卖酒器，可想而知其内心的痛楚与无奈。

他的酒具酒器有：

瓮：《雪堂记》中"挹清泉兮，抱瓮而忘机"中的"瓮"属于贮藏之器，也是雪堂义樽酒被合置之器。《蜜酒歌·并叙》中的"不如春瓮自生香"、"三日开瓮香满城"，《东坡酒经》中的"酿者必瓮按而井泓之"（搭窝），多指苏东坡酿酒之器，黄州地区及周边农家如今常见到这种口小容量大的陶质家什，大小不一，如坛各异。

盏、三焦叶：具有典型宋代风格，似碗称杯的荷叶边口饮酒之器。有豆青陶瓷质地，亦称"玉盏"，形似浅焦叶或荷叶，还有荷叶上置一小龟，供寿诞酒席之用，"吾少年望见酒盏而醉，今亦能三焦叶矣"《题子时诗后》。

榼：应属最小的一种饮酒器具，在《浊醪有妙理赋》中"座中客满，惟忧百榼之空"。明清直至20世纪六七十年代，黄州及周边地区一直在使用这种酒器。

瓶：元丰三年（1080）二月二十日，苏轼与潘、郭、古等友人踏春，"数亩荒园留我住，半瓶浊酒待君温"。这里的"瓶"显然是用以烫饮的酒器，还有外部镀铝、锡后称之为"银瓶"的，"快泻银瓶不须拨"。

觥：青铜制的酒器。元丰四年（1081）十月二十日，"谒王文父齐万于江南岸。坐上得陈季常书报：是月四日种谔领兵深入，破杀西夏六万余人，获马五千匹。众喜忭唱乐，各饮一巨觥。"如其类似的还有："觞""觚""斝""壶"。

樽：是苏轼文章中使用较多的酒器，包括"义樽""清樽""匏樽"。"元丰五年七月六日，王文甫家饮酿白酒……清阴微过酒樽凉。"这里的樽，显然是被烫过用于热饮的酒器。苏东坡使用的酒器之中，档次较高或质地较好的酒器当属"银瓶""觥"，分属镀铝和青铜器具，"玉盏"和"三焦叶"则是一种豆青宋瓷酒杯。"匏樽"：割开后掏空用以盛酒的葫芦，《赤壁赋》中"驾一叶之扁舟，举匏樽以相属"的"匏樽"，并非是说东坡酒量大以瓢饮酒，而是指舟中饮酒器具之简陋。《赤壁怀古》中的"人生如梦，一尊还酹江月"当属千古传颂的江月之樽。

尽管东坡酒器中"樽"的形式各异，内涵十分丰富，其本质还是一个"适"字。正如他自己所言："上可陪玉皇大帝，下可陪田院乞儿。"苏东坡诗酒文章中，酒趣之特，酒器之博，酒气之浓，是历代文人墨客所不及的，蕴含并散发着"与众共享为义，饮酒适度即尊"的酒文化。除此之外，他的许多趣事反映了民本思想理念。

六、黄州的诗酒人生

苏东坡经历了太多挫折，无论在何种境遇下，始终能保持豁达与热情，笑对人生，在酒的帮助下真正做到了心放纵、身从容，"醉里未知谁得丧，满江风月不论钱"（《与潘三失解后饮酒》）。

他在创作前都会饮酒，往往都是喝到三分醉的时候最大限度地延长微醺微醉带来的快感，挥毫泼墨，一气呵成，所完成作品狂放潇洒，大气磅礴，大部分都会流露出旷达洒脱的情怀，离开了酒不知道"二赋一词"会是什么样子？

俗话说，酒逢知己饮，诗向会人吟。苏东坡似乎尤其爱酒，写下了无数关于酒的脍炙人口的诗句。"江边千树柳，落我酒杯中。"（《陈季常见过三首》）"野饮花前百事无，腰间唯系一葫芦。已倾潘子错注水，更觅君家为甚酥。"（《为甚酥诗》），承载着诗人千百年的灵动与情感。

临江仙

夜饮东坡醒复醉，归来仿佛三更。家童鼻息已雷鸣。敲门都不应，倚杖听江声。

长恨此身非我有，何时忘却营营。夜阑风静縠纹平。小舟从此逝，江海寄余生。

他说要把此身寄予疏狂，在醉乡里缠绵，在酒瓮中自有一番新天地，充满了飘逸超脱、闲适潇洒的至乐之情。

西江月

顷在黄州，春夜行蕲水中，过酒家饮，酒醉，乘月至一溪桥上，解鞍曲肱，醉卧少休。及觉已晓，乱山攒拥，流水锵然，疑非尘世也。书此语桥柱上。

照野弥弥浅浪，横空隐隐层霄。障泥未解玉骢骄，我欲醉眠芳草。

可惜一溪明月，莫教踏碎琼瑶。解鞍欹枕绿杨桥，杜宇一声春晓。

这是一首寄情山水的词，作于苏东坡贬谪黄州期间。词人在词中描绘出一个物我两忘、超然物外的境界，自然风光和自己的感受融为一体，浑然忘我，在诗情画意中表现自己心境的淡泊、快适，抒发了他乐观、豁达、以顺处逆的襟怀。

读苏东坡酒后的诗词，可以医心；品苏东坡的诗酒人生，让人奋发。当我们走近这位"性情中人"，再读"归去，也无风雨也无晴"这样的诗句，便有了一种"惆怅东栏一株雪，人生看得几清明"的感怀、豁然与洞明。

渔父饮，谁家去，鱼蟹一时分付，酒无多少醉为期，彼此不论钱数。

渔父醉，蓑衣舞，醉里却寻归路。轻舟短棹任斜横，醒后不知何处。

渔父醒，春江午，梦断落花飞絮。酒醒还醉醉还醒，一笑人间今古。

渔父笑，轻鸥举，漠漠一江风雨。江边骑马是官人，借我孤舟南渡。

第一首写渔父以鱼蟹与酒家换酒喝，彼此不计较价钱；第二首写渔父饮归，醉卧渔舟，任其东西，醒来不知身在何处；第三首写渔父在落花飞絮中醒来已是中午时分，醒复饮，饮复醉，醉复醒；第四首写渔父在风雨中与江鸥相伴，逍遥自在，而奔波的官人借孤舟渡河。四篇作品既独立成篇，合起来又是一个整体，运用了描写、记叙和议论结合以及景、事、理融合的方法，生动地展示了渔父超然物外、悠闲自得的情景，充满了生活情趣。

这组作品展示了黄州渔父超然物外、悠闲自得的生活情景。

以"酒"为中心线，贯穿全词，写出了渔父闲适自由的生活情景，也反映了农村劳动人民的生活：静谧的荒野江边，质朴的莞尔而笑的渔父与轻盈自由的江鸥为伴。

苏东坡在黄州，抒发酒兴，从与黄州友人，端上酒杯，感到无上的欢乐，畅饮几杯，忘却了万种忧虑；从酒到半酣，进入醉态，吐出真言，觉得余味更加深长；喝酒之后，仿佛回到了日思夜想的故乡，醉梦中回去了，如愿以偿了。苏东坡通过饮酒，激发了写诗的热情，描绘了坎坷的人生，品味到其中的特殊意境，得到了精神上的无限乐趣和享受。他把酒看做天生的神物，酒能为自己洗涤忧患，获得快乐，就要离开黄州时，仍酒后高歌一曲《满庭芳》。

元丰七年四月一日，余将去黄移汝，留别雪堂邻里二三君子，会仲览自江东来别，遂书以遗之。

归去来兮，吾归何处？万里家在岷峨。百年强半，来日苦无多。坐见黄州再闰，儿童尽楚语吴歌。山中友，鸡豚社酒，相劝老东坡。

云何，当此去，人生底事，来往如梭。待闲看秋风，洛水清波。好在堂前细柳，应念我，莫剪柔柯。仍传语，江南父老，时与晒渔蓑。

苏东坡一生中起起伏伏，四处颠沛，根本原因就是他对自己认定的真理执着地坚守，他表面的洒脱背后是对人生信念和美好事物的追求。他在文人心目中是极其重要甚至是精神支柱似的存在，正是苏东坡旷达的精神、狂放的态度、闲适的心态影响着一代又一代的文人们，让人如痴如醉。

第四节 黄州茶缘

茶在中国人心目中占有独特的地位，生活中关于茶我们有许许多多话题，茶可谓雅俗共赏、老少皆宜，喝茶不仅是生活需要，同时也是一种富有意味的生活情趣。茶不仅是一种饮品，它衍生出来的茶文化在不断地影响中国其他文化的发展。有人说"李白如酒，苏轼如茶"，也许这和他们的生活经历有关。李白诗作豪放飘逸，他的精神中充满了酒神般的浪漫、洒脱，是自身的灵魂在呼喊，而苏轼的豪放中则带有沉稳和理性，比较内敛，与茶的淡雅和清高的特征如出一辙，即便再浓再烈，也不会超脱其本质。

苏东坡在黄州种茶、采茶、咏茶、品茶、赠茶，苏东坡爱茶众人皆知，在他的文学创作中留下了很多和品茗有关的作品。作为一个中国古典文人，苏东坡是既好酒又好茶，这两种爱好很能代表他的性格特质。酒之张扬、豪迈，茶之清雅、闲适，在他身上得到了很好的融合。

苏东坡以好酒出名，多是因为他的诗词，如"明月几时有、把酒问青天"，又如"料峭寒风吹酒醒，微冷"。其实，苏东坡喜酒却并不善饮，有"吾少时望见酒杯而醉"之文，而对于茶，则大不一样，不仅善饮、善品，而且对于如何煎茶也很有研究。

苏东坡一生嗜茶。他写诗作文要喝茶，睡前睡起要喝茶，夜晚做事要喝茶，还热心于采茶、制茶、烹茶、点茶，甚至对茶具、烹茶之水和烹茶之火也特有研究。

他夜晚办事要喝茶："薄书鞭扑昼填委，煮茗烧栗宜霄征。"

创作诗文要喝茶："皓色生瓯面，堪称雪见羞。东坡调诗腹，今晚睡应休。"

睡后醒起苏东坡也要喝茶："沐罢巾冠快晚凉，睡余齿颊带茶香。"

苏东坡对烹茶十分精通，认为好茶应配以好水。

他讲究烹茶用好水，为了得到烹茶用的好水，他会向外地朋友以诗文换取，或者亲自到深水井汲取而来。

苏东坡对烹茶时煮水水温的掌握也很讲究，不能有些许差池。因为不放心托付童仆，他常常亲自操作，他的经验是：煮水以初沸进，以泛起蟹眼鱼目状小水泡、发出如松涛之声时最为适度。他一生与茶结下了不解之缘，并为人们留下了不少隽永的咏茶诗联、趣闻轶事。

一、种茶东坡

在人生的起起落落中，茶给了苏东坡一盏慰藉，同时也贯穿了他的一生。苏东坡来黄州后，开始了自己的农民种地生涯。这本是一块无名高地，因位于城东，便以"东坡"命名。

元丰五年（1082）四月，在黄州东坡之上，他第一次试种茶树，当时的他，连种子都没有，只好写诗去和友人要。

苏东坡对茶的喜爱和研究亦非同一般，堪称文人中精于茶事的大家，他喝过最贵的茶，也喝过最苦的茶。如果不经历乌台诗案，如果不躬耕东坡，或许，身处庙堂的他并不会明白，"人间有味是清欢"。

二、蕲州采茶

蕲州仙人台海拔 1176 米，方圆 9.5 平方公里，属大别山南延支脉。四周崇山峻岭，终年云雾缭绕，土质肥沃，气候适宜，自周代以来即为产茶名区。蕲茶兴于唐，盛于宋。

唐李肇著《唐国史补》载："风俗贵茶，茶之茗品益众……蕲州有蕲门，团黄。"蕲门、团黄皆为茶名。

唐宣宗李枕大中十年（856），杨晔著《膳夫经手录》称"蕲州茶，色澄而清冽，气馥而沁芳"，被定为岁贡茶，当时蕲春郡因茶品质优异被列为贡茶区。其中蕲门中的上品则称为紫笋，质量尤佳，此茶在谷雨前后，于高山乱石中选取茶树中刚吐出紫色嫩芽制作而成。

苏东坡到蕲州仙人台，从采茶到制作，全程参与了全部工艺过程，并在咏茶诗中予以详细记载。

苏东坡爱黄州，亦极力推崇本地的茶。茶以诗名，茶以人传。文人与茶人合为一体，亦将茶文化输入中国文化的血脉里。蕲春仙人台茶的圣洁与清芬，成为苏东坡馈赠朋友的首选，以茶为礼、为寿，风清气正传承至今。

一杯蕲州仙人台茶，一杯平民化的茶，一杯渗有禅味的茶，黄州的秋雨滂沱之时，梅雨霏霏之夜，一把壶、一只碗，苏东坡自斟自啜，听雨打芭蕉，看赤壁烟雨，茶的滋味，"待得声闻俱寂后，一瓯春雪胜醍醐"。

三、东坡咏茶

茶是中国最古老最普通的饮品，或说茶是苦菜（许慎《说文解字》），或说茶为南方之嘉木（陆羽《茶经》），那只是说了茶的植物性一面；"精茗蕴香，借水而发；无水不可论茶也"（许次纾《茶疏》），茶与水结合才能尽显茶的本色。茶，是茶叶与水的共生物。

文人在文房四宝的围拥下枯坐，一经呪茶，立刻以狂喜之心拥它入怀，轻啜慢品。茶是自然的、圣洁的，茶是优雅的、纯粹的，茶是温情的、清芬的，它使整个书房溢满氤氲。文人之于茶，犹茶之于水。在清冽的汤泉中叶芽舒展，文人的心境亦平展通畅，此时将天地之甘露入肠，清心涤性，达至物我两忘之境。

苏东坡这时更多地将自己的心态放平，回归田野，回归到平静之中。这时苏轼所写的词也更为平静淡薄。就如同茶一样，最开始的时候只能品味到清香，而越往后越回味无穷。其中比较有名的《寄周安儒茶》是少有的一气呵成，专门用来赞美茶叶的诗。这是一种发自内心的喜爱。正是因为此时的苏东坡已经经历了人生的大起大落，看穿了时事的变化无常，才能够把心境寄托在一直陪伴自己的茶，这种日常生活最为常见的饮品之上。其实越是经历过人生大起大落的人，越是渴望平淡的生活，而茶这种生活中随处可见的饮品虽不富贵却不可或缺。

苏东坡在黄州咏茶，娓娓道来如数家珍，不经意间写成为一部茶史。"大哉天宇内，植物知几族？灵品独标奇，迥超凡草木。"《寄周安孺茶》洋洋 120 行将一部茶史入诗，从周公写起，一直写到宋代，概述中国饮茶的历史过程，写得大气磅礴，气象万千，千秋茶史历历在目，是茶诗中的大手笔。

寄周安孺茶

大哉天宇内，植物知几族？灵品独标奇，迥超凡草木。

名从姬旦始，渐播桐君录。赋咏谁最先？厥传惟杜育。

唐人未知好，论著始于陆。常李亦清流，当年慕高躅。

遂使天下士，嗜此偶于俗。岂但中土珍，兼之异邦鬻。

鹿门有佳士，博览无不瞩。邂逅天随翁，篇章互赓续。

开园颐山下，屏迹松江曲。有兴即挥毫，灿然存简牍。

伊予素寡爱，嗜好本不笃。粤自少年时，低回客京毂。
虽非曳裾者，庇荫或华屋。颇见纨绮中，齿牙厌粱肉。
小龙得屡试，粪土视珠玉。团凤与葵花，碔砆杂鱼目。
贵人自矜惜，捧玩且缄椟。未数日注卑，定知双井辱。
于兹事研讨，至味识五六。自尔入江湖，寻僧访幽独。
高人固多暇，探究亦颇熟。闻道早春时，携篝赴初旭。
惊雷未破蕾，采采不盈掬。旋洗玉泉蒸，芳馨岂停宿。
须臾布轻缕，火候谨盈缩。不惮顷间劳，经时废藏蓄。
髹筒净无染，箬笼匀且复。苦畏梅润侵，暖须人气燠。
有如刚耿性，不受纤芥触。又若廉夫心，难将微秽渎。
晴天敞虚府，石碾破轻绿。永日遇闲宾，乳泉发新馥。
香浓夺兰露，色嫩欺秋菊。闽俗竞传夸，丰腴面如粥。
自云叶家白，颇胜中山醁。好是一杯深，午窗春睡足。
清风击两腋，去欲凌鸿鹄。嗟我乐何深，水经亦屡读。
陆子咤中泠，次乃康王谷。蟆培顷曾尝，瓶罂走僮仆。
如今老且懒，细事百不欲。美恶两俱忘，谁能强追逐。
姜盐拌白土，稍稍从吾蜀。尚欲外形骸，安能徇口腹。
由来薄滋味，日饭止脱粟。外慕既已矣，胡为此羁束。
昨日散幽步，偶上天峰麓。山圊正春风，蒙茸万旗簇。
呼儿为招客，采制聊亦复。地僻谁我从，包藏置厨簏。
何尝较优劣，但喜破睡速。况此夏日长，人间正炎毒。
幽人无一事，午饭饱蔬菽。困卧北窗风，风微动窗竹。
乳瓯十分满，人世真局促。意爽飘欲仙，头轻快如沐。
昔人固多癖，我癖良可赎。为问刘伯伦，胡然枕糟曲。

四、邀友啜茶

元丰三年(1080)，苏东坡在黄州写给道源一封信，内容很简单，像一个便签，意思是道源你今天没事的话一起喝茶聊天吧，有事要当面同你讲讲：

杜沂字道源，儿子杜孟坚，曾经在黄州做官。杜沂是东坡的好朋友，不仅仅是《啜茶帖》，其他的一些帖、诗中，都有道源的"踪迹"。可见道源是苏轼谪居黄州时一位亲密友人。

苏东坡爱好喝茶。身居高位时尝好茶，贬谪边州境况窘迫，也不挑剔野生茶、桃花茶，或者自己创造"茶境"喝茶，自云"人生所遇无不可，南北嗜好知谁贤"。

苏东坡喝茶是十分讲究的。虽然茶的品种可以随遇而安，但是对水却是孜孜以求，陆羽《茶经》有"山水上，江水中，井水下"之说，苏东坡深以为然，"独携天上小团圆，来试人间第二泉"，所到之处都会考察当地名泉泡茶的感受，兴之所至，还会用雪水烹茶饮。

茶、水之外，爱煎茶的他还创造了"活水还须活火烹"，活火即烧旺的炭火。《茶经》讲煮水一沸如"鱼眼"，二沸"涌泉连珠"，苏东坡经过自己多次尝试，总结出"蟹眼已过鱼眼生，飕飕欲作松风鸣"时停火，以此水冲泡，茶味最好。

这封《啜茶帖》，并没有详细介绍他们二人将喝什么茶、在哪里喝、用什么水什么器，啜茶时聊什么宇宙八卦。留着十分的空间，足够我们想象。

令人唏嘘的是，建中靖国元年（1101）四月二十八日，苏东坡行至金陵后，给道源之子杜孟坚写了可能是他生命之中流传下来的最后一封信《江上帖》，写道"怀仰世契，感怅不已"，感慨与杜孟坚时隔八年，江上重逢，"人生不相见，动如参与商"，今日席上友，不知何年再相逢。

五、禅茶一味

把粗糙的生活过成诗一样的日子。

诗人就是诗人，吟诗作画，喝茶酿酒，谈道谈禅，喜欢做梦。

茶，是苏东坡生活中不可或缺的一部分，而苏东坡本人，何尝又不是一盏茗茶，千载余香悠然古今。

苏东坡对茶可谓一往情深。他认为茶可以解除烦恼，使人心情舒畅。他说饮茶是人间最有味道的事——"人间有味是清欢。"

他诗词中提到辨茶、煎茶、饮茶的不下百余篇，对茶（包括煎茶用水）的功效、美感论述极详，他可不是普通饮茶的茶客，本人还亲自种茶、采茶呢。

关于茶，还有个很有趣的故事。

在黄州的时候，一天晚上苏轼梦见参寥大师携一轴诗来见他，早上醒来的时候，还记得其中《饮茶诗》的两句："寒食清明都过了，石泉槐火一时新。"在梦中，问道："柴火是新的可以理解，为什么泉水也是新的呢？"

参寥大师回答道："按照风俗，清明节的时候都会淘井，泉水自然是新的。"于是，他把这首诗写完整，把梦中这事记下来。

多年后，在杭州的一个清明，同样是参寥大师，他真见泉水是新的。参寥便撷新茶，钻火煮泉，招待苏东坡。对于酒，苏东坡说："予虽饮酒不多，然而日欲把盏为乐，殆不可一日无此君。"他酒量不大，但深爱酒中趣，得空就陶醉在微醺的状态中，跟他"贪吃"一样，他绝不满足于享受现成的（穷困时没有酒，想享受现成也不可能），一定要自己动手酿造才过瘾。

在看了好友南屏谦师的点茶手艺之后，他甚至还起了要续写茶经的心思："东坡有意续茶经，会使老谦名不朽。"

他还以茶喻人，既寄情于茶，又托以言志："要知玉雪心肠好，不是膏油首面。"

感叹坎坷一生，他以茶对照人生："乳瓯十分满，人生真局促。"

平生之志抑郁难伸，也以茶来自我宽慰："休对故人思故国，且将新火试新茶，诗酒趁年华。"

在杭州任通判时，有一天因病告假去游了湖上的净慈寺和南屏寺，晚上又到孤山拜访惠勤禅师，因为一天之内喝了好几碗浓茶，病倒是不治而愈了，所以就在禅师的粉壁上题了七绝一首："示病维摩元不病，在家灵运已忘家。何须魏帝一丸药，且尽卢全七碗茶。"

后来撰《论茶》一文，他大谈茶的功效：有爽口，清肺，去烦，除腻之妙用，用茶漱口，更是能使牙齿紧密。

他不仅喝茶，还自己动手种茶、制茶。他曾在一首咏茶诗中写道："惊雷未破蕾，采采不盈掬。旋洗玉泉蒸，芳馨岂停宿。须臾布轻缕，火候谨盈缩。"说的便是团茶制作的采、洗、蒸等过程。

第七章　东 坡 赤 壁

　　赤壁是黄州的一个地标，在漫长的岁月里，它产生了独特的文化现象。这种文化现象，我们可以作这样一个诗意的描述：千百年来，名人大家到黄州，必畅游赤壁，或赋诗文，或描丹青，赤壁成为历代文人怀古咏史的游览胜地；文赤壁、武赤壁之争，三国赤壁之战战地考证引发了一场没有硝烟的争论，悄然上演千年；通过赤壁二赋和赤壁图，历史和文学用一种具象的方式流传千年；在日本，自近代以来，文人们不定期地在每年的 7 月 16 日、10 月 15 日，选择一处本国景点，将它设想为东坡赤壁进行泛舟游玩雅集、赋诗绘画，用自己的方式纪念中国文豪（称为"赤壁会"或"游赤壁"）；《赤壁赋》《赤壁怀古》入选中学、大学教科书，成为学生学习的范文；每年春、秋两季拍卖会锤声响起，一件件赤壁题材的艺术品刷新价格……赤壁成为一种可以体验感知的文化景观，融入了寻常百姓生活之中。

　　赤壁对于黄州的意义，不在地理，而在人文；不在赤壁本身，而在苏东坡的赤壁词赋。苏东坡是中国的骄傲，他与黄州的渊源，使黄州有幸把他当做自己的符号。史智鹏先生在《黄州赤壁文化》一书中阐述了黄州赤壁文化这个概念，将东坡赤壁、周郎赤壁、黄州城历史三方面的文化内涵有机统一起来，进行系统性研究和阐释。我们通过调查了解收集现实中存在的赤壁物化现象，研究赤壁文化的流行情况，阐述与赤壁相关的古建筑、诗词、书画等叠加成赤壁文化的形成过程，以供各位看家品味。

第一节 古代建筑

东坡赤壁景区位于湖北黄州的西北部，是全国重点文物保护单位、国家 AAAA 级旅游景区、全国中小学生研学实践教育基地、中国华侨国际文化交流基地、省级风景名胜区、湖北省文化遗址公园；是集文物保护、山水观光、人文体验、休闲娱乐等功能于一体的文化旅游景区。

东坡赤壁原名赤鼻、赤壁、黄州赤壁，因其山色赭赤、陡峭如壁而得名。因赤壁矶头断岸临江、状若悬鼻，故名赤鼻山。两千年前，东汉人桑钦在《水经》中载："江水左径赤鼻山南。"

北宋元丰三年至元丰七年（1080—1084），苏轼寓居黄州 4 年多，创作了诗词文赋 740 余篇，多次游赤壁，写下描述赤壁的诗词 10 余首，其《赤壁赋》《赤壁怀古》《后赤壁赋》使赤壁享誉古今，成为游览胜地。

东坡赤壁现有明、清、近现代书画石刻 300 余块，其中苏轼书画石刻 120 余块，清代杨守敬选刻的《景苏园帖》108 块，汇集苏书精品，全国罕见。

东坡赤壁的建筑物始建于东晋，历经四次战火焚毁，屡毁屡建，现存的古建筑大多系清同治七年（1868）重修，占地 3.67 公顷，随地势高低布局，东高西低，依次为：栖霞楼、问鹤亭、东坡祠、挹爽楼（含碑阁）、留仙阁、二赋堂、红砂石塔、酹江亭、坡仙亭、睡仙亭、放龟亭。这些古建筑都以院落、景门相连，巧妙地镶嵌在红色的峭壁石矶之上，建筑纤巧空灵，转折变化于咫尺之间，与地形浑然一体，一步一景，引人入胜，极富山水楼阁之妙。

赤壁山门 清同治七年（1868）重修，门额为楷书"东坡赤壁"，清康熙年间郭朝祚题写，山门背后镶嵌石刻"赤壁之游乐乎"。山门两边镶嵌石刻对联，郭朝祚撰联、当代徐本一书："客到黄州，或从夏口西来武昌东去；天生赤壁，不过周郎一炬苏子两游。"

二赋堂　位于赤壁山门北侧，始建于清康熙年间，现存建筑为清同治七年（1868）重修。坐北朝南，面阔 14 米，进深 10.3 米，大木构架为抬梁和穿斗相结合式，前堂为抬梁构架，后堂为穿斗构架，十六檩四柱，硬山式屋面，上施小布瓦，山面挑有墀头。建筑前出廊，廊顶为船篷轩，廊外顶棚为鹤胫翻轩。外檐柱与枋子之间做有精美的木雕撑拱，枋子上刻有吉祥花鸟浮雕。堂内空间用高 3 米的木屏风分成前、后堂，上方悬挂同治八年（1869）四月李鸿章题写的"二赋堂"匾额，木屏风正面刻有清同治七年程之桢楷书《前赤壁赋》，背面刻有 1920 年李开侁隶书《后赤壁赋》。两幅木刻每字直径三寸有余，前者豪迈俊逸，后者汉隶魏碑二体相兼苍劲有力。

东坡赤壁二赋堂

堂内墙壁上镶嵌的石刻包括光绪十七年（1891）邓琛撰杨守敬书《修苏公乳母任氏墓诗》，1920 年徐世昌小楷前、后《赤壁赋》，徐世昌楷书对联"古今往事千帆去，风月秋怀一篓知"，1921 年程明超草书前、后《赤壁赋》，1930 年胡枢撰林泽仁书《赤壁行》。堂外柱子悬挂木刻对联，为黄兴撰联、周华琴书："才子重文章，凭他二赋八诗，都争传苏东坡两游赤壁；英雄造时势，待我三年五载，必艳说湖南客小住黄州。"

留仙阁　位于二赋堂的左侧，清光绪十年（1884）修建。落成之日，恰逢苏轼生辰（十二月十九日），取名留仙阁。该建筑坐北朝南，平面呈长方形，面阔 3.6 米，进深 8.5 米。留仙阁为砖木结构，硬山搁檩。西侧墙体为与二赋堂共用的山墙，山墙上挑出墀头。檩子直接插入山墙，靠墙体承托檩子和屋面。屋面为硬山顶，上施小布瓦。

阁内墙壁上镶嵌的石刻包括清道光七年（1827）周凯楷书《苏文忠公祠塑像记》、清光绪三年（1877）《东坡笠屐图》、清光绪十一年英启撰杨守敬楷书《留仙阁记》、清光绪癸巳（1893）黄仁黻隶书《集东坡前后赋字纪游赤壁》、1922 年范筼《东坡游赤壁图》、1922 年范之杰《题东坡游赤壁图》。留仙阁前廊东侧山墙上嵌有苏轼楷书《乳母任氏墓志铭》。

酹江亭　位于二赋堂院落外西南侧，面水临壁而建。始建于明代，现存建筑为清同治七年（1868）重修，命名御书亭，1922 年改名为酹江亭，取苏轼《念奴娇·赤壁怀古》词"一尊还酹江月"之句。该亭通面阔一间 3.7 米，通进深一间 4.36 米。亭内地面低于院内地面，踏跺为青石砌筑，临水一侧台基为红砂岩砌筑；柱础石均为覆钵式。该亭为砖木结构，穿抬结合式木构架，单檐歇山屋面，上布灰色筒瓦，三面砖墙围砌，临水一面做有木栏杆围护。该亭四角柱之间搭檐枋，上架趴梁，趴梁上支瓜柱搭五架梁，上置瓜柱托三架梁，檩下均置随檩枋。

亭内三面墙壁上镶嵌石刻：清康熙乙未（1715）康熙皇帝临赵孟頫《前赤壁赋》、清同治七年（1868）刘维桢撰陈兆庆书《重修赤壁苏公祠记》、明万历甲申（1584）骆问礼行书《游赤壁》、明嘉靖樊仿《夏日游赤壁》、明嘉靖梅墩林草书《赤壁》、清康熙乙丑（1685）张元芳草书《游赤壁》、清同治癸亥（1863）叶志诜草书《一笔寿》、清道光二十三年（1843）陶樑行书《赤壁宴集》、清同治己巳（1869）余祖润行书《恭题二赋堂》、清同治七年刘维桢行书《赤壁重修二赋堂留诗于壁》、清同治七年程之桢行书《赤壁怀东坡先生》、清同治六年英启行书《重修赤壁怀古并序》、清康熙朱昌绪行书《赤壁二赋堂谒苏文忠公像》、清乾隆己卯（1759）钱鋆行书《留别黄州士民》、清代刘熊兴行书《赤壁怀古·谒苏文忠公祠》。

坡仙亭　位于酹江亭西侧，始建于明代，现存建筑为清同治七年（1868）重修。该建筑平面近似方形，通面阔一间 4.99 米，通进深两间 6.36 米，抬梁式木构架。檐檩上置抹角梁搭金檩；山面檐枋上靠近后檐的部分立有瓜柱，其中置顺梁承托瓜柱，上架五架梁，五架梁上架瓜柱承托三架梁、脊瓜柱和脊檩。坡仙亭为单檐歇山式屋面，上布灰色筒瓦，翼角高挑；山面檐枋下为砖墙围砌，前檐设隔扇门，后檐为隔扇窗封护。亭子的檐下做有密檐式斗拱挑出屋檐，檐枋和垫板上为木刻浮雕。

亭内三面墙壁上镶嵌石刻有：苏轼草书《念奴娇·赤壁怀古》、苏轼大楷《临江仙·九十日春都过了》《行香子·清夜无尘》《满庭芳·归去来兮》，苏轼绘画《月梅图》《寿星图》，明万历甲申（1584）王圻行书《春日同缵亭宪副游赤壁诗》、明万历壬午（1642）张元忭行书《雨中游赤壁》《过雪堂登竹楼二首》、明嘉靖年间黄州知府郭凤仪画《东坡老梅》、明嘉靖年间朱瑞登草书《过石头山》、无款《赤壁苏公像》、清道光四年（1824）蔡履豫《赤壁》、光绪辛巳（1881）长沙彭祖润撰联"北宋西蜀苏东坡中年南贬时笔迹，白纸黑墨榻黄州赤壁青石上梅花"、1923 年张翊六《重莅黄冈游赤壁感赋》《秋菊图》、1927 年吴君鹏楷书《重游赤壁》。

睡仙亭　位于坡仙亭西侧的石台阶下，现存建筑为同治七年（1868）重修。平面近似方形，五檩二柱，抬梁式木构架，歇山式屋面，屋面上布灰色筒瓦，翼角高挑，吻、脊错落有致，极具地方特色。亭子三面均用墙体封砌置檐枋下，山面开有圆形窗洞，临水一面为敞开式的平台；檐枋上搭趴梁，上置瓜柱承托三架梁，其上再置瓜柱支撑脊檩。

亭内靠后檐有一天然红砂石形状的石床、石枕，并用木栏杆围护。石床上方墙壁镶嵌清康熙张霆草书《石床》诗。

放龟亭 位于睡仙亭西侧的石台阶下，现亭为清同治七年（1868）重修。《晋书·毛宝传》云："初，宝在武昌，军人有于市买得一白龟，长四五寸，养之渐大，放诸江中。邾城之败，养龟人被铠持刀，自投于水中，如觉堕一石上，视之，乃先所养白龟，长五六尺，送至东岸，遂得免焉。"明嘉靖二十八年（1549），黄州知府郭凤仪依此记载，将一巨大白石龟置入赤壁矶头水中，亭名亦由此而得。此处为赤壁矶最突出处，亭下岩石壁立，苏轼笔下"乱石穿空，惊涛拍岸，卷起千堆雪"的壮观景象即指此处，昔日江水冲刷的痕迹犹存，白石龟仍踞矶下水中。该亭平面呈方形，面阔一间 2.3 米，进深一间 2.3 米，四角攒尖顶，上布灰色筒瓦，顶置宝瓶。该亭为用大梁支撑雷公柱的木构方式，具有浓郁的地方建筑特色。亭三面做有槛墙围护，亭内置有石桌。

亭外墙镶嵌清光绪十一年（1885）七月，赣州知府钟谷隶书《赤壁》石碑。

问鹤亭 位于原赤壁的最高处，始建于明代，原名"玩月台"。1922 年扩建东坡赤壁时，取苏轼《后赤壁赋》中与孤鹤所化的道士梦中对答的描述，改名"问鹤亭"。该亭平面呈正六边形，建筑面积 22.7 平方米，六角攒尖顶，上布绿色釉瓦，瓦顶中间置宝瓶。该亭采用趴梁叠层收进的构架。檐下挂着题有"问鹤亭"三字的匾额。

挹爽楼（含碑阁） 位于问鹤亭的南面，1925 年建成。时任湖北省长萧耀南出资修建，该楼为上下两层，一层为碑阁，阁内四壁嵌有苏轼书法《景苏园帖》石刻 108 块；二层为挹爽楼，得名于苏辙《快哉亭记》中名句"濯长江之清流，挹西山之白云"。该楼一层为砖混结构，二层为砖木结构，通面阔 15.5 米，进深 8.18 米，二楼出廊宽 1.18 米。穿抬结合式木构架，单檐歇山式屋面，上布灰色布瓦。室内现均为水泥地面，上铺装有木地板，并做有吊顶装饰。一楼和二楼前檐出廊，明间开隔扇门，次间开窗；后檐设窗。为保障碑刻安全，一楼窗户外做有钢筋隔断。二楼窗户为花棂隔扇窗。

一楼大门两边外墙分别立有 1922 年李开侁楷书《庚申重新黄州赤壁碑记》、1925 年李开侁楷书《赤壁挹爽楼记》石碑。

红砂石塔 建于清代，为高五层的六角形红砂岩石塔。通高约 5.3 米，边长 1.17 米。底部为须弥座式塔基，上部为五层塔身，塔身正立面凿有门龛，每层伸出六角式塔檐，塔身逐层收进，顶层为六角仰莲式塔刹。

剪刀峰 位于二赋堂东侧、问鹤亭石台阶旁，一块太湖石形似剪刀，因此得名，置放在浅浮雕云锦纹红砂石底座之上。

涵晖楼 位于挹爽楼的左侧，始建于北宋，1982 年重建，通面阔五间 13.4 米(含出廊)，通进深四间 9 米(含出廊)，四周为回廊环绕。明间为抬梁式大木构架，次间为穿斗式木构架。次间和山面走廊之间用墙体封护至顶。正立面明间做有隔扇门，次间为隔扇窗封护。山面回廊做有围护栏，前檐回廊有栏杆围护。

2010 年 3 月，恢复成苏公祠，将涵晖楼大厅分为寝堂和享堂，寝堂安放通高 3 米的苏东坡木雕座像，享堂摆供桌，设香案，两壁镶嵌黄庭坚、秦观、晁补之和张耒的石刻全身像，成为祭堂。其结构、色彩、雕饰保持了精巧端庄的典雅风格，又极具传统文化气息。

栖霞楼 始建于北宋，1984 年重建，仿宋代建筑样式用现代建筑材料建造成三层楼阁，重檐飞角，雄伟气派。外观为两层楼阁建筑，内藏一暗层。一层和二层四周出廊，四面明间为隔扇门，次间为隔扇窗封护。上层檐下挂有茅盾题写的"栖霞楼"三字匾额。

东坡祠 东坡赤壁的东坡祠是根据清代志书记载的黄州赤壁东坡祠样态恢复重修的。

明清的时候黄州城有两个东坡祠，在一个小地方由官府兴建两个同样的祠堂，这是一个不多见的现象。

苏轼出生的时候家里虽然没啥异象，可附近彭老山的花草树木，一夜间全部枯死。流传最广的版本说，苏轼夺尽了彭老山的灵气。64 年后，苏轼去世的这一年，把"灵气"又还了回来，光秃秃的彭老山上重新长出了花草。

传说苏轼死后当上了天上文曲星官，奎星是二十八宿之一，又称"魁星"，也就是俗称的"文曲星"，他主管天宫神仙们的文化考试，也兼管人间的文运兴衰。

明清的黄州城每年农历十二月十九东坡诞生日，均在东坡祠举行祭祀活动，一方面纪念苏轼，另一方面祈求他保佑黄州文运昌盛，黄州的子孙金榜题名、功成名就。

苏轼的祭祀活动不单是在国内，在日本也颇具规模，苏轼成为日本人最崇敬的中国文人之一。20 世纪初，日本的东坡迷们举行了五次"寿苏会"，也就是特别为苏轼贺寿的聚会，全定于农历十二月十九东坡诞生日。

日本人很欣赏苏轼的《赤壁赋》，历代文人的诗文酬唱不胜枚举，还有一些文人将日本的某个山作为中心环绕，仿效东坡游赤壁的感觉，如柴野栗山就曾举行"赤壁游"，又在"壬戌十日之望"设酒会客，模仿赤壁游。

近代研究中国美术的学者长尾甲，曾在 1922 年 9 月 7 日（壬戌既望日）在宇治举行赤壁会，除了设宴招待几百位来宾外，还与众宾客在平等院、东禅精舍游赏，借此怀念苏轼。

"东坡祠"的牌匾由黄庭坚所书。

大门的对联是张之洞撰联，吴昌硕的书法。

上联：五年间谪宦栖迟，试较量惠州僧饭、儋耳蛮花，那得此清幽山水；

下联：三苏中天才独绝，若只论东坡八诗、赤壁两赋，尚是公游戏文章。

张之洞（1837—1909），字孝达，河北人，洋务派代表人物之一，其提出的"中学为体，西学为用"，是对洋务派和早期改良派基本纲领的一个总结和概括；毛泽东对其在推动中国民族工业发展方面所作的贡献评价甚高，曾说过"提起中国民族工业、重工业不能忘记张之洞"。张之洞与曾国藩、李鸿章、左宗棠并称晚清"四大名臣"。他由于长期任职湖广总督，多次来黄州，墨迹甚多，其中所撰的《赤壁东坡祠》，浓缩了苏轼的黄州生活。

　　东坡适意在黄州，梦想琼楼天上秋。文字虽多无讽刺，笙歌既少得清游。

　　鸦衔破纸三寒食，鹤听哀箫一钓舟。钧党汹汹催白发，西山应恨不淹留。

　　"千古风流"是宋代米芾的书法。

　　元丰五年（1082）四月，米芾与苏轼在黄州第一次会晤。当时，米芾卸任长沙掾一职经黄州回东京候补，苏轼恰好在黄州出任团练副使。米芾专门前去拜访，请教书法和绘画，这次见面成为改变米芾人生的大事。米芾书法的格调得到一次升华，无疑与苏轼在黄州的会晤有关。

　　米芾一生怪癖颇多，很少服人，但对年长他14岁的苏轼，尽管没有行弟子之礼，却终生以"丈人"视之。在宋代，"丈人"是一种尊称。而且，米芾在人前人后对苏轼恭敬有加。南宋《东京志略》就记述了这样一件事：有一次，米芾给枢密使蒋之奇写了一封信。信中说："襄阳米芾，在苏轼、黄庭坚之间，自负其才……"他认为自己比不上苏轼，倒是比黄庭坚要强一些。

　　米芾收藏了很多前人的墨迹，友人来访，只要提出要观赏这些藏品他就会不乐意。即使同意让人家看，也得站在一丈开外的地方。而对于苏轼，米芾就没有这些讲究了。元祐四年（1089），苏轼与章致平同访米芾。路上，苏轼提醒章致平说："米芾有些疯癫，唐突处不要介意。"见面后，苏轼提出要看看米芾新近的藏品，章致平一旁打趣道："听说米公平日让人观赏前人墨迹，一定要站在一丈开外的地方。"米芾笑着把两人领进宝晋斋，小心翼翼地拿出多幅张长史、怀素等人的墨迹，对苏轼说："这些都是我新近收藏的上品，尽管看吧。"又扭过头来对章致平说："章公所闻不差，但坡丈来，则另当别论了。"

苏轼喜欢拿米芾的疯癫开一些小玩笑，并专门写过几首打油诗讥笑米芾，说他是"锦囊玉轴来无趾，粲然夺真疑圣智"。有人把这几首诗抄给了米芾，米芾看后只是一笑。但有一回，米芾却较真了。一次，苏轼宴请当地文人雅士，米芾酒喝多了，忽然站起身来问苏轼："有件小事想问问坡丈，世人都认为米芾疯癫，丈人也是这样认为?"米芾神色严肃，苏轼愣住了，随即回答说："吾从众。"苏轼很聪明，他借用《论语·子罕》里的这句话巧妙地化解了尴尬。当米芾酒醒知道此事后，心里十分不安，亲自登门向苏轼道歉。

苏轼像两旁线刻人物分别是黄庭坚、晁补之、秦观、张耒。

1085 年(元丰八年)，宋神宗去世，苏轼回朝，主持翰林院，召张文潜、黄庭坚、晁补之入馆，张文潜为太学录，黄庭坚、晁补之为著作郎，1088 年秦观入馆，为宣教郎。张文潜、黄庭坚、晁补之、秦少游四人都是人中龙凤，文坛俊杰，文名满天下，至此时，聚首汴京，拜在苏轼门下，论文品诗，切磋学问，被世人誉称为"苏门四学士"。

黄庭坚(1045—1105)，字鲁直，自号山谷道人，晚号涪翁，江西修水人。英宗治平进士。曾任地方官和国史编修官。

黄庭坚以诗文受知于苏轼，和苏轼亦师亦友，他曾开玩笑说苏字是"石压蛤蟆"，苏轼则笑黄字是"长蛇挂树"。黄庭坚的诗宗法杜甫，并有"点石成金""无一字无来处"之论，风格奇硬拗涩。他开创了江西诗派，在两宋诗坛影响很大。词与秦观齐名，少年时多做艳词，晚年词风接近苏轼，擅长行、草书，为"宋四家"之一。

秦观(1049—1100)，字少游、太虚，号淮海居士，江苏人。

提到秦少游我们便想到"苏小妹"，"苏小妹"实际上既非东坡妹，又非秦观妻。

苏小妹的故事在民间可以说是家喻户晓，经过明代冯梦龙的整理，更成了"三言"中的传世名篇，"去年一滴相思泪，至今流不到腮边"和"闭门推出窗前月，投石冲破水底天"等诗句也因此被广泛传颂，人们津津乐道的是才女的文思敏捷和才子佳人的姻缘佳话。

有关苏小妹的一系列美丽传说，多是无根之言，与事实相差甚远。首先，"苏小妹"并不是东坡之妹。据其父苏洵《自尤》一诗记载，苏轼姐妹中最年幼者叫八娘，她虽然是苏洵的幼女，可称为小妹，但她的年龄比东坡还大1岁，故为东坡之姐而非东坡之妹。其次，苏小妹也不是秦观之妻。秦观在《徐君主簿行状》中写道："（徐成甫）女三人，曰文美、文英、文柔……以文美妻余。"可见秦观之妻是徐文美，而非"苏小妹"。最后，"苏小妹"的婚姻非但不是才子佳人之配，反而是一出悲剧。据《自尤》说，她嫁给了自己的表兄，此人姓程。"小妹"婚后一年，生有一子，不幸染病，而程家不予医治，被父亲接回娘家休养。程家却又以其"不归觐"为由，夺其子，致其病情发作而亡。与传说中相符的只有一点，就是这位"苏小妹"被父亲夸赞，说她"幼而好学，慷慨有过人之节，为文亦往往有可喜"，看来确是一位才女。

晁补之（1053—1110），字无咎，号归来子，山东巨野人。少即能文，为苏轼所赞赏。诗文俱佳，尤工于词。

苏轼对晁补之一生的影响，可谓大矣。他二人同样生长在充满文学气息的家庭之中；同样能诗、能词、能文、能画、能书；同样有过贫困不足以自给的生活经历，同样在官场沉浮起落；除了晁补之，苏轼与晁氏家族多人均交好，因此对晁补之当另有一番爱护之心。晁补之能扬名北宋文坛，跻身苏门四学士之一，固有其才学与努力因素，苏轼于晁补之年少时对他的赞赏，无疑是晁补之进入文坛的一个重要媒介；元祐年间同在京师任职，苏轼对晁补之再次拔擢，这些对晁补之的一生都起了关键性的影响，而其中最重要的阶段，应是扬州共事的短短几个月，苏轼开始体验陶渊明的人生观，并且和陶诗，将诗示晁补之，对晁补之的人生观有重大的影响。

张耒（1054—1114），字文潜，号柯山，北宋著名诗人，江苏人。

张耒三次在黄州为官。1097年（绍圣四年），张文潜贬任黄州监酒务税，即任管黄州公私造酒、卖酒、酒税诸事的卑微小官。他于三月到任后，对官职没兴趣，对黄州的酒却印象很好。他任黄州监酒务税的时间不长，1099年（元符二年）秋，调任竟陵（今湖北钟祥）监酒务税。

1100年（元符三年）初，哲宗逝世，徽宗继位，由太后向氏听政，政局有了新的变化，朝廷宽赦元祐旧臣，并诏复官职，张文潜的命运出现转机。春，他由竟陵监酒务税起用为黄州通判，曾筑鸿轩，作为他读书场所，并作《鸿轩记》叙其心境。他任黄州通判职也很短暂，到6月份，即离开黄州，奔波于兖州、颍州、汝州，各任知州。

1101年（建中靖国元年）七月，苏轼去世，张文潜"闻子瞻卒，饭僧缟素而哭"，新党政敌得知后，给他安了个悼念苏轼"徇私以致哀，迹涉背公"的莫名其妙的罪名，于1102年（崇宁元年）七月，责授张文潜为房州（今湖北房县）别驾，黄州安置。张文潜这次安置黄州，纯属流放性质。

黄州东坡赤壁全景图

第二节 赤壁诗词

唐至北宋时期,杜牧、王禹偁、苏东坡等文人墨客仕宦黄州,有关黄州赤壁的诗文得以在中国文学史上崭露头角,特别是《赤壁》《赤壁赋》《后赤壁赋》《赤壁怀古》等千古名篇,更是奠定了黄州赤壁诗文在中国文学史上的重要地位和影响力。千百年来,历代文人寄情于东坡赤壁,留下大量的咏史怀古诗文;从宋代第一幅赤壁图的诞生,题咏赤壁画卷的诗文相伴产生,丰富了黄州赤壁诗文的内容,也使诗画相得益彰。北宋以后,"周郎""赤壁""东坡"经常在咏赤壁的诗词中组合出现,如宋代王炎有《题徐参议赤壁图》:"乌林赤壁事已陈,黄州赤壁天下闻。"宋代陆文圭《赤壁图》:"公瑾子瞻二龙,文辞可敌武功。欲怪紫烟烈焰,不如白月清风。"明代袁宏道也有《过赤壁》:"周郎事业坡公赋,递与黄州作主人。"吟咏黄州赤壁、描绘黄州赤壁这一独特的文化景象绵延了千年,方兴未艾。其诗家之众、诗篇之多、历时之长、影响之大,成就了一个激发人诗情画意的赤壁,形成中国文化史上不可多得的独特景象。

一、唐代

"二龙争战决雌雄,赤壁楼船扫地空。"这是唐代浪漫诗人李白在赤壁之地留下的《赤壁送别歌》,抒发他对赤壁之战怀古之情,更包含对三国时期英雄仰慕之情,是目前可确考的黄州赤壁诗文开篇之作,黄州赤壁诗文由此开启了新的篇章。继之而来的是中唐著名诗人元结,他为避安史之乱,于宝应年间(762—763)隐居樊上(今湖北省鄂州市区),到江北对岸西阳城故址耕田种地,吟诗诵文,留下《西阳城》等脍炙人口的诗文。

为黄州赤壁诗做出重大开拓的是晚唐著名文学家杜牧,他于会昌二年至四年(842—844)任黄州刺史,创作有《赤壁》《兰溪》《题木兰庙》《云梦泽》《齐安郡后池绝句》《齐安郡中偶题二首》等名篇佳作,其中《赤壁》:

"折戟沉沙铁未销，自将磨洗认前朝。东风不与周郎便，铜雀春深锁二乔"，为黄州赤壁诗立起了一块里程碑，使黄州赤壁怀古诗歌面世伊始就气度不凡，名播天下。

唐人的重要作品有胡曾《赤壁》、孙元晏《赤壁》、王周《咏赤壁》等。

二、北宋

北宋时期，黄州在中国文化史上留下了浓墨重彩的一笔。苏东坡的一词二赋横空出世，震古烁今。雄壮而悲凉的铁板铜琶，成就千古绝唱。苏东坡在黄州登上了中国文坛的巅峰，他以绝世的才情，让一个蛮荒之地从此万树繁花，千年烂漫。他以一首词、两篇赋，让一座城池获得巨大的荣光："唯楚有才，黄郡实当其半。"(《湖北通志·人物志序》)

北宋时期，黄州诗坛大致可以分为三个时期。

第一个时期是以王禹偁、韩琦等人为代表所创作的诗歌。王禹偁是北宋初期文坛领袖，杰出文学家，咸平二年至四年(999—1001)任黄州知州，创作了大量诗歌，又有散文名篇《黄州新建小竹楼记》，文学史上尊称他为"王黄州"。咏赤壁的重要作品有王禹偁《月波楼咏怀》、韩琦《涵晖楼》、韩驹《登赤壁矶》等。

第二个时期是以苏轼及其朋友子弟为代表所创作的诗歌。苏轼居黄州4年又3个月，留下700余篇文学作品。他那以《念奴娇·赤壁怀古》为代表的词，以《柯丘海棠诗》为代表的诗，成为黄州诗词的巅峰和灵魂。其弟苏辙来黄州游赤壁写下《赤壁怀古》，"苏门四学士"以及北宋文坛大家在苏轼调任后纷纷来到黄州，各显其才，佳作迭出，张耒有《齐安春谣五绝》："赤壁矶前江急流，周郎功业莽悠悠。"黄庭坚有《君子泉》《次韵文潜》，秦观有《念奴娇·赤壁舟中咏雪》，晁补之有《临江亭》，陈师道有《登快哉亭》，贺铸有《快哉亭》，将咏黄州赤壁的诗词推向一个新高潮。

第三个时期是黄州本土诗人创作的诗歌。江西诗派是宋代最大的诗歌流派，而黄州城则是江西诗派的重镇，黄州的潘大临、潘大观兄弟，何斯举和蕲州的林敏功、林敏修、夏倪是公认的江西诗派代表诗人。这是黄州本土诗人的首次崛起,其中以潘大临成就最高,他以名句"满城风雨近重阳"享誉诗坛。黄州本土诗人重要作品有潘大临的《江间作》、何斯举的《游赤壁》等。

三、南宋

南宋时期,靖康之耻,国破家亡,金兵南下,胡马窥江,南宋朝廷凭借长江天险偏安一隅,历史发生剧变,这种剧变,淋漓尽致地反映在文学作品中。

这一时期,咏赤壁的诗以抗金主战派陆游为代表,词则南宋各豪放派词人都有涉猎,以张孝祥、辛弃疾、戴复古具有代表性,一代名将岳飞的孙子岳珂也曾作诗咏赤壁。这一时期咏赤壁的诗词,充满了英雄枯骨、青冢黄昏、千古兴亡悠悠事的怅然情怀。

陆游于乾道六年(1170)和淳熙五年(1178)两次游历黄州古城,徜徉于赤壁山水,凭吊苏轼遗迹,作有《黄州》《月下步至临皋》等诗。

张孝祥是南宋著名文学家,终生以国事为念,但屡遭压抑,登临赤壁,感慨良多,"索索悲风里,沧浪亦白头",道出了当时的悲凉心境。

辛弃疾是南宋伟大的爱国主义词人,更是一位"横绝六合,扫空万古"的豪杰,却生活在偏安时代,处处受到排挤掣肘,只好叹息无奈。他曾与好友马叔度同游黄州月波楼,并赋"水调歌头"词,以表心迹。

戴复古于嘉定十四年(1221)游历黄州,此前不久,金兵十万攻宋,陷麻城,破黄州,屠蕲州,杀掳甚惨。戴复古目睹兵火涂炭的赤壁,写下《满江红·赤壁怀古》《赤壁》《黄州栖霞楼即景呈谢深道国正》等诗(词)。

前、后《赤壁赋》的流行传诵带动了赤壁绘画作品的创作,同时,题画诗应运而生,佚名《题乔仲常后赤壁图》、武安道《题乔仲常后赤壁图》、刘克庄《赤壁图》是其中的代表作。

南宋时期的重要作品还有:李壁《赤壁》、王十朋《游东坡十一绝》、辛弃疾《霜天晓角·赤壁》、吴潜《满江红·秋兴，月波楼和友人韵》、文天祥《读赤壁赋前后二首》、曾用孙《赤壁》、黄仁荣《赤壁》、白玉蟾《赤壁》、李冕《赤壁》、岳甫《水调歌头》等。

四、金代、元代

流传下来的金代咏赤壁诗词主要以题赤壁图为主体，元好问的《赤壁图》、赵秉文的《东坡赤壁图》、李纯甫的《赤壁风月笛图》、李晏的《题武元直赤壁图》就是其中的代表。

元代不过百年，诗文却有它独到之处，出现王恽《东坡赤壁图》、赵孟𫖯《画赤壁》、杨载《赤壁图》、见心《赤壁图为胡允中赋》、虞集《赤壁图》、杨惟中《夜泛赤壁》、成廷珪《题赤壁图》、程元龙《赤壁》等高质量的咏黄州赤壁诗，以元末隐士丁鹤年寓居鄂城西山时所作《黄州赤壁》最具代表性。

五、明代

明朝的黄州赤壁是时人心中的朝圣之地。黄州赤壁作为"形胜地，兴亡处"，周郎事业与坡公词赋同时显耀于此。在人们眼里，黄州城的山山水水、一草一木正是因为有苏东坡的点染，才让人心生景仰。这一时期，赤壁怀古以缅怀咏叹苏东坡为主题，产生了不少名家名篇。

方孝孺在明初"靖难之役"时，拒绝为明成祖起草登基诏书而被诛十族。他以身殉道，正气凛然，对后世影响极大。他的《赤壁歌》气势宏大，慷慨激昂，铿锵有力。

杜庠，号西湖醉老，明初永乐年间诗人，作《赤壁》诗，被后世品评为明朝写得最好的赤壁诗，杜庠也以此奠定了他在诗坛的地位，人们称之为"杜赤壁"。

其他如解缙的《赤壁》，李梦阳的《黄州》《浮江》，王世贞的《游赤壁二首》，袁宏道的《过赤壁》《赤壁怀子瞻》，何景明的《苏子游赤壁图》等，都是脍炙人口的佳作。

明代的黄州城以崇文重教著称，府县官学森然，书院义塾林立，官宦家族相望，文化世家相传，培养出许多名重一时的黄州城本土诗人。如世居黄州城王三巷"业绍青箱，官联朱绂"的王氏家族，相继出现了王济、王廷儒、王廷陈、王廷瞻、王追美、王一鸣等文士，尤其是正德嘉靖年间著名文士王廷陈，诗文名重一时，黄州城内有为他而建的"直节匡时雄文应世"牌坊，他著有诗集《梦泽集》，其诗着重表现自己的身世，也有部分诗歌描写自己归居家园后的闲适心情。

明代重要诗歌作品还有张以宁的《登赤壁》、李东阳的《题〈赤壁图〉》、何景明的《赤壁歌》、廖道南的《赤壁图》、刘节的《赤壁仙舟图》等。

六、清代

"古来文章辉山川，黄州胜以东坡传。"纵观清朝的黄州诗词，文人雅士凡咏黄州者必咏赤壁，凡咏赤壁者必咏苏东坡，凡咏苏东坡者必咏他的"二赋一词"。的确，苏东坡已经与黄州合为一体，成了黄州文化的灵魂，正因为如此，康熙年间黄州知府郭朝祚为黄州赤壁大门题额便直书"东坡赤壁"。

于成龙是康熙年间名臣，以清廉干练著称，康熙皇帝诏谕为"天下廉吏第一"。他在康熙八年至十六年（1669—1677），先后担任黄州府同知、黄州知府、江防道道台等职务，主持修复了赤壁建筑，并留有《赤壁怀古》《乙卯春题雪堂》等诗。

赵翼是清朝著名史学家兼诗人，诗坛"性灵派"领袖之一，他对苏轼很有研究，认为"昌黎之后，放翁之前，东坡自成一家，不可方物"（《瓯北诗话》卷五），并作有《临皋亭》诗咏叹坡翁。

钱大昕，清朝著名学者，作有《题爻吉兄赤壁图》，重在描绘《赤壁图》的画面和场景，刻画细腻，工整平稳。

咸丰九年（1859），曾国藩与胡林翼、李鸿章会聚黄州，同游东坡赤壁，写下《白莲池》《睡仙亭》《坡仙楼》《二赋堂》四首词。

张之洞是晚清名臣，"洋务派"领袖人物。他在任湖广总督时，曾莅临黄州城，写有一首《赤壁东坡祠》，诗中浓缩了苏东坡的黄州生活，功力深厚。

此外，清初高举"神韵说"大旗的文坛领袖王士禛、苏诗崇拜者宋荦、曾任黄州府黄梅县和广济县知县的著名诗人张维屏、晚清宋诗派诗人何绍基、为赤壁战地黄州说据理力争的袁枚及康熙间进士陈大章等，他们都留有关于黄州赤壁的佳作。

清代黄州城文风昌盛，本土诗人很多，成就较高，名气较大的是杜濬、刘子壮和陈沆。杜濬是"名公巨儒不识茶村之面者自以为耻"的遗民名士，刘子壮是顺治年间高中状元的才子，陈沆是嘉庆年间高中状元并"以诗文雄海内"的文学大家。

清代重要诗歌作品还有刘子壮的《赤壁》，杜濬的《晚泊黄州》，施闰章的《赤壁》，王士禛的《送宋牧仲别驾归黄州》，宋荦的《秋日赤壁公宴》、陈大章的《赤壁和谷怀太史》，李调元的《黄州》《黄州晚泊》，张问陶的《过黄州》，陈沆的《避兵者》《赤壁》《雪堂拜东坡笠屐像》《晚步至安国寺》《郡城晚望》，张维屏的《一剪梅·秋夜偕客泛舟赤壁》《赤壁》，何绍基的《雪堂拓苏词残石》，同治皇帝的《赤壁前游》《赤壁后游》，秋瑾的《赤壁怀古》等。

七、民国

民国时期，国内名流文士如宋教仁、黄兴、梁启超等，相继亲临黄州，游历赤壁，屡有诗作，而黄州本土文人或寓居黄州城的社会名流，如王葆心、童树棠、程之桢等人，也借黄州赤壁抒情咏事。

1932年，汪燊纂辑《黄州赤壁集》出版，收录唐代至1930年咏黄州赤壁诗词730首，为流传千年的赤壁诗完成了档案整理工作，成为黄州赤壁文化史上的一个重要节点。

　　这一时期的重要作品有程之桢的《赤壁怀东坡先生》，萧耀南的《壬戌赤壁感怀》，王葆心的《题〈东坡笠屐图〉》，汪燊的《赤壁怀古》《赤壁歌》等。

八、当代

　　自20世纪50年代初至70年代末的30年间，因种种因素的影响，黄州诗作相对较少。

　　1982年11月，全国苏轼研究会第二次学术讨论会在黄州城召开，众多海内著名古典文学研究学者、苏轼研究专家们聚集黄州，吟诗作词，凭吊缅怀，抒情言志，佳作频出，形成了黄州诗史上罕见的创作高潮。其中，全国苏轼研究会副会长胡国瑞的《古黄州怀东坡先生》、著名古典文学研究学者王季思的《念奴娇·游赤壁》以及钱仲联的《念奴娇·和季思先生用东坡韵游赤壁词》等作品影响较大。

　　20世纪80年代以后，经济腾飞，文化兴盛，国泰民安，当代著名学者文人、社会名流纷至黄州，流连赤壁，缅怀东坡，纵情吟唱，表达对苏轼、对赤壁、对黄州的敬仰之情。黄州诗词迅速复兴，并形成创作高潮。这期间，张爱萍将军的《江城子·访东坡赤壁》、曾永义的七律《黄州赤壁》堪称佳作，引来海内外较多名诗人、教授步韵唱和。

　　1983年11月26日，东坡赤壁诗社成立，1985年5月，中华诗词刊物《东坡赤壁诗词》创刊并公开发行，丁永淮、童怀章、熊文祥、吴洪激、南东求先后担任主编。该刊物至今已出版发行百余期，累计发表作品近6万首，佳作纷呈，是当代中国具有重要影响力和广泛知名度的古典诗词刊物之一，为黄州诗词的复兴和繁荣提供了重要阵地。

　　40多年来，东坡赤壁诗社不断发展壮大，现有社员3000余名，遍布全国30个省市及海外，是黄冈有史以来最大的古典诗词创作群体，是闻名海内外的知名古典诗词诗社，培养了方道南、史焰坤、丁永淮、叶钟华等一大批本土古典诗词诗人，他们吟诗作句，日积月累，创作了大量诗词。

2014 年 10 月 10 日，中华诗词学会授予黄冈市"中华诗词之市"称号，黄冈跻身全国中华诗词之市之列，成为中华诗词文化中心之一。

当代人咏赤壁的重要作品有董必武的《游黄州赤壁》、张爱萍的《江城子·访东坡赤壁》、魏文伯的《黄冈》、黄炎培的《清平乐》、李一氓的《黄冈赤壁》、周而复的《菩萨蛮·东坡赤壁》、陈迩冬的《绝句二首》、启功的《东坡赞》、汪小川的《访文赤壁》、张灿明的《游赤壁》、秦兆阳的《忆黄州》、朱靖华的《登赤壁》。黄州本土诗人吟咏黄州东坡赤壁的诗词繁多，此处不再赘述。

北宋何斯举《黄州杂咏》中收录了咏黄州赤壁的诗词，南宋王象之在《舆地纪胜》卷四十九始创《赤壁诗》标目，有全篇，有摘句，可见对赤壁题咏的重视。南宋绍兴年间韩之美《齐安百咏》和时衍之《齐安百咏》对黄州赤壁、竹楼、雪堂等黄州景状进行了描述。明清以来辑录赤壁诗文为集者主要有明代弘治年间卢濬编的《古黄遗迹集》、万历年间茅瑞征的《赤壁集》、清代徐焕斗的《赤壁纪略》、谢功肃的《东坡赤壁艺文志》。近现代，黄冈人汪筱舫始编《东坡赤壁集》，继而扩增再版，分门别类发展为《黄州赤壁集》，此集共 12 卷，彰显出黄州赤壁的文化魅力和精髓。

笔与剑、名将与才子、文章与战火在赤壁融为一体，交相辉映，绽放出夺目的光彩。四海名流、本土文人同咏赤壁，咏赤壁诗人之盛，为历史罕见。在此借用李曾位《沁园春》中的一句话作总结："赤壁功名，东坡文字，俯仰人间无古今。"

第三节 赤壁楹联

最能直观显现名胜古迹之人文内涵，并迅速激发人们心灵敬慕之感的，当属镌书于该地建筑之上的楹联（又称对联）。

黄州赤壁作为中国文人雅文化的代表之地，更是楹联荟萃之所在。古今文人墨客、才子雅士优游赤壁，于心灵敬仰激荡之时，挥毫泼墨，各展才思，名联佳对，一挥而就，或文思巧妙，或神采飞扬，真可谓字字珠玑，篇篇精彩，既为赤壁添彩，也为文人扬名。

黄州赤壁楹联不计其数，民国《黄州赤壁集》专列"楹联"一卷（卷第九），予以记载。因楹联散见各地，优劣互见，作者难窥全豹，此以作者所见，摘其佳者述之。

一、赤壁楹联的发端

宋元时期是黄州赤壁楹联的发端期。据丁永淮等考证，苏轼、赵佶、陆游等人皆曾以诗文集句为联，抒发情怀。

苏东坡集他的《水调歌头·黄州快哉亭赠张偓佺》中的词句以为对联：

> 一点浩然气
> 千里快哉风

据传，此联由其弟苏辙作为楹联书于快哉亭。若属实，则此联当为黄州赤壁楹联之首。

宋徽宗赵佶在政治上荒淫无道，以致国破身辱，为后人所不齿，但同时他风流倜傥，精于绘画，擅长书法，工于诗词，也为后人艳羡。相传他曾集苏东坡后《赤壁赋》之语，以为对联：

> 山高月小
> 水落石出

此联相传题于赤壁内灵壁石小峰，即今剪刀峰上，显现灵壁石小峰超凡脱俗的境界。大约因年代久远，字迹湮灭，今之剪刀峰上已无缘一睹此联风采。

陆游的《黄州》诗句，表达了对三国英雄的向往与感慨。后人集其句以为楹联书于赤壁：

江山不尽英雄恨

天地无私草木秋

有确切证据可考的黄州赤壁非集句楹联是何斯举的对联。据南宋王象之《舆地纪胜》载，北宋崇宁年间（1102—1106），"党禁"大兴，苏东坡被放逐，祸及苏东坡在黄州所建的雪堂故居，"堂遂毁焉"，改做道观。"党禁"过后，黄州城神霄宫道士妙冲大师李斯立自捐钱粟，修复雪堂，士人皆庆贺，在雪堂上梁举行仪式时，公推当时江西诗派著名诗人、黄州城人何斯举作上梁文，何斯举欣然命笔，还为雪堂作了两副对联：

岁在辛酉，蔚成鸾凤之薮。

党毁崇宁，奄作鼪鼯之野。

这是一副警联，意在警示人们要记住"党禁"给雪堂造成的灾难。

前身化鹤，曾陪赤壁之游。

故事换鹅，无复黄庭之字。

此对联中蕴含着对苏东坡赤壁之游的神往。至于联中为何有道教"黄庭"之语，王象之解释说："盖其雪堂有观，道士作堂故也。"

二、赤壁楹联的发展

明清时期是黄州赤壁楹联的发展期。此时对联这种文学形式已臻完备，趋于鼎盛，吟诗作对，孺叟皆能，十分普及。而黄州赤壁乃文雅之地，是吟诗作对的绝佳场所，达官鸿儒、士人学子往往于此冥思苦索，一展才学。因此，明清时期黄州赤壁楹联繁多，高手佳作，时常出神入化。此时的对联以缅怀、敬慕苏东坡在黄州的生活和文章为主，表达各自的情怀。但还有一种值得注意的现象，即在学术界主流已认定三国赤壁之战战场不在黄州的情况下，在部分文人眼中，史实真实与否并不重要，重要的是要借赤壁之地表达一种情绪，表现一番宣泄之情，因此，在他们的楹联佳作里，怀念三国英雄与敬仰苏东坡二者并行不悖。

明朝著名诗人何景明的对联出自其《苏子游赤壁图》诗句：

三分留古迹
二赋到今传

明朝著名文学家王世贞的对联出自其《游赤壁二首》诗句：

战血至今高壁色
词源终古大江流

明朝文学家、黄冈知县茅瑞征对黄州赤壁研究颇深，编有《赤壁集》，他的对联是：

山从天外落
人在镜中游

清朝书画家郭朝祚于康熙、雍正年间曾任黄州知府，他的对联是：

客到黄州，或从夏口西来武昌东去
天生赤壁，不过周郎一炬苏子两游

这副对联以一种从容的心态，披露了黄州赤壁的魅力所在，影响很大，至今赤壁内仍存此联。

阮元是清朝著名学者，他在湖广总督任上，曾虔诚地拜访过黄州赤壁，并作对联表达他对苏东坡《赤壁赋》艺术境界的领悟：

小月西沉，看一棹空明摇破寥天孤鹤影
大江东去，听半滩呜咽吹残后夜洞箫声

毕沅以编撰《续资治通鉴》闻名于世，他在湖广总督任上，曾作对联剖白他对苏东坡的景仰之情：

弹指去来今，一瓣心香生予晚
持幢秦豫楚，卅年游迹与公同

何绍基是清朝推崇苏东坡的文学家之一，他在对联中把羡慕与敬仰之情表白无遗：

雪堂写东坡，大好江山，天许此堂占却
春樽开北海，无边风月，我如孤鹤飞来

陈銮，蕲州人，嘉庆二十五年（1820）科举中探花，为官崇尚实干，受人敬重。他为黄州城定惠院啸轩写了一副对联，显示了他的高超文字功底：

翰墨溯高风，轮扶大雅
椒馨荐遗爱，鼎峙前修

民族英雄林则徐任湖广总督时，于道光二十七年（1847）莅临黄州城，在瞻仰定惠院苏东坡画像等遗迹后写出对联：

> 岭海答传书，七百年佛地因缘，不仅高楼临白傅
> 岷峨回远梦，四千里仙踪游迹，尚留名刹配黄州

此联用典较多，其上联"七百年"指自苏东坡元丰年间贬谪黄州，至今已近 700 年光阴，"白傅"指白居易，曾任太子少傅。下联"名刹"指定惠院。

李鸿章是晚清权倾中外的社稷重臣，他曾于咸丰九年（1859）与名将胡林翼（谥号文忠公）同游被战乱损毁的赤壁，10 年后的同治八年（1869），赤壁重修完成，他欣然为赤壁撰联：

> 前后二赤壁，曾留墨妙镇斯堂，今兹大厦重支，月白风清思赋手
> 苏胡两文忠，并以翰林官此地，我亦连圻忝领，山高水落仰先民

张之洞，晚清洋务派首领，湖广总督任上推行"湖北新政"，奠定了他的历史地位。同时，他也颇有文才，对苏东坡在黄州城的生活和经历充满敬意：

> 五年间谪宦栖迟，试较量惠州僧饭，儋耳蛮花，那得此清幽山水
> 三苏中天才独绝，若只论东坡八首，赤壁两赋，尚是公游戏文章

英启在清同治、光绪年间两任黄州知府，曾组织编修《黄州府志》。他为同治七年（1868）重修的赤壁东坡祠题写对联：

> 游客几追从，杯酒盘鱼，到处可知鸿踏雪
> 仙祠重结构，风帘月幌，有时应见鹤横江

洪良品，号龙冈山人，黄冈县人，在晚清文坛具有一定影响，他的赤壁对联写得比较清丽：

水光接天，人影在地，月白风清，问良夜谁来赤壁
好竹连山，长江绕郭，笋香鱼美，忆先生初到黄州

彭祖润于光绪七年（1881）为苏东坡的《月梅》画题了一副对联，其中暗藏"东南西北中"五方和"白黑黄赤青"五色，精致巧妙，镶于赤壁坡仙亭内：

北宋西蜀苏东坡中年南贬时笔迹
白纸黑墨榻黄州赤壁青石上梅花

三、赤壁楹联的繁荣

民国至今的百余年间，是黄州赤壁楹联的繁荣期。一方面，高官显贵、博学鸿儒、名人名士们纷至沓来，瞻仰黄州赤壁，并挥毫泼墨，以示才学。另一方面，游历黄州赤壁成为黎民百姓、学子书生们的一份心愿，一种向往，他们都以游历过黄州赤壁为荣耀，其中不少人于此吟诗作对，以示纪念。所以，此期的黄州赤壁楹联创作趋于普及，对联作品汗牛充栋，佳联名对层出不穷。

黄兴是著名反清革命领袖人物之一，辛亥革命武昌首义时任战时总司令。他曾在黄州小住，所撰黄州赤壁楹联可谓文如其人，充满了气势和豪情：

才子重文章，凭他二赋八诗，都争传苏东坡两游赤壁

英雄造时势，待我三年五载，必艳说湖南客小住黄州

徐世昌于 1918—1922 任民国政府大总统，他对文学颇有造诣，犹喜苏东坡诗文。1922 年，他以"水竹村人"之号为黄州赤壁写了一副对联：

古今往事千帆去
风月秋怀一篷知

这副对联流露出几许含蓄、深邃、悠远的情怀，也表现出旷达、超然的心境，镌于二赋堂内，历来为人们称道，知名度很高。

夏寿康，黄冈县人，曾任民国北京政府平政院长、总统府秘书长等职，是民国前期的风云人物。1922 年壬戌年他为黄州赤壁撰写对联：

饮酒赋诗，莫辜负今年壬戌
清风明月，且徘徊旧日江山

萧耀南，黄冈县人，民国前期具有实力的地方军阀之一，曾任湖北督军、省长，热心桑梓建设。他于 1925 年在黄州赤壁出资修建挹爽楼，并撰写对联：

论长江胜迹，那便数到黄州，看当年风月如新，洵知地以人传，赖有坡公两篇赋
忆曩昔文场，也曾漫游赤壁，愧此日疆圻兼领，安得劫随心转，永靖周郎一炬兵

谢桃坊，当代苏东坡研究学者，著有《苏轼诗研究》，作为四川人，他有感于苏东坡黄州著文章，杨寿昌倾资刻苏碑，于是为黄州赤壁撰联：

> 湖蜀萍鸿，磨石勒碑尽家资，贤哉县令
> 鄂黄风月，雄文健笔留千载，伟矣坡公

白雉山，当代文人，认为三国赤壁之战战场在黄州，故以对联做翻案文章：

> 文武一身兼，苏子周郎，两顾便教垂简册
> 是非千载定，沉沙折戟，重磨犹自见前朝

丁永淮，当代文人，以其毕生研究苏东坡与黄州之功力，撰写了这样一副对联：

> 大江东去，一叶扁舟，半船明月
> 爽气西来，三声箫笛，两袖清风

第四节 记事年表

咸康五年（339）

庾亮筹谋北伐，上疏解除自己豫州刺史之职，请求委任毛宝，于是下诏任毛宝监扬州之江西诸军事、豫州刺史，与西阳太守樊峻率 1 万人守卫邾城。

同年八月，后赵皇帝石虎以夔安为大都督，石鉴、石闵、李农、张貉、李菟等五将为辅，率 5 万兵马入侵东晋，张貉渡率两万骑兵进攻邾城。毛宝向庾亮求救，庾亮认为城池坚固，没有及时派兵，城池被攻陷，晋军死难者达 6000 人。毛宝和樊峻率余部突围无法逃脱赵军的追杀，最后所有人在黄州赤壁矶赴江而死。

东晋义熙年间（405—418）

龙骧将军蒯恩在赤壁山建横江馆。

宋咸平二年（999）

夏，黄州知州王禹偁主持修葺黄州文宣王庙、月波楼，建竹楼、无愠斋、睡足轩等建筑。

元丰三年（1080）

二月初一，苏轼携长子苏迈抵达黄州。

五月底，苏辙护送苏轼家眷到黄州团聚，游览赤壁写下《赤壁怀古》诗。

六月九日，苏辙离开黄州，赴筠州任监盐酒税职。

八月六日夜，苏轼与长子苏迈泛舟游于赤壁之下，作《赤壁记》。

元丰五年（1082）

五月，苏轼到赤壁山江边寻找赤壁石，共得 298 枚，其中有一枚"如虎豹，首有口、鼻、眼处，以为群石之长"，作《怪石供》《后怪石供》记其事。

七月十六日，苏轼与老友四川绵竹道士杨世昌等月夜泛舟游于赤壁之下，作《赤壁赋》。

八月中旬，苏轼作《念奴娇·赤壁怀古》词。

十月十五日，苏轼与杨世昌、潘大临等月夜泛舟游于赤壁之下，作《后赤壁赋》。

十二月十九日，苏轼 45 岁生日，置酒赤壁矶头，李委吹奏新曲《鹤南飞》助兴，与郭遘、古耕道等黄州朋友共庆生日。

元丰六年（1083）

八月五日，苏东坡与李委等饮酒于赤壁矶头。

苏轼书写《赤壁赋》送友人傅尧俞，作品现藏台北故宫博物院。

元祐年间（1086—1093）

"苏门四学士"的秦观、晁补之分别游览赤壁，作《念奴娇·赤壁舟中咏雪》词、《登快哉亭》诗。"苏门六君子"之一的陈师道游赤壁，写下《登快哉亭》诗。

宣和元年至五年（1119—1123）

乔仲常绘《后赤壁赋图》，后有赵德麟、武圣可题跋。现藏于美国纳尔逊·阿特金斯艺术博物馆，2012 年曾来上海博物馆展出。

绍兴二十七年（1157）

王十朋游黄州赤壁，作绝句 11 首。

乾道六年（1170）

八月十八日至二十日，诗人陆游在赴夔州通判途中游黄州赤壁、苏东坡在黄州的遗址地，作《黄州》诗。

淳熙四年至六年（1177—1179）

辛弃疾于江西、湖北两处调任频繁，其间游赤壁，作《霜天晓角·赤壁》词。

嘉定十四年（1221）

诗人戴复古游览黄州赤壁，作《赤壁》诗。

元至顺四年（1336）

黄州路总管脱颖不花在竹楼旧址之上重修竹楼，因如椽之竹不可得，故以瓦石代竹。

明弘治十年（1497）

黄州知府卢濬任职期间，收集整理题咏黄州历史遗迹的诗词，著《古黄遗迹集》一卷。

嘉靖二十八年（1549）

黄州知府郭凤仪重修赤壁矶头水月亭，雇石匠用白石雕凿一巨大白龟置入矶下水中，取名白龟渚。

万历元年（1573）

夏，王世贞游历黄州，到赤壁怀古，写下《游赤壁二首》。

明万历十年（1582）

张元汴游赤壁，见"石龟蹲踞江畔"，就将赤壁矶上的"水月亭"改名为

"放龟亭"。

崇祯十五年（1642）

黄州知府闻张献忠欲攻黄州城，下令把城外建筑焚毁，赤壁矶头的楼台亭阁同时被毁。

清康熙十二年（1673）

春，黄州知府罗载淳、黄州府同知于成龙组织人力物力，修建了赤壁的建筑物，于成龙将一座大堂取名"二赋堂"并亲书"二赋堂"匾额，又撰《重修赤壁记》详述重修经过，在二赋堂落成之日，写下《赤壁怀古》诗。

康熙三十二年（1693）

黄州知府贾钹修葺赤壁，将《赤壁图题词》石刻嵌于赤壁，又将所作《墨竹图》碑嵌于坡仙亭。

康熙四十九年（1710）

学政按察司金事董思凝巡察湖北、湖南的教育和科举事务，来黄州查看考选事宜，将康熙皇帝赐给其父董讷的亲书《赤壁赋》镌刻嵌于赤壁御书亭内。

雍正二年（1724）

太子太保、文华殿大学士兼吏部尚书张鹏翮游览赤壁，作《黄州苏文忠公祠》诗。

道光十七年（1837）

湖广总督林则徐莅临黄州城，在瞻仰定惠院苏东坡画像等遗迹后作对联：岭海答传书，七百年佛地因缘，不仅高楼临白傅；岷峨回远梦，四千里仙踪游迹，尚留名刹配黄州。

咸丰三年（1853）

九月十五日，太平军攻克黄州，赤壁楼台亭阁毁于兵火。

咸丰九年（1859）

曾国藩与胡林翼、李鸿章会聚黄州，同游东坡赤壁，写下《白莲池》《睡仙亭》《坡仙楼》《二赋堂》四首词。

同治七年 (1868)

黄冈刘维桢捐资复建东坡赤壁，并带领所部官兵参与建设。

同治八年 (1869)

四月初一，太子太保大学士、湖广总督李鸿章题写二赋堂匾额。

光绪十年 (1884)

江夏陈宝树、芜湖濮文彬、黄冈杨鸿钧出资维修二赋堂东侧房屋，蕲水苏成学塑东坡先生道士像供奉其中，取名留仙阁，落成之日，恰逢苏轼生辰（十二月十九日），众人携酒为东坡先生庆生，成为有文字记载以来的清末黄州寿苏会。

光绪十一年 (1885)

黄州知府英启撰《留仙阁记》，杨守敬以楷体书写，刻碑镶嵌留仙阁内。

七月，赣州知府钟谷应黄州府代理黄梅知县的濮文彬之请，用隶书书写"赤壁"二字，字大如斗，濮文彬题跋其后，刻石镶嵌放龟亭下。

光绪十四年 (1888)

黄冈县教谕杨守敬在紧邻东坡赤壁的一块空地上建房取名"邻苏园藏书楼"，自号"邻苏老人"。

光绪十六年 (1890)

成都杨寿昌任黄冈知县，因喜爱苏轼的书法，委托杨守敬汇集各帖苏书，加以选择，由江夏刘宝臣勾勒上石，镌刻成 108 块石碑，命名《景苏园帖》。

杨守敬手稿《景苏园帖》，采用原帖目录及序评，现藏湖北省博物馆。

1912 年

10 月，黄兴为东坡赤壁二赋堂写下一副对联：才子重文章，凭他二赋八诗，都争传苏东坡两游赤壁；英雄造时势，待我三年五载，必艳说湖南客小住黄州。

1913 年

2 月 6 日，宋教仁到黄州，游东坡赤壁。在黄州长江上赋诗一首：晓色侵江北，轻舟发汉阳。潮声随岸远，山势送人忙。大地风云郁，长途霜雪降。悠悠此行役，何处是潇湘。

1920 年

黄冈李开侁倡议原黄州府所属八县士绅筹资维修赤壁。李开侁撰书《庚申重修赤壁记》，请黄冈李子祺刻石。

黄冈知县曹蕴键请李开侁书写《后赤壁赋》，刻于二赋堂木屏风后壁。

1922 年

9 月 7 日，梁启超和黄炎培从长沙讲学归去，途径汉口，正好是苏轼在《前赤壁赋》中描写赤壁泛舟的日子(壬戌之秋七月既望)，两人一起乘舟来黄州东坡赤壁游玩。

《东坡赤壁艺文志》由武昌正信印务馆印刷出版，黄冈谢功肃编。

1923 年

7 月，梁启超、太虚法师在李开侁的陪同下参观东坡赤壁。

1925 年

2 月中旬，萧耀南来到黄州游东坡赤壁，拨款新建"挹爽楼""喜雨亭"。

9 月，范之杰受萧耀南委托，购回《景苏园帖》石刻。汪筱舫等受命将石刻运回东坡赤壁，嵌于赤壁挹爽楼下四壁。

12 月 28 日，湖北清理营产局拨马厂熟地 240 余亩，交东坡赤壁管理经营，全部收入用于东坡赤壁的日常维护。

1926 年

7 月，《东坡赤壁集》出版，六卷三本，黄冈汪燊编，王葆心为《黄州赤壁集》作序，并考察黄州赤壁作《黄州赤壁沿革考》。

1950 年

12 月，黄冈专署组织专班，拨款维修黄州东坡赤壁。

1956 年

10 月，时任全国政协副主席、中国民主建国会主任委员的黄炎培再次来东坡赤壁，并作《清平乐》词一首。

11 月 15 日，湖北省公布东坡赤壁为湖北省第一批重点文物保护单位。

1964 年

时任国务院副总理兼外交部长的陈毅等视察湖北时参观东坡赤壁。

1979 年

3 月，丁永淮、冯一德、吴闻章编完《东坡赤壁》，由湖北人民出版社出版发行。

1981 年

4 月，由黄冈地委宣传部、黄冈地区行署外办、黄冈地区博物馆选编的《东坡赤壁诗词选》出版。

10 月，时任兰州军区司令员韩先楚参观东坡赤壁。

1982 年

6 月，张爱萍将军参观东坡赤壁写下《江城子·访东坡赤壁》，并为"酹江亭"题写匾额。

10 月，时任中央顾问委员会委员的陈再道等视察黄冈时参观东坡赤壁。

10 月，湖北美术学院雕塑室主任朱达诚等集体创作的苏东坡立像，在东坡赤壁矶落成。

1983 年

2 月，时任中共中央总书记的胡耀邦等视察湖北时参观东坡赤壁。

1984 年

4 月 1 日，栖霞楼建成对外开放，茅盾题写匾额"栖霞楼"，楼高 27 米，建筑面积 477 平方米。

1986 年

6 月 17 日，湖北美术出版社出版发行《景苏园帖》。

2006 年

5 月 25 日，国务院核定并公布东坡赤壁为第六批全国重点文物保护单位。

2007 年

12 月 20 日 20 点，中央电视台四套《走遍中国》栏目播放在东坡赤壁拍摄的《赤壁疑云》。

2010 年

9 月 22 日，华中师范大学出版社出版发行"东坡赤壁文化丛书"，一套 5 本，分别是《黄州简史》《黄州赤壁集》《苏东坡谪居黄州》《苏东坡黄州名篇赏析》《赤壁之战战地研究史》。

2010 年

6 月，完成东坡赤壁景区赤壁二赋一词碑廊建设项目。该碑廊以苏东坡赤壁二赋一词的历代书画作品为主题，镌刻石碑 400 余块，充分展示出中国书画历史的时代风范，凸显了中国书画的学术气质。

6 月，武汉出版社再版《苏东坡黄州作品全编》。

8 月，武汉大学出版社出版发行《东坡黄州五年间》。

2012 年

12 月，线装书局出版《赤壁二赋帖》。

2014 年

7 月，中国文史出版社出版发行《苏东坡黄州书法集》。

10 月，湖北美术出版社出版发行宣纸线装本《景苏园帖》。

2016 年

12 月，湖北人民出版社出版发行《黄冈文化简史》《黄州城通史》。

2018 年

10 月，武汉大学出版社发行《黄州赤壁志》。

2019 年

12 月，武汉大学出版社出版发行"黄州赤壁文化丛书"，一套 4 本，分别是《黄州东坡赤壁文化》《续黄州赤壁集》《走近三苏》《杜牧与黄州》。

2020 年

7 月，湖北人民出版社出版发行《黄州城历史文化遗产调查》。

12月，黄冈市东坡文化研究会编辑出版《苏东坡文化》(第1辑)。

2021年

10月，黄冈市东坡文化研究会编辑出版《苏东坡文化》(第2辑)。

11月，中国文史出版社出版《苏东坡的家国情怀》。

2022年

8月，湖南师范大学出版社出版《东坡文化概论——以黄州为中心》。

12月，黄冈市东坡文化研究会编辑出版《苏东坡文化》(第3辑)。

第八章　景苏园帖

苏东坡的书法于"二王"后独树一帜，别开生面。其字丰满肥润，跌宕多姿。笔墨寓意深刻，透露出深厚的文人学养，表达出丰富的意境，在营造意境的同时又能将线条与文辞完美地结合起来。苏书追求一种"清水出芙蓉，天然去雕饰"的冲和淡然、自然随性的尚意风格，其书法美学思想对后世影响深远。

苏东坡的书法作为"宋四大家"之首，其成就十分显著。苏书从"二王"、颜真卿、柳公权、褚遂良、徐浩、李北海、杨凝式各家吸取营养，在笔墨寄情、意境营造和风格评价方面颇多新意，体现出丰富的美学思想，对后世影响深远。

东坡赤壁碑阁内四壁镶嵌的《景苏园帖》法帖石刻共108块，石刻单块

东坡赤壁碑阁的《景苏园帖》石刻

高 37.5 厘米，宽 85 厘米，收录苏东坡不同时期的书法作品 66 件（卷），集苏书之大观，对苏轼书法有着重要的辑存之功，使得习书者以极为便捷的方式得见苏轼书法的全貌。

第一节 刻 帖

刻帖是我国重要的历史文化遗产。据宋周密《志雅堂杂抄·图书碑帖》云："江南后主，尝诏徐铉以所藏古今法帖入之石，名升元帖。此刻在淳化之前，当为法帖之祖也。"故刻帖多以南唐后主李煜刻《升元帖》为开端。但北宋淳化年间太宗下旨王著摹刻《淳化阁帖》为流传至今最早的一部刻帖。以后辗转摹刻者渐多，刻帖成风，致使宋、元、明、清帖学兴盛并主导书坛。清代后期延至民国，虽碑学大兴，但刻帖依然不衰，可见刻帖生命力之顽强。

书法碑帖、拓片历来受到金石、书法、文史爱好者的喜爱，是人们研习、欣赏书法的核心载体。同时，法帖的生产和销售，成为书画市场也是书法产业重要的一环，不但历史悠久，而且曾拥有过很长的辉煌时期。刻帖一事始自赵宋，多数是诗文简札，以行、草书及小楷为盛。其意在于传播书法，即为书法研习者提供历代名家法书的复制品，故书法优劣是选择标准，很少顾及书写内容。

一、碑与帖的区分

字帖、碑帖，究竟是指同一种事物，还是两种事物的合称？

"碑帖"是一个并列型合成词。"碑"与"帖"虽然都是字帖的组成部分，但"碑"和"帖"，最初是两个不同的概念，二者的具体所指也有着很大区别。

现简单讲一下碑、帖的概念和二者的区别，以及由"帖"延伸出来的"刻帖"又是怎么回事。

从"碑"的字形结构我们就可以知道，碑的偏旁从"石"，与石头有关。"碑"最初就是石板或石碑的意思。有关石碑的起源，文化史专家们大致有三种说法：一是古人竖立一块石碑，主要用来测量日影的长度。二是竖起一块石碑或石柱，用来拴马。也就是这个石碑或石柱，充当着拴马桩的功能。三是古人在进行下葬活动时，会在墓穴旁边竖立一些石碑或石柱，然后在石碑或石柱上绑绳子，以缓缓将棺椁放入墓穴当中。

上面这三种情况所立的石碑或石柱，最初在石面上都没有刻写任何文字。但随着时间的推移，人们会在这些石碑或石柱上面刻写一些文字。这也就是书法意义上的最早碑刻。

最初的石碑上所刻文字，字数都很简短，书写技法也不怎么讲究。大概到了汉代，人们对于在石碑上刻字就非常讲究了，此时出现了各种工程记事碑、墓碑等。这些碑刻文字，不但内容撰写非常讲究，书写和镌刻的标准也很高。

现在再来说说帖的起源以及延伸性的刻帖是怎么回事。

"帖"字从"巾"，其最初意义与丝织品有关。在纸张得以大规模应用之前，古人已经在绢帛上写字，如著名的西汉马王堆帛书就是最好的证据。后来人们将在纸张和绢帛上书写的字迹，都统称为帖。换句话说，白底黑字的书法墨迹，在书法学习领域，一般都称为帖。从墨迹能够看到笔锋运动轨迹，所以历代书法学习者，都非常重视墨迹本，也就是"帖"的重要作用。

简单总结一下：历史上写在纸张、绢帛上各种白底黑字的字迹，如果书写水平极高，后人就将它们保存起来，以供世人学习和临写。此类书法墨迹，就称为帖，以与碑的拓片相区别。

以白底黑字为标准，那么我们现在广泛临习的楚简、秦简和汉简等简牍墨迹，当然也应该归类到碑帖当中"帖"的范围。

因此以最初书写材料为标准，帖最初是书写在绢帛、简牍、纸张上，大致是白底黑字，能够看到笔锋运动轨迹的书法作品。而碑的字迹，最初是用毛笔蘸上朱墨在石面上书写，它们制作出来的拓片是黑底白字。这就是碑、帖之间的本质区别。

上面我们已经基本讲明了碑与帖的本质区别，然而一种称为"刻帖"的东西，却又会在很大程度上扰乱我们刚刚建立的碑与帖区别的认知。主要原因就是：刻帖制作出来的拓片，同样也是黑底白字，与碑刻的拓片效果并无本质区别。

我们刚刚说过，帖最初是书写在绢帛和纸张上白底黑字的墨迹，以这个为标准，帖与碑其实是很好分辨的。

然而古代的字帖传播条件有限，并没有任何摄影技术，人们为了将优秀的"帖"字形进行大范围传播，当时能够想到的复制方式，就是将这些原本写在纸张上的字迹，大致按原样勾摹到石板上，完成镌刻后再制作成无数个拓本。

这种将最初写于纸张上的墨迹字形重新刻于石质材料上的过程，就称为刻帖。刻帖的目的意在以反转方式（字迹效果变为黑底白字）来复制优秀的纸质法帖。由此可见，虽然刻帖与刻碑的过程并无区别，但刻碑是直接在石碑上写字，但刻帖却是将纸质法帖的字形"移植"到石板或木板上面，这就是刻碑和刻帖的区别。

二、刻帖的流行

据各种文献记载，刻帖这种书法艺术实践活动，起源于五代时期。但这种说法只是一个文字记录，并没有相应的刻帖拓片实物来作为证据。也就是说，我们目前看不到任何五代时期的刻帖石板或相应拓片。

比较大规模的刻帖活动，则是从北宋开始的。其中著名的刻帖有《淳化阁帖》。《淳化阁帖》简称《阁帖》，又被称为"法帖之祖"。继《淳化阁帖》之后，还有刻工技术更好的《大观帖》（又称为《大观太清楼帖》）。《大观帖》内容与《淳化阁帖》并无多大区别，但刻工技术更为精良，因此也可视为《淳化阁帖》的 2.0 版。

从北宋开始一直到清代，各种刻帖活动一直连续不断，其中既有官方主持的，也有私人进行的刻帖，如《澄清堂帖》《戏鸿堂帖》《三希堂法帖》等，不胜枚举。

刻帖活动的大规模停止和基本终结，完全由于两项新技术的普及应用，这就是摄影技术和现代印刷技术。利用摄影技术和现代印刷技术，无论是白底黑字的墨迹本，还是黑底白字的拓片，都可以实现大规模的复制及传播。

虽然目前仍有一些零星的刻帖和制作拓本活动，只是这些活动，更多是寻找一种回忆，而不是为了复制字帖。因为借助于现代摄影和出版技术，我们可以轻松购买到从商代到清代几乎所有的各种碑帖字帖。

刻帖是中国书法史上书法普及运动，许多古人书法因此得以流传。它取代了唐人"响拓"技术，是真正的复制技术革命，不仅节省时间，大大降低了成本，而且也可将名家真迹化身万千，惠泽士民，从此打破了书法名帖为少数皇室贵族特权阶级垄断的局面，极大地促进了中国书法艺术的发展。

明代私帖数量极多，这些私帖，大多由著名书家勾摹，著名刻工刻勒，因此具有很高的质量。金陵、杭州等经济发达的城市盛行的刻帖之风及刻帖高手，还逐渐带动了刻帖在其他区域的盛行。总之，各地刻帖业的蓬勃发展，推动了古帖和今帖的广泛传播，有力地推动了书法的商业化、通俗化，适应了普通文人对法帖的需求，是一种普遍的文化产业。

刻一部好的私帖需大量的资金投入，周期也往往很长，如邢侗用了长达14年的时间方刻毕《来禽馆帖》，为刻帖、搜帖费去大半家产，以致家道中落。因此，并不是普通人都能刻得起帖的。书帖文化筑基于社会经济的高度繁荣，是著名收藏家与出资富商，官僚与第一流鉴赏家、刻工合作的结果。

清代是继宋、明之后刻帖的又一发展高峰期，且刻帖数量远超宋、明，达到鼎盛。好的拓本、帖石不仅可以交易，还可以典当。佳帖的价值之高可见一斑。

　　清代民间刻帖的风气也很盛行。清代早期的民间刻帖大都是集历代名人书法的丛帖。如卞永誉的《式古堂法帖》、陈春永的《秀餐轩帖》，虽从明末开始刊刻，但都是到了清代才完成。《职思堂法帖》《翰香馆法帖》《秋碧堂帖》，都是康熙间刻成的法帖。卞永誉、梁清标都是清初著名收藏家，他们所刻的法帖，鉴别之精、刻工之优良，在当时法帖中是第一流的。清代初期集刻个人书法的法帖，以集王铎书法的《拟山园法帖》和集傅山书法的《太原段帖》最为著名。

　　清代中期和后期刻帖之风更为盛行。曲阜孔继涑刻有《玉虹楼帖》《玉虹鉴真帖》《玉虹鉴真续帖》《谷园摹古法帖》《国朝名人法帖》等。其子孔广廉亦嗜刻帖，荟萃孔氏所刻各帖，有 101 卷，名为《孔氏百一帖》。嘉庆年间金匮（今江苏省无锡市）钱泳以工书著名，亦嗜刻帖，一生刻帖数十部，还摹刻了大量的碑碣、墓志等，据《履园丛话》记载有《经训堂帖》《宝晋斋法帖》《清爱堂帖》《惟清斋帖》《写经堂帖》《秦邮帖》《问经堂帖》《吴兴帖》等 20 余部。南海（今广东省佛山市）叶梦龙刻有《友石斋帖》《风满楼帖》等。

　　金石学家吴荣光刻有《筠清馆帖》《岳麓书院法帖》等。

　　安徽省歙县鲍漱芳有《安素轩帖》，叶应阳有《耕霞溪馆法帖》，这些都是当时比较著名的法帖。

　　道光以后潘仕成刻有《海山仙馆帖》，潘正炜刻有《听帆楼集帖》，伍葆恒刻有《南雪斋藏真帖》。

　　光绪年间孔广陶刻有《岳雪楼鉴真法帖》、陆心源刻有《穰梨馆历代名人法书》、杨守敬刻有《邻苏园法帖》、杨寿昌刻有《景苏园帖》等。清代刻帖之风极为盛行，种类和数量之多都超过前代，以上都是其中比较著名和流行的法帖。

　　三、刻帖的成品

　　刻帖的形制：刻帖因为多取材于简札、书信、手卷，故高度一般在一尺上下，长则一尺至三四尺不等，呈横式，多为石板状，除极少数为拓制方便刻两面外，基本上只在正面刻字。在一套法帖中每一块石料的大小一致，方便传拓、装订、携带。

刻帖的材质：有木材和石材。

刻帖的摹勒。刻帖要求忠于原作，都是摹勒上石，程序复杂，每道工序（双钩、背朱、上石、刊刻）均不得掺入己意，所以精品帖本可以达到乱真的程度。

制作拓片。将原迹摹勒到石板或枣木板上，再将浸湿的宣纸置于法帖碑版之上，经过捶拓、施墨等工序，影显出文字、图案的独特的艺术品，又称"拓本"或"拓片"。法帖碑版可反复制作拓片，装订成书籍进行传播，形成产量投放到市场。

法帖的线装。线装，顾名思义是用线进行装订，是用线把书页和封面装订成册，订线露在外边的装订形式。装订完成后，多在封面上另贴书签，显得雅致不凡。线装是明中期兴起的一种新型书籍装帧形式，也是我国古代最完美的一种书籍装帧形式。明代线装书的封皮，多数为纸面，选用较厚的纸，或几层纸滚贴而成。而较为考究的书皮，则在厚纸上滚以布、绫、锦、绢等织物，包角是在书的订口上下两角裁切边处贴以细绢，以使其美观坚固。有的书还有书根，即在书的下切口靠订口处写上书名及卷次，以便阅读时查找。线装的订眼是为了穿线，按书的开本大小和设计要求，有四眼、六眼、八眼不等。订线多用白丝线穿双道，书要压实，线要拉紧。

第二节　辑　　选

杨守敬（1839—1915）学识渊厚、著述宏富，学者身份又最为多重，舆地学家、目录学家、金石学家、收藏家、书学家等一身而兼。作为研究深湛而又精擅创作的书学家，其在晚清碑学盛炽而帖学备受诟议的氛围中力倡碑帖相融。

杨守敬在黄州，因官舍与东坡雪堂相邻，自号邻苏，邻苏老人之号由此而出。光绪十八年（1892），其辑刻成《邻苏园帖》八卷，分别收录二王、晋、唐、五代、宋人及日本书家的书法。此帖摹刻颇精，是清代刻帖史上的一件大事。

继《邻苏园帖》之后，杨守敬开始为亦极喜苏轼书法的黄冈知县杨寿昌遴选可以入选到《景苏园帖》的书法作品，表达其对这位文化巨匠的最高致意。光绪十九年（1893），杨守敬在刻成的《景苏园帖》序中云：

> 集苏书之存于世者，在宋则有成都汪氏之《西楼帖》，在明则有松江陈眉公之《晚香堂帖》。《西楼》搜罗最博，顾今无全帐；《晚香》则美恶杂糅……余意此帖虽后出，当为近世集苏书之冠，媲美《西楼》，凌跨《晚香》。

《西楼帖》是南宋汪应辰任职四川制置使时在成都所刻，辑苏书为 30 卷，惜全本早失。

《晚香堂帖》是明人陈继儒选刻，收苏书 200 余种。较之《西楼帖》，其因真伪相间及摹刻不精而颇为人所议。

杨守敬谓《景苏园帖》可"媲美《西楼》，凌跨《晚香》"，此一自傲固然是由于该帖乃近世集东坡书法之冠，亦是因为其在选审过程中对历来苏帖版本真伪、刻工优劣皆极用心鉴别与比勘，是故《景苏园咕》广博美议好评，正如其所言：

> (《景苏园帖》)大抵皆从旧本摹出，皆流传有绪之迹，绝少伪作，固应为苏书钜观。

明清去宋已远，而传世苏轼书法真赝混杂，辨伪存真已然颇多困难。而守敬所藏碑帖宏富，眼界非凡，又兼有目录学家的精深识见，故能在选辑中"绝少伪作"。

在其晚年"但凭记忆"所写的《学迻言》中,其道:

> (《西楼帖》)原为英兰坡旧物,曾重刻之,然不精。广东廖氏刻于
> 京师南海会馆者较胜。

此所言广东廖氏刻本为南海廖氏于道光十八年(1838)选刻存世《西楼帖》而成的一卷23种《观海堂苏帖》。而杨守敬谓《晚香堂帖》"今苏州有翻刻,则失真矣",虽不知其所指具体版本,不过其在谈到米芾《白云居帖》时亦有道"苏州重刻,庸陋不堪",想来此几种苏刻皆是唯利之徒所为而不计精善。

湖北博物馆收藏有杨守敬写给杨寿昌的17页手札墨迹,内容皆为就《景苏园帖》而选辑校勘东坡书法的事。其中所提及的用于版本互为比勘者,除《西楼帖》与《观海堂苏帖》两种苏书集帖外,另有10数种苏帖,其识见广博由此可见一斑。杨氏此17页纸信札中,有一页是针对《快雪堂法帖》的:

> 所收苏帖皆佳,后三札尤妙。此系涿拓本,首一叶有破损,然散藏尚有建拓,内府拓本可以补足。

《快雪堂法帖》是明末清初冯铨(1519—1672)选集,收晋以至元人书法成为五卷。因冯氏藏有王羲之《快雪时晴帖》且丛帖卷一即以此为首,遂得此名。《快雪堂法帖》采撅颇精,因其原刻几易其手,故又有多种拓本传世。冯铨为河北涿州人,其原初所拓被称"涿拓";后刻版归福建黄可润(?—1763)所有,故在福建所拓为"建拓";再后,又为福建总督杨景素(1711—1779)购得而进呈内府,故此后拓本为"内府拓"。其中,涿拓与内

府拓皆颇精良。杨守敬在此信中已先辨该册为"涿拓",又谓虽然首页有一页破损,不过可以其所收藏的"建拓"与"内府拓"补入。在其十数个短札中,其版本目录学家的比勘补校意识实随处可见。

而在其就《南雪斋集帖》一册所谈短札中,除显现其目录学家的谨慎态度,更可窥见其作为鉴藏家所具有的精锐目力。其信为:

> 《刘锡制诏》,此文为坡公作,此书未必是坡公笔。纵是坡公,亦随手不经意之作,可勿刻也。

《刘锡制诏》又作《刘锡敕》,此帖先为卞永誉《式古堂书画汇考》所著录,后刊于嘉庆十年(1805)刻成的《治晋斋摹古帖》中。杨守敬在此信中所提及的《南雪斋集帖》即为《南雪斋藏真》,为伍葆恒于咸丰二年(1852)刻行,而其中的《刘锡敕》帖当是从《治晋斋摹古帖》中所辑入。

杨守敬在大力整理、弘传金石碑刻之学而外,杂法帖编辑镌刻方面贡献亦巨。其对苏东坡的喜爱,全部心血用到《景苏园帖》的辑定上,更借以全面的学养与精谨的鉴勘在中国刻帖史上留一煌煌巨观而堪称不朽。

第三节 流 传

在中国文坛上,苏东坡的名字无疑是响彻古今的。他多才多艺,诗词歌赋、书法绘画水平都是顶尖级的。如果评选历史上最全面的文人,苏东坡应该是当之无愧第一人。按理来说,如此有盛名的才子,生前写下的书法作品应该相当丰富,无论是迎来送往的应酬之作,还是数九寒冬的练笔,数目绝对不少。可是因为距今时间太长,再加上王朝更替的动荡,苏东坡的墨宝实在很有限。苏东坡书法作品的存世和流传十分坎坷曲折,屡遭劫难。他生前就因朝廷党争,常连累墨迹,如在乌台诗案时,其妻就因迁怒和畏祸,把他的大量书稿付之一炬。

据林语堂在《苏东坡传》中说："后来东坡发现，残存者不过三分之一而已。"可谓苏书一大劫。他晚年被列入"元祐党人"，远贬儋州惠州等穷荒之地，书墨被大量禁毁流失。南宋后，苏东坡被世人推崇，其墨迹才被人们视为珍宝，成都汪应辰四方搜罗，刻苏书 10 卷，成于成都西楼，名《西楼帖》，为陆游所推重，是苏书的第一部书帖，因搜罗有限，惜无完帙。明朝松江陈继儒选刻的《晚香堂帖》，美恶杂糅，评价不一。而清朝的《小晚香帖》则鉴别不精，赝品不少，不足论列。晚清，也许是机缘臻熟，杨寿昌、杨守敬这两位书法鉴赏名家及苏东坡的崇拜者都来到了黄州城，合力精选苏东坡的书法镌刻成《景苏园帖》。

清光绪十六年（1890），四川成都人杨寿昌（字葆初）出任黄州府黄冈知县，他喜爱苏体书法，"少小握翰，即酷嗜苏书，沾溉既深，妙具神解，凡今世所存，流目立辨"（杨守敬语），对苏书流传状况不满，"予少喜公书而苦无善本，墨迹既不多观，即宋刻蜀帖亦罕流传。其他虽有摹刻，又不免真赝参半"（杨寿昌跋）。任职黄冈时，他萌生了重辑苏书的愿望，便委托黄冈县教谕杨守敬，收集当时能见到的传世真迹、苏东坡的书法碑刻、法帖拓本。

光绪十年（1884），杨守敬任黄冈县教谕，此后寓居黄州城达 15 年之久，出于对苏东坡的敬爱和推崇，他自号"邻苏老人"，其居室称"邻苏园"，鉴于《西楼帖》《晚香堂帖》《小晚香帖》的瑕疵，身居黄州赤壁旁的他，一直心存重辑苏书的愿望。所以对于杨寿昌的邀请欣然接受，合二人的学识和力量，重辑苏东坡书法墨迹，力求造就一本最佳的苏书法帖。

杨守敬是海内外闻名的金石书法收藏家，他从自己所收藏的《西楼帖》《晚香堂帖》《秀餐轩帖》《快雪堂法帖》《墨缘堂帖》《平远山房帖》《观海堂帖》《余清斋帖》《三希堂法帖》《经训堂帖》等 22 种涉及苏东坡的苏体书帖、苏东坡手卷、南宋石刻拓片中，纵观抉择，择其优者，筛选出建议入选的具体篇目，呈杨寿昌审定，并将自己的看法简要地作了说明。

两人再次倾其学识，鉴定剔抉，终于精选出 66 件（卷）苏书精品，由杨寿昌出资，聘请江夏著名镌刻家刘宝臣（字维善）双钩上石，雇石工镌刻。杨守敬对摹刻的一笔一画要求极为严格，毫不含糊。有时在石工力所难及的情况下，他还亲自动手修整。根据财力，在原定选刻四卷的基础上又增补两卷。杨寿昌与杨守敬皆题跋其后，分别记述镌刻此帖的初衷及遴选、镌刻过程。

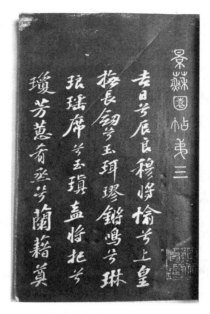

清拓本《景苏园帖》（部分）

《景苏园帖》石刻单块高 37.5 厘米，宽 85 厘米。石材是青石。经检测可知，《景苏园帖》石碑本体的主要元素为钙，推断含碳酸钙，故判断碑刻为灰岩。

灰岩指石灰岩，以方解石为主要成分的碳酸盐岩。有时含有白云石、黏土矿物和碎屑矿物，有灰、灰白、灰黑、黄、浅红、褐红等色，硬度一般不大，与稀盐酸有剧烈的化学反应，按成因分类属于沉积岩。

《景苏园帖》的卷前有苏轼小像（宋刻，清末湖广总督端方收藏，翻刻后始广为流传）、杨守敬手书的黄庭坚《东坡像赞》，卷末有杨守敬、杨寿昌写的跋。

全套法帖《景苏园帖》镌刻完成后，杨寿昌特意在其黄冈县署西侧辟出一间房屋取名"景苏园"，用于展示全套法帖之地，"园不甚广，欲籍公书以传。诗云：'高山仰止，景行行止'"（杨寿昌跋）。法帖放置于景苏园内，方便传拓，大量的传世拓本就是在此生产出来的。

目前看来，《景苏园帖》是保存最完好、数量最多、精选最当的苏体法书字帖。

《景苏园帖》问世后，历经磨难。先是杨寿昌自黄冈县知县任上卸任后，因镌刻《景苏园帖》耗尽全部积蓄，以致回不了家乡四川成都，就将全部石刻抵押给汉口富商张某。不久，杨寿昌病故，杨、张两家为石刻归属问题诉讼不已。

1925 年初，张某准备将石刻卖给外商，一时舆论大哗，所幸的是湖北督军萧耀南（黄冈县人）闻讯后，为避免家乡文化珍品流失，他斥资将石刻赎回，并运到黄州赤壁，嵌置于新建的挹爽楼墙壁，取名"碑阁"。

参与保护行动的人员简介如下：

萧耀南（1875—1926），字珩珊、衡山，因其祖籍江苏兰陵，也常被人称为萧兰陵，出生于黄冈县孔埠镇萧家大湾（今武汉新洲区），民国北洋政府时期湖北省省长、湖北督军、两湖巡阅使。

范之杰（1872—1957），别名范询炎，字俊臣（一作俊丞），别号历山农。济南市人。1906 年（光绪三十二年）任翰林院编修。1911 年任山东高等学堂校长。1915 年后历任江西高等检察厅厅长、湖北高等审判厅厅长、黄河水利委员会专门委员兼代总务处长。1956 年为上海文史馆馆员。擅长书法，为民国以来"苏体"大家。著有《苏东坡生平》《易经注解》《范氏书法》《诗集》等。

1925 年，他积极参与《景苏园帖》石刻的抢救保护工作，使国宝得以幸存。黄州东坡赤壁现存他的 3 块书画石刻，一是碑阁中的重嵌《景苏园帖》题跋，二是留仙阁中《东坡游赤壁图》，三是留仙阁中《题东坡游赤壁图》。

李开侁(1871—1929)，字英生，号颍陈、隐尘。黄冈李塘塍湾(今属新洲)人。官宦世家，父李培源曾任四川内江知县。李6岁丧父，家道中落。1890年，岁试优等，为廪膳生。1897年为拔贡，以直隶州判用，充任云南藩司李经羲记室。1914年6月，辞广东巡按使职，就任参政院参政。1916年，被聘为黎元洪大总统府秘书长，后任都护使、驻库仑办事大员。鉴于两广多事，遂恳辞诸职，重返粤桂，为和平统一奔走。1920年任湖北自治筹备处处长。次年，任湖北工赈局督办，监修王家营大堤。1922年任湖北、陕西查勘禁烟大员，同年创修黄冈堵龙堤。1923年隐退。李开侁精于书法，时人誉为"博涉汉魏六朝，楷书似吴兴，行书似北海"。晚年居上海，间或以卖字谋生。

东坡赤壁二赋堂中的木屏风隶书《后赤壁赋》就是李开侁的书法代表作，楷书石刻《挹爽楼记》《庚申重修赤壁记》在东坡赤壁碑阁大门口两边。

汪燊，字筱舫，黄冈县大埠街人(今属新洲)。此人聪颖好学，博通经史，能言善辩，很有口才，在北洋军阀统治时期很受湖北督军萧耀南的赏识，任命他当过武昌、钟祥等县的知事。1925年，萧耀南游览黄州东坡赤壁后，拨资修建挹爽楼、喜雨亭，并委托汪筱舫负责工程监理，历时4月完成。9月，范之杰受萧耀南委托，从外商手中购回由杨寿昌创意、杨守敬选刻的《景苏园帖》全套石刻126块。汪筱舫等受命将石刻运回黄州东坡赤壁，嵌于东坡赤壁挹爽楼下的四壁。1926年7月，编辑出版《东坡赤壁集》6卷。1932年，编辑出版《黄州赤壁集》。

20世纪60年代后期，为避免《景苏园帖》法帖石刻受到冲击，东坡赤壁工作人员机智地把碑阁内部的墙壁粉刷成革命大批判的阵地，幸运地躲过这一劫难。

1986年3月，《景苏园帖》影印本由湖北美术出版社出版，由丁永淮组编，著名作家李一氓作序，中国佛教协会会长赵朴初题写书名。

《景苏园帖》石刻现为国家一级文物，可以说是东坡赤壁的颜值担当，是东坡赤壁的精华所在。

第四节 释 文

《景苏园帖》集苏书精华之大成，囊括了当时能见到的苏东坡书法精品，成为苏书法帖的经典代表，正如杨守敬在《景苏园帖》后记所言："余意此帖虽后出，当为近世集苏书之冠，媲美《西楼》，凌跨《晚香》，有识斯许，无事赞扬，独是苏公忠义大节照耀千古，大令瞻仰前修，步趋岂独在翰墨，吾知景苏园中如泛颍水，顷刻斯见，大令倘神遇乎！"当代全国的苏东坡书法石刻也只有《景苏园帖》石刻保存完好，弥足珍贵。

《景苏园帖》第一①

印：阳山居士珍赏

赤壁赋

壬戌之□，□月既望，苏子与客□舟游于赤壁之下。清风□□，水波不□。举酒属客，□明月之诗，歌窈窕之章。少焉，月出于东山之上，徘徊于斗牛之间。白露横江，水光接天。纵一苇之所如，凌万顷之茫然。浩浩乎如冯虚御风，而不知其所止；飘飘乎如遗世独立，羽化而登仙。

于是饮酒乐甚，扣舷而歌之。歌曰："桂棹兮兰桨，击空明兮溯流光。渺渺兮予怀，望美人兮天一方。"客有吹洞箫者，倚歌而和之。其声呜呜然，如怨如慕，如泣如诉，余音袅袅，不绝如缕。舞幽壑之潜蛟，泣孤舟之嫠妇。

苏子愀然，正襟危坐，而问客曰："何为其然也？"客曰："'月明星稀，乌鹊南飞'，此非曹孟德之诗乎？西望夏口，东望武昌，山川相缪，郁乎苍苍，此非孟德之困于周郎者乎？方其破荆州，下江陵，顺流而东也，舳舻千里，旌旗蔽空，酾酒临江，横槊赋诗，固一世之雄也，而今安在哉？况吾与子渔樵于江渚之上，侣鱼虾而友麋鹿。驾一叶之扁舟，举匏樽以相

---

① 受篇幅所限，释文有删节，后同。

属。寄蜉蝣于天地，渺沧海之一粟。哀吾生之须臾，羡长江之无穷。挟飞仙以遨游，抱明月而长终。知不可乎骤得，托遗响于悲风。"

苏子曰："客亦知夫水与月乎？逝者如斯，而未尝往也。盈虚者如彼，而卒莫消长也。盖将自其变者而观之，则天地曾不能以一瞬；自其不变者而观之，则物与我皆无尽也，而又何羡乎？且夫天地之间，物各有主。苟非吾之所有，虽一毫而莫取。惟江上之清风，与山间之明月，耳得之而为声，目遇之而成色。取之无禁，用之不竭。是造物者之无尽藏也，而吾与子之所共食。"客喜而笑，洗盏更（平）酌。肴核既尽，杯盘狼藉。相与枕藉乎舟中，不知东方之既白。

印：项墨林印。秋壑。

轼去岁作此赋，未尝轻出以示人，见者盖一二人而已。

钦之有使至求近文，遂亲书以寄。多难畏事，钦之爱我，必深藏之不出也。又有《后赤壁赋》，笔倦未能写，当俟后信。轼白。

印：景苏园钩勒上石。心摹手追。

黄州寒食诗帖

印：和神当春清范百秋。当以把杯为乐。江夏霭园刘氏宝臣双钩之记。

黄庭坚跋

东坡此诗似李太白，犹恐太白有未到处，此书兼颜鲁公、杨少师、李西台笔意，试使东坡复为之，未必及此。它日东坡或见此书，应笑我于无佛处称尊也。

武昌西山诗

印：景苏园钩勒上石。有田不归如江水。

春江渌涨葡萄醅，武昌官柳知谁栽。忆从樊口载春酒，步上西山寻野梅。

西山一上十五里，风驾两掖飞崔嵬。同游困卧九曲岭，褰衣独到吴王台。

中原北望在何许，但见落日低黄埃。归来解剑亭前路，苍崖半入云涛堆。

浪翁醉处今尚在，石臼杯饮无樽罍。尔来古意谁复嗣，君有妙语留山隈。

至今好事除草棘，常恐野火烧苍苔。当时相望不可见，玉堂正对金銮开。

岂知白首同夜直，卧看椽烛高花摧。江边晓梦忽惊断，铜环玉琐鸣春雷。

山人帐空猿鹤怨，江湖水生鸿雁来。愿君作诗寄父老，往和万壑松风哀。

右武昌西山赠邓圣求一首

印：得秘。项墨林鉴赏章。
安阳杨氏藏本。张求逐古。心摹手追。

石恪画维摩赞

石恪画维摩赞

我观众工工一师，人持一药疗一病。风劳欲寒气欲暖，肺肝胃肾更（平）相克。

挟方储药如丘山，卒无一药堪施用。有大医王拊掌笑，谢遣众工病随愈。

问大医王以何药，还是众工所用者。我观三十二菩萨，各心竟谈不二门。

而维摩诘默无语，三十二义一时堕。我观此义亦不堕，维摩初不离是说。

譬如油蜡作灯烛，不以火点终不明。忽见默然无语处，三十二说皆光焰。

佛子若读维摩经，应（我）作是念为正念。维摩能以方丈室，容受九百万菩萨。

三万二千师子座，皆悉容受不迫迮。又能分布一钵饭，餍饱十方无量众。

断取妙喜佛世界，如持针锋一枣叶。云是菩萨不思议，住大解脱神通力。

我观石子一处士，麻鞋破帽露两肘。能使笔端出维摩，神力又过维摩诘。

若云此画无实相，毗耶城中亦非实。佛子若见维摩像，应作此观为正观。

鱼枕冠颂

鱼枕冠颂

莹净鱼枕冠，细观初何物。形气偶相值，忽然而为鱼。

不幸遭网罟，剖鱼而得枕。方其得枕时，是枕非复鱼。

汤火就模范，巉然冠五岳。方其为冠时，是冠非复枕。

成坏无穷已，究竟亦非冠。假使未变坏，送与无发人。

簪导无所施，是名为何物。我观此幻身，已作露电观。

而况身外物，露电亦无有。佛子慈愍故，愿受我此冠。

若见冠非冠，则知我非我。五浊烦恼中，清净常欢喜。

仆在黄冈时，戏作此等语十数篇，渐复忘之。元祐三年八月廿九日，同僚早出，独坐玉堂，忽忆此二首，聊复录之。翰林学士眉山苏轼记。

印：柯氏秘笈。杨。寿昌。江夏霭园刘氏宝臣双钩之记。

书王定国所藏王晋卿画烟江叠嶂图

书王定国所藏王晋卿画烟江叠嶂图一首

江上愁心千叠山，浮空积翠如云烟。山耶云耶远莫知，烟空云散山依然。

但见两崖苍苍暗绝谷，中有百道飞来泉。萦林络石隐复见，下赴谷口为奔川。

川平山开林麓断，小桥野店依山前。行人稍渡乔木外，渔舟一叶江吞天。

使君何从得此本，点缀毫末分清妍。不知人间何处有此境，径欲往买二顷田。

君不见武昌樊口幽绝处，东坡先生留五年。

春风摇江天漠漠，莫云卷雨山娟娟。丹枫翻鸦伴水宿，长松落雪惊醉眠。

桃花流水在人世，武陵岂必皆神仙。江山清空我尘土，虽有去路寻无缘。

还君此画三叹息，山中故人应有召我归来篇。

元祐四年三月十日

印：赵郡苏氏。景苏。墨池清兴。江夏霭园刘氏宝臣双钩之记。

《景苏园帖》第二

印：宝初赏鉴

洞庭春色赋、中山松醪赋

洞庭春色赋

吾闻橘中之乐，不减商山。岂霜馀之不食，而四老人者游戏于其间。悟此世之泡幻，藏千里于一班。举枣叶之有馀，纳芥子其何艰。宜贤王之达观，寄逸想于人寰。袅袅兮春风，泛天宇兮清闲。吹洞庭之白浪，涨北渚之苍湾。携佳人而往游，勤雾鬓与风鬟。命黄头之千奴，卷震泽而与俱还，糁以二米之禾，藉以三脊之菅。忽云烝而冰解，旋珠零而涕潸。翠勺银罂，紫络青纶。随属车之鸱夷，款木门之铜（环）镮。分帝觞之余沥，幸公子之破悭。我洗盏而起尝，散腰足之痹顽。尽三江于一吸，吞鱼龙之神奸。醉梦纷纭，始如氂蛮。鼓包山之桂楫，扣林屋之琼关。卧松风之瑟缩，揭春溜之淙潺。追范蠡于渺茫，吊夫差之悍鳏。属此觞于西子，洗亡国之愁颜。惊罗袜之尘飞，失舞袖之弓弯。觉而赋之，以授公子曰：乌乎噫嘻，吾言夸矣，公子其为我删之。

中山松醪赋

始予宵济于衡漳，军涉而夜号。燧松明以记浅，散星宿于亭皋。郁风中之香雾，若诉予以不遭。岂千岁之妙质，而死斤斧于鸿毛。效区区之寸明，曾何异于束蒿。烂文章之纠缠，惊节解而流膏。嘻构厦其已远，尚药石之可曹。收薄用于桑榆，制中山之松醪。救尔灰烬之中，免尔萤爝之劳。取通明于盘错，出肪泽于烹熬。与黍麦而皆熟，沸春声之嘈嘈。味甘余之小苦，叹幽姿之独高。知甘酸之易坏，笑凉州之蒲（葡）萄。似玉池之生肥，非内府之蒸羔。酌以瘿藤之纹樽，荐以石蟹之霜螯。曾日饮之几何，觉天刑之可逃。投柱杖而起行，罢儿童之抑搔。望西山之咫尺，欲褰裳以游遨。跨超峰之奔鹿，接挂壁之飞猱。遂从此而入海，渺翻天之云涛。使夫嵇、阮之伦，与八仙之群豪。或骑麟而翳凤，争榰挈而瓢操。颠倒白纶巾，淋漓宫锦袍。追东坡而不可及，归哺啜其醨糟。漱松风于齿牙，犹足以赋《远游》而续《离骚》也。

始安定郡王以黄柑酿酒，名之曰"洞庭春色"，其犹子德麟得之以饷予，戏为作赋。后予为中山守，以松节酿酒，复为赋之。以其事同而文类，故录为一卷。

绍圣元年闰四月廿一日，将适岭表，遇大雨，留襄邑书此。东坡居士记。

印：景苏园钩勒上石。杨。寿昌。游心于虚。江夏蔼园刘氏宝臣双钩之记。

楚颂帖

吾来阳羡，船入荆溪，意思豁然，如惬平生之欲。逝将归老，殆是前缘。王逸少云：我卒当以乐死，殆非虚言。吾性好种植，能手自接果木，尤好栽橘。阳羡在洞庭上，柑橘栽至易得。当买一小园，种柑橘三百本。屈原作《橘颂》，吾园若成，当作一亭，名之曰"楚颂"。元丰七年十月二日书。

赵孟頫跋

东坡公欲买园种橘于荆溪之上，然志竟不遂，岂造物者当有所靳耶，而《楚颂》一帖，传之后世为不朽，则又非造物者所能靳也。孟頫题。

董其昌跋

癸卯十月，过娄江，观东坡《种橘帖》真迹。董其昌。

送家安国教授归成都

别君二十岁，坐失两鬓青。吾道虽艰难，斯文终典型。
屡作退飞鹢，羞看千死萤。一落戎马间，五见霜叶零。
夜谈空说剑，春梦犹横经。新科复旧贯，童子方乞灵。
须烦凌云手，去作入蜀星。苍苔高朕室，古柏文翁庭。
初闻编简香，始觉锋镝腥。岷峨有雏凤，梧竹养修翎。
呜呼应解律，飞舞集虞廷。吾侪便归老，亦足慰余龄。

印：景苏。葆初。

陈有宗跋

黄太史有言：东坡居士立朝，而意在东山。今观所赋《郭熙平远》，则有声句中可以想见。惟公之生眉山，草木衣被声光盛矣。况家氏之才子，兼资文武，著绩缙绅，伟然于元祐碑中。盖其筮仕之初，已蒙文忠印正，则知公之所以范模后进，与家氏之所以步趋前修，有以增岷峨之高，浚锦水之清矣。三复敬叹乃书。

至元辛巳秋分，石涧陈有宗。

印：陈有宗印。石涧。寿昌。景苏。葆初。成都府路转运使印。清吟堂。高詹事。

颖沙弥帖

颖沙弥书迹巉耸可畏，他日真妙总门下龙象也，老夫不复止以诗句字画期之矣。老师年纪不小，尚留情句画间为儿戏事耶？然此可示诗，超然真游戏三昧也。居闲，不免时时弄笔。见索书字要楷法，辄能数篇，终不甚楷也。只一读了付颖师收，勿示余人也。

雪浪斋诗尤奇玮（伟），感激！感激！转海相访，一段奇事。但闻海舶遇风，如在高山上坠深谷中。非愚无知与至人，皆不可处。胥靡遗生，恐吾辈不可学。若是至人，无一事冒此险做甚么？千万勿萌此意。颖师喜于得预乘桴之游耳。所谓无所取材者，其言不可听，切切！相知之深，不可不尽道其实耳。自揣余生，必须相见，公但记此言，非妄语也。轼再拜。

印：子瞻。景苏园钩勒上石。杨寿昌印。金石刻画臣能为。

董其昌跋

东坡先生此卷乃海外书，不复作徐季海圆秀态，将以颜清臣之劲、王僧虔之淡收因结果。山谷所谓"挟以文章忠义之气，当为宋朝第一"者，不虚也。

董其昌观因题。

印：宗伯学士。董氏玄宰。

和王晋卿送梅花次韵

和王晋卿送梅花一首

东坡先生未归时，自种来禽与青李。

五年不踏江头路，梦逐东风泛苹芷。

江梅山杏为谁容，独笑依依临野水。

此间风物君未识，花浪翻天雪相激。

明年我复在江湖，知君对花三叹息。

仆去黄州五周岁矣，饮食梦寐未尝忘之。方请江湖一郡，书此一诗，寄王文父子辩兄弟，亦请一示李乐道也。

印：有明王氏图书之印。江夏霭园刘氏宝臣双钩之记。景苏。盛气平过自寡。有田不归如江水。家在夫容城下住。杨寿昌印。阳山居士珍赏。

祭黄几道文

维元祐二年，岁次丁卯八月庚辰朔，越四日癸未，翰林学士、朝奉郎、知制诰苏轼，朝奉郎、试中书舍人苏辙，谨以清酌庶羞之奠，昭告于故颍州使君、同年黄兄几道之灵：

呜呼几道，孝友蒸蒸。人无间言，如闵与曾。天若成之，付以百能。

超然骥德，风骛云腾。入为御史，以直自绳。终然玉雪，不污青蝇。

出按百城，不缓不拒。奸民惰吏，实畏靡憎。帝亦知之，因事屡称。

谋之左右，有问莫应。君闻不悛，与义降升。吾岂羽毛，为人所鹰。

抱默以老，含章不矜。环堵萧然，大布疏缯。妻子脆粟，玉食友朋。

轼迁于南，秋谷五登。坐阅百吏，锥刀相仍。有斐君子，传车是乘。

穆如春风，解此阴凌。尚有典刑，紫髯垂膺。鲁无君子，斯人安承。

纳币请昏，义均股肱。别我而东，衣袂仅胜。一卧永已，吾将安凭。

寿命在天，维圣莫增。君赵魏老，老于薛滕。天亦愧之，其世必兴。

举我一觞，归安丘陵。尚飨。

董其昌跋

董其昌观于曹图翰斋中。

癸卯十月晦。同观者陈仲醇、周仲菅季良兄弟。

印：董氏玄宰。董其昌印。

天际乌云帖

"天际乌云含雨重，楼前红日照山明。嵩阳居士今何在，青眼看人万里情。"此蔡君谟《梦中》诗也。

仆在钱塘，一日谒陈述□。邀余饮堂前小阁中。壁上小诗一绝，君谟真迹也："约绰新娇生眼底，侵寻旧事上眉尖。问君别后愁多少，得似春潮夜夜添。"又有人和云："长垂玉筋残妆脸，肯为金钗露指尖。万斛闲愁何日尽，一分真态更难添。"二诗皆可观，后诗不知谁作也。

印：盛气平过自寡。安阳杨氏收藏书画金石文字之印。

杭州营籍帖

杭州营籍周韶，多蓄奇茗，常与君谟斗，胜之。韶又知作诗。子容过杭，述古饮之，韶泣求落籍。子容曰："可作一绝。"韶援笔立成，曰："陇上巢空岁月惊，忍看回首自梳翎。开笼若放雪衣女，长念观音般若经。"韶时有服，衣白，一坐嗟叹。遂落籍。同辈皆有诗送之，二人者最善。胡楚云："淡妆轻素鹤翎红，移入朱栏便不同。应笑西园旧桃李，强匀颜色待东风。"龙靓云："桃花流水本无尘，一落人间几度春。解佩暂酬交甫意，濯缨还作武陵人。"固知杭人多惠也。

印：景苏园钩勒上石。杨寿昌印。葆初。墨海清兴。张求逐古。江夏霭园刘氏宝臣双钩之记。

《景苏园帖》第三

印：葆初赏鉴。

屈原 九歌

> 吉日兮辰良，穆将愉兮上皇。抚长剑兮玉珥，璆锵鸣兮琳琅。
> 瑶席兮玉瑱，盍将把兮琼芳。蕙肴蒸兮兰藉，奠桂酒兮椒浆。
> 扬枹兮拊鼓，疏缓节兮安歌，陈竽瑟兮浩倡。灵偃蹇兮姣服。
> 芳菲菲兮满堂，五音纷兮繁会，君欣欣兮乐康。
> ……

印：当以把酒为乐。江夏霭园刘氏宝臣双钩之记。金石刻画臣能为。

刘沔跋

东坡先生书楚词，乃黄州时书。世人多购晚年书，先生晚年字画，老劲雄放，元丰中作字华丽工妙，后生不见前作，往往便谓赝本。先生昔与犹子书论作文，教其师法应制时文章，且曰至于书字亦然也。松年自蚤岁尊慕先生，家藏先生之文甚富，近年购先生之书尤多，独此乃先生旧所书耳，信可宝也。

宣和四年二月初八日，刘沔书。

印：子京。项子京。神品。蕴真阁印。晴岚密玩。葆初赏鉴。

宋玉 九辩

印：盛气平过自寡，安阳杨氏收藏书画金石文字之印。

悲哉，秋之为气也！萧瑟兮草木摇落而变衰。

憭栗兮若在远行，登山临水兮送将归。

泬寥兮天高而气清，寂寥兮收潦而水清。

憯凄增欷兮，薄寒之中人，

怆怳懭悢兮，去故而就新。

坎廪兮贫士失职而志不平，

廓落兮羁旅而无友生，惆怅兮而私自怜！

……

印：景苏。杨寿昌印。葆初。

安阳杨氏藏本。墨海清兴。有田不归如江水。佞苏居士曾经藏石。江夏霭园刘氏宝臣双钩之记。心摹手追。

答谢民师论文帖

轼启：……求物之妙，如系风捕景，能使是物了然于心者，盖千万人而不一遇也，而况能使了然于口与手者乎？是之谓词达，词至于能达，则文不可胜用矣。扬雄好为艰深之词，以文浅易之说，若正言之，则人人知之矣。此正所篆谓雕虫篆刻者，其《太玄》《法言》皆是类也。而独悔于赋，何哉？终身雕篆，而独变其音节，便谓之经，可乎？屈原作《离骚经》，盖风雅之再变者，虽与日月争光可也！可以其似赋而谓之雕虫乎？使贾谊见孔子，升堂有余矣，而乃以赋鄙之，至与司马相如同科！雕之陋，如此比者甚众。可与知者道，难与俗人言也。因论文偶及之耳。欧阳文忠公言，文章如精金美玉，市有定价，非人所能以口舌贵贱也。纷纷多言，岂能有益于左右，愧悚不已。所须惠力法雨堂字，轼本不善作大字，强作终不佳。又舟中局迫难写，未能如教。然则方过临江，当往游焉。或僧有所欲记录，当为作数句留院中，慰左右念亲之意。今日已至峡山寺，少留即去。愈远。惟万万以时自爱。不宣。

轼顿首再拜民师帐句推官阁下。十一月五日。

印：杨。寿昌。景苏园钩勒上石。心摹手追。阳山居士珍赏。江夏蔼园刘氏宝臣双钩之记。

与欧阳晦夫推官手札

轼数日病痢，不果往谒，想起居佳胜。饯行诗辄跋尾，匹纸亦作数百字，余皆驰纳，不一一。轼再拜晦夫推官阁下。七月十三日。

《乳泉赋》切勿示人，切恳。

天庆观乳泉赋

阴阳之相化，天一为水，六者其壮，而一者其稚也。夫物老死于坤，而萌芽于复。故水者，物之终始也。意水之在人寰也，如山川之蓄云，草木之含滋，漠然无形而为往来之气也。为气者水之生，而有形者其死也。死者咸而生者甘，甘者能往能来，而咸者一出而不复返，此阴阳之理也。吾何以知之？盖尝求之于身而得其说。凡水之在人者，为汗、为涕、为□、为血、为溲、为矢、为涎、为沫，此数者，皆水之去人而外骛，然后肇形于有物，皆咸而不能返。故咸者九而甘者一。一者何也，惟华池之真液，下涌于舌底，而上流于牙颊，甘而不坏，白而不浊，宜古之仙者以是为金丹之祖、长生不死之药也。今夫水之在天地之间者，下则为江湖井泉，上则为雨露霜雪，皆同一味之甘，是以变化往来，有逝而无竭。故海洲之泉必甘，而海云之雨不咸者，如泾渭之不相乱，河济之不相涉也。若夫四海之水，与凡出盐之泉，皆天地之死气也。故能杀而不能生，能槁而不能浃也，岂不然哉？

印：盛气平过自寡。葆初。杨寿昌印。景苏园钩勒上石。

江上帖

轼启江上，邂逅俯仰八年，怀仰。世契感怅不已，厚书且审。起居佳胜，令弟爱子各想康福，余以面莫既人回，忽忽不宣。

轼再拜知县朝奉阁下，四月廿八日。

杜甫桤木诗

> 背郭堂成荫白茅，缘江路熟俯青郊。
>
> 桤林碍日吟风叶，笼竹和烟滴露梢。
>
> 暂下飞鸟将数子，频来语燕定新巢。
>
> 旁人错比扬雄宅，懒惰无心作解嘲。

蜀中多桤木，读如欹仄之欹。散材也，独中薪耳。然易长，三年乃拱。故子美诗云："饱闻桤木三年大，为致溪边十亩阴。"凡木所芘，其地则瘠。惟桤不然，叶落泥水中辄腐，能肥田，甚于粪壤，故田家喜种之。得风，叶声发发如白杨也。吟风之句，尤为纪实云。笼竹亦蜀中竹名也。

《景苏园帖》第四

印：阳山居士珍赏

致若虚总管尺牍

轼奉寄若虚总管贤弟。比因苏兵回，附书必澈矣，秋气渐凉。伏想动履之胜，贵聚均庆。轼干阙方下三数日，或闻成在旦暮耳。续公时有美言，必称吾弟相祷外，除了须有言思光远。每见宾客盈坐，不曾得发一语也。相望三数舍，莫能瞻晤。临风浩然兼□眠食增爱。不宣。轼书奉若虚总管贤弟。

印：杨。墨池清兴。家在夫容城下住。

北游帖

轼启。辱书，承法体安隐，甚慰想念。北游五年，尘垢所蒙，已化为俗吏矣。不知林下高人犹复不忘耶！未由会见，万万自重。不宣。轼顿首，坐主久上人。五月廿二日。

印：景苏园钩勒上石。墨池清兴。有田不归如江水。葆初。江夏霭园刘氏宝臣双钩之记。金石刻画臣能为。

廷平郭君帖

轼启。辱教，具审孝履支持，承来日遂行。适请数客，未得走别。来晨如不甚早发，当诣见次。梅君书写未及，非久差人去也。李六丈近遣人赍书去，且为致恳。酒两壶，以饮从者而已。不宣。轼再拜至孝廷平郭君。三日。

次韵苏伯固游蜀冈，送李孝博奉使岭表诗帖

次韵苏伯固游蜀冈，送李孝博奉使岭表一首

新苗未没鹤，老叶方翳蝉。绿渠沤麻水，白板烧松烟。
笑窥有红颊，醉卧皆华□。家家机杼鸣，树树梨枣悬。
野无佩犊子，府有骑鹤仙。观风峤南使，出相山东贤。
渡江吊狠石，过岭酌贪泉。与君步徙倚，望彼修□□。
愿及南枝谢，早随北雁翩。归来春酒熟，共看山樱然。

子由生日，以檀香观音像及新合印香银篆槃为寿诗帖

子由生日，以檀香观音像及新合印香银篆槃为寿一首

旃檀婆律海外芬，西山老脐柏所薰。

香螺脱□来相群，能结缥缈风中云。

一灯如萤起微焚，何时度尽缪篆纹。

缭绕无穷合复分，绵绵浮空散氤氲。

东坡持是寿卯君，君少与我师皇坟。

旁资老聃释迦文，共厄中年点蝇蚊。

晚遇斯□□□□，君方论道承华勋。

我亦旗鼓严中军，国恩未报敢不勤。

但愿不为世所醺，尔来白发不可耘。

问君何时返乡枌，收拾散亡理放纷。

此心实与香俱君，闻思大士应已闻。

次韶三舍人省上诗帖

次韵三舍人省上一首

纷纷荣瘁何能久，云雨从来翻覆手。

恍如一梦堕枕中，却见三贤起江右。

嗟君妙质皆瑚琏，顾我虚名但箕斗。

明朝冠盖蔚相望，共扈翠辇朝宣光。

武皇已老白云乡，正与群帝骖龙翔。

独留杞梓扶明堂。

送贾讷倅眉诗帖

老翁山下玉渊回，手植青松三万栽。

父老得书知我在，蓬蒿亲手为君开。

试看一一龙蛇活，更听萧萧风雨哀。

便与甘棠同不剪，苍髯白甲待归来。

先人葬于眉之老翁泉上。眉倅贾讷来别，欲亲至其处，故作此诗送之。

郭熙秋山平远二首诗帖

郭熙秋山平远一首。此纸颇有杨风子也。

目尽孤鸿落照边，遥知风雨不同川。

此间有句无人见，送与襄阳孟浩然。

木落骚人已怨秋，不堪平远发诗愁。

要看万壑争流处，他日终烦顾虎头。

和王明叟喜雪诗帖

和王明叟喜雪一首

圣人与天通，有诏宽狱市。好语夜喧街，湿云朝覆砌。

纷然退朝后，色映宫槐媚。欲夸剪刻工，故上朱蓝袂。

我方执笔待，未敢书上瑞。君犹伏阁争，高论亦少慰。

霏霏止还作，盎盎风与气。行当见二白，拜舞欢万岁。

归来饮君家，醻咏追既醉。

二月二十六日雨中熟睡至晚强起出门还作此诗帖

卯酒困三杯，午餐便一肉。

雨声来不断，睡味清且熟。

昏昏觉还卧，展转无由足。

强起出门行，孤梦犹可续。

泥深竹鸡语，村暗鸠妇哭。

明朝看此诗，睡语应难读。

次韵胡完夫诗帖

青衫别泪尚斓斑，十载江湖困抱关。

老去上书还北阙，朝来拄笏望西山。

相从杯酒形骸外，笑说平生醉梦间。

万事会须咨伯始，白头容我占清闲。

大寒步至东坡赠巢三诗帖

春雨如暗尘，春风吹倒人。东坡数间屋，巢子与谁邻。

空床敛败絮，破灶郁生薪。相对不言寒，哀哉知我贫。

我有一瓢酒，独饮良不仁。未能赪我颊，聊复濡子唇。

故人千钟禄，御吏醉吐茵。那知我与子，坐作寒蛩呻。

努力莫怨天，我尔皆天民。行看花柳动，共享无边春。

王仲至侍郎见惠稚栝诗帖

王仲至侍郎见惠稚栝，种之仪曹北垣下，今百余日矣，蔚然有生意，喜而赋诗，呈淳父内翰。轼上。

翠栝东南美，近生神岳阴。惜哉不可致，霜根络云岑。

仙风振高标，香实陨平林。偶随樗栎生，不为樵牧侵。

忽惊黄茅岭，稍出青玉针。好事虽力取，王城少知音。

岂无换鹅手，但知觅来禽。高怀独夫子，一见捐囊金。

得之喜不寐，赠我意殊深。公堂开后阁，凡木愧华簪。

栽培一寸根，寄子百年心。常恐樊笼中，摧我鸾鹤衿。

那知积雨后，寒芒晓森森。恨我迫归老，不见汝十寻。

苍皮护玉骨，旦莫视古今。何人风雨夜，卧听饥虎吟。

亦请方叔同赋。赵郡苏轼。

予去杭十六年而复来留二年而去平生自觉出处

□年衫鬓两青青，强说重临慰别情。

衰发只今无可白，故应相对话来生。

出处依稀似乐天，敢将衰朽较前贤。

便从洛社休官去，犹有闲居二十年。

在郡依前六百日，山中不记几回□。

还将天竺一峰去，要把云根到处栽。

熙明张侯永康所居万卷堂诗帖

熙明张侯永康所居万卷堂一首

君家四壁如相如，卷藏天禄吞石渠。

岂惟邺侯三万轴，家有世南行秘书。

儿童拍手笑何事，笑人空腹谈经义。

未许中郎得异书，且共扬雄说奇字。

清江萦山碧玉环，下有老龙千古闲。

知君好事家有酒，化为老人夜扣关。

留侯之孙书满腹，玉函宝方何用读。

濠梁空复五车多，圯上从来一篇足。

三□□示□公并别山中诸道友

次韵子由送家退翁知怀安军

吾州同年友，粲若琴上星。当时功名意，岂止拾紫青。

事既喜违愿，天或不假龄。今如图中鹤，俯仰在一庭。

（吾州同年友凡十三人，今在者六人而已，故有琴上星、图中鹤之语。）

退翁守清约，霜菊有余馨。鼓笛方入破，朱弦微莫听。

西南正春早，废沼黏枯萍。翩然一麾去，想见灵雨零。

我无谪仙句，待诏沉香亭。空骑内厩马，天仗随云辇。

竟无丝毫补，眷焉谁汝令。永愧旧山叟，凭君寄丁宁。

元祐二年三月十日

呈公济、子侔二通守诗帖

熙宁中，轼通守此郡。除夜，直都厅，囚系皆满，日莫不得返舍，因题一诗于壁，今二十年矣。衰病之余，复忝郡寄，再经除夜，庭事萧然。三圄皆空，盖同僚之力，非拙朽所致。因和前篇，呈公济、子侔二通守。

前诗

除日当早归，官事乃见留。

执笔对之泣，哀此系中囚。

小人营馔粮，堕网不知羞。

我亦恋薄禄，因循(不)失归休。

不须论贤愚，均是为食谋。

谁能暂纵遣，闵默愧前修

今和

山川不改旧，岁月逝肯留。

百年一俯仰，五胜更王囚。

同僚比岑范，德业前人羞。

坐令老钝守，啸诺获少休。

却思二十年，出处非人谋。

齿发付天公，缺坏不可修。

次韵钱穆父还张天觉行县诗卷

次韵钱穆父还张天觉行县诗卷

君如天马玉花骢，顷刻须臾不计功。

投刃皆虚有余地，运斤不辍自成风。

如何十日敲榜外，已复千篇笑语中。

只恐学禅余此在，卓锥犹是去年穷。

送杨孟容诗卷

我家峨眉阴，与子同一邦。

相望六十里，共饮玻璃江。

江山不违人，遍满千家窗。

但苦窗中人，寸心不自降。

君归治小国，洪钟噎微撞。

我留侍玉坐，弱步敧丰扛。

后生多才贤，名与黄童双。

不肯入州府，至今余老庞。

君归与问评，爱惜霜眉庞。

何以待我归，寒醅发春缸。

正月二十日往岐亭郡人潘古郭三人送余于女王城东禅庄院

十日春寒不出门，不知江柳已摇村。

稍闻决决流冰谷，尽放青青没烧痕。

数亩荒园留我住，半瓶浊酒待君温。

去年今日关山路，细雨梅花正断魂。

印：墨池清兴。江夏霭园刘氏宝臣双钩之记。

《景苏园帖》第五

安焘批答帖

赐新除知枢密院事安焘恩命不允断来章批答。

臣表具之。德称其服，臣主俱荣。食浮于人，上下交病。朕之为天下虑，甚于卿之自为谋也。思而后行，有出无反。成命不再，卿毋复辞。所乞宜不允，仍断来章。无起空。

反字不是及字，且子细点对，切切。

赐新除知枢密院事安焘辞恩命不许断来章批答。

臣□表具之。论材考德，圣人所以公天下；难□易退，君子□□善一身。权之以义，孰为轻重。训兵论将，威怀戎狄。卿以是事上，岂不贤于逡巡退避也哉。所请宜不许，仍断来章。无起控。

赐正议大夫同知枢密院事安焘乞退不允诏。

臣上。□朕褒显耆旧，取其宿望；养育后人，待其成材。庶前后相继，朝不乏人；则堂陛自隆，国有所恃。方今在廷之士，孰非华发之良？而卿以康强之年，为远引之计，于义未可，盖难曲从。所请宜不允，故兹诏示，想宜知悉。

敕安焘省所札子奏乞解政事，退守便州事具悉。卿之屡请己后不用，固非矫激，朕之留行，亦岂空文。内之枢机之谋，外之疆场之议。责既身任，义难家词。夫饰小行竞小廉，务为难进易退，此疏远小□□□，非□朕所望于卿也。亟还厥官，毋烦朕命。所请宜不允，故兹诏示，想宜知悉。

省表具之。卿向自西枢，出殿藩服，顷由近辅，入侍燕间。□□昔有未识之思，今乃日闻其语。既见君子，无逾老臣，当益励于初心，尚何词□于新命。所请宜不允，仍断来章。

董其昌跋

此卷吾乡陈仲醇已借摹刻石，今日始见真迹，奇崛真率，正是坡公本

色，不经意而中程者。董其昌题

印：董其昌印

跋吏部陈公诗帖

故三司副使吏部陈公，轼不及见其人。然少时所识一时名卿胜士，多推尊之。尔来前辈凋丧略尽，能称诵公者，渐不复见，得其理言遗事，皆当记录宝藏，况其文章乎？公之孙师仲，录公之诗廿五篇以示轼，三复太息，以想见公之大略云。

元丰四年十一月廿二日，眉阳苏轼书。

归安丘园帖

轼启。前日少致区区，重烦诲答，且审台侯康胜，感慰兼极。归安丘园，早岁共有此意。公独先获其渐，岂胜企羡。但恐世缘已深，未知果脱否耳，无缘一见，少道宿昔为恨。人还，布谢不宣。

轼顿首再拜，子厚宫使正议兄执事。十二月廿七日。

金山寺与柳子玉诗帖

恶酒如恶人，相攻处刀箭。颓然一榻上，胜之以不战。

诗翁气雄拔，禅老语清软。我醉都不知，但觉红绿眩。

醒时山月上，瑟瑟风响变。惟有一龛灯，二豪俱不见。

与柳子玉、宝觉师会金山作诗，今三十年矣。

示慈云老师偈

珍重寿圣师，听我送行偈。愿悯诸有情，□断一切法。

人言眼睛上，一物不可住。我谓如虚空，何物住不得。

我亦非然我，而不然彼义。然则两皆然，否则无然者。

吕梦得承事年八十三，读书作诗，手不废卷，室如县磬，但贮古今书帖而已，作诗以示慈云老师。

用前韵答西掖诸公见和

双猊蟠础龙缠栋，金井辘轳鸣晓瓮。

小殿垂帘碧玉钩，大宛立仗朱丝鞚。

风驭宾天云雨隔，孤臣忍泪肝肠痛。

羡君意气风生坐，落笔纵横盘走汞。

（闭门）上尊日日写黄封，赐茗时时开小凤。

闭门怜我老太玄，给札看君赋云梦。

金奏不知江海眩，木桃屡费琼瑶重。

岂惟寒步困追攀，已觉侍史疲奔送。

春还宫柳腰肢活，雨入御沟鳞甲动。

借君妙语发春容，顾我风琴不成弄。

元祐元年二月廿三日醉书

印：赵郡苏氏

久留帖

轼再启。久留叨恩，频蒙馈饷，深为不皇。又辱宠召，不克赴，并积惭汗，惟深察深察！轼再拜。

屏事帖

宣猷丈丈，计已屏事斋居，未敢上状。至常乃附区区。轼惶恐。

赠李方叔马券帖

元祐元年，予初入玉堂，蒙恩赐玉鼻骍。今年出守杭州，复沾此赐。东南例乘肩舆，得一马足矣。而李方叔未有马，故以赠之。又恐方叔别获嘉马，不免卖此，故为书公据。

四年四月十五日，轼书。

印：赵郡苏氏

春中帖

轼启。春中□□□必达，久不闻□，渴仰增积。比日履兹，余□尊候何似，眷聚各无恙。轼蒙庇如昨。二哥□春□□□有书问往还，甚安也。子由不住得书，甚健。会合何时，惟祝倍万保啬，不宣。轼再拜德孺运使金部老弟左右。七月廿六日。

近人帖

轼启。□人回，奉状必达。比□履兹起居佳胜，岂弟之化，想已信服，吏民坐啸之乐，岂有涯哉！无缘陪接，但深驰仰。尚冀若时保练，少慰区区。不宣。

轼再拜，质翁朝散使君老兄阁下。正月廿四日。

功甫帖

苏轼谨奉别功甫奉议

跋章子厚所藏唐人石刻本

章子厚有唐人石刻本与此无异，而字画加丰，肌骨相称，乃知石刻常患瘦耳。元祐四年十月廿五日，子瞻书。

小楷 陶渊明归去来辞

归去来兮，田园将芜胡不归？既自以心为形役，奚惆怅而独悲？悟已往之不谏，知来者之可追。实迷途其未远，觉今是而昨非。舟遥遥以轻飏，风飘飘而吹衣。问征夫以前路，恨晨光之熹微。

乃瞻衡宇，载欣载奔。僮仆欢迎，稚子候门。三径就荒，松菊犹存。携幼入室，有酒盈樽。引壶觞以自酌，眄庭柯以怡颜。倚南窗以寄傲，审容膝之易安。园日涉以成趣，门虽设而常关。策扶老以流憩，时矫首而遐观。云无心以出岫，鸟倦飞而知还。景翳翳以将入，抚孤松而盘桓。

归去来兮，请息交以绝游。世与我而相遗，复驾言兮焉求？悦亲戚之情话，乐琴书以消忧。农人告予以春及，将有事于西畴。或命巾车，或棹孤舟。既窈窕以寻壑，亦崎岖而经丘。木欣欣以向荣，泉涓涓而始流。善万物之得时，感吾生之行休。

已矣乎！寓形宇内复几时？曷不委心任去留？胡为乎遑遑欲何之？富贵非吾愿，帝乡不可期。怀良辰以孤往，或植杖而耘籽。登东皋以舒啸，临清流而赋诗。聊乘化以归尽，乐夫天命复奚疑！

轼

元丰甲子，余居黄五稔矣，盖将终老焉。近有移汝之命，作诗留别雪堂邻里二三君子，独潘邠老与弟大观复求书赤壁二赋，余欲为书《归去来辞》，大观奢石欲并得焉。余性不奈小楷，强应其意，然迟余行数日矣。苏轼。

归去来集字十首

予喜渊明《归去来辞》，因集字为十诗

命驾欲何向，欣欣春木荣。世人无往复，乡老有将迎。
云内流泉远，风前飞鸟轻。相携就衡宇，酌酒话交情。

涉世恨形役，告休成老夫。良欣就归路，不复向迷途。
去去径犹菊，行行田欲芜。情亲有还往，清酒引樽壶。

与世不相入，滕琴聊尽欢。风光归笑傲，云物寄游观。
言语审无倦，心怀良独安。东皋清有趣，植杖日盘桓。

云岫不知远，巾车行复前。仆夫寻老木，童子引清泉。
矫首独傲世，委心怀乐天。农夫告春事，扶老向良田。

世事非吾事，驾言乡路寻。向时迷有命，今日悟无心。
亭内菊归酒，窗前风入琴。寓形知已老，犹未倦登临。

富贵良非愿，乡关归去休。携琴已寻壑，载酒复径丘。

翳翳景将入，涓涓泉欲流。老农人不乐，我独与之游。

觞酒命童仆，言归无复留。轻车寻绝壑，孤棹入清流。
乘化亦安命，息交还绝游。琴书乐三迳，老矣亦何求。

归去复归去，帝乡安可期。鸟还知已倦，云去欲何之。
入室常携幼，临流亦赋诗。春风吹独立，不是傲亲知。

役役倦人事，来归车载奔。征夫问前路，稚子候衡门。
入室亦诗策，出游常酒樽。交情书已绝，云壑自相存。

寄遨知今是，求劳定昨非。聊欣樽有酒，不恨室无衣。
丘壑世情远，田园生事微。庭柯还独晒，时有鸟归飞。

予治东坡，筑雪堂于上，乃取《归去来辞》稍归隐括以就声律，释耒之暇，扣筑而歌，不亦乐乎！子瞻

哨遍·为米折腰

为米折腰，因酒弃家，口体交相累。归去来，谁不遣君归。从前皆非今是。露未晞。征夫指予归路，门前笑语喧童稚。嗟旧菊都荒，新松暗老，吾年今已如此。但小窗容膝闭柴扉，策杖看孤云暮鸿飞。云出无心，鸟倦知还，本非有意。

噫！归去来兮，我今忘我兼忘世。亲戚无浪语，琴书中有真味。步翠麓崎岖，泛溪窈窕，涓涓暗谷流春水。观草木欣荣，幽人自感，吾生行且休矣，念寓形宇内复几时？不自觉皇皇欲何之，委吾心去留谁计。神仙知在何处？富贵非吾愿，但知临水登山啸咏，自引壶觞自醉。此生天命更何疑，且乘流遇坎还止。

右调《哨遍》 东坡居士

春帖子词

元祐三年《春帖子词》，翰林学士臣苏轼进。

皇帝阁

蔼蔼龙旗色，琅琅木铎音。数行宽大诏，四海发生心。
旸谷宾初日，清台告协风。愿如风有信，长与日俱中。
草木渐知春，萌芽处处新。从今八千岁，合抱是灵椿。
圣主忧民未解颜，天教瑞雪报丰年。
苍龙挂阙农祥正，父老相呼看籍田。

皇太后阁

宝册琼瑶重，新庭松桂香。雪消春未动，碧瓦丽朝阳。
瑞日明天仗，仙云拥寿山。猗兰春昼永，金母在人间。
朝罢金铺掩，人闲宝瑟尘。欲知慈俭德，书史乐青春。
仙家日月本长闲，送腊迎春岂亦然。
翠管银罂传故事，金花采胜作新年。
彤史年来不绝书，三朝德化妇承姑。
宫中侍女减珠翠，雪里贫民得裤襦。
边庭无事羽书稀，闲遣辞臣进小诗。
共助至尊歌喜事，今年春日得春衣。

皇太妃阁

苇桃犹在户，椒柏已称觞。岁美风先应，朝回日渐长。
甲观开千柱，飞楼擢九层。雪残乌鹊喜，翔舞下觚棱。
孝心日奉东朝养，俭德应师大练风。
太史新年占瑞气，四星明润紫宫中。

九门挂月未催班，清禁风和玉漏闲。

崇庆早朝银烛下，佩环声在五云间。

东风弱柳万丝垂，的□残梅尚一枝。

茧馆乍欣蚕浴后，禖坛犹记燕来时。

夫人阁

采胜镂新语，酥盘滴小诗。升平多乐事，应许外廷知。

细雨晓风柔，春声入御沟。已漂新荇没，犹带断冰流。

扶桑初日映帘升，已觉铜瓶暖不冰。

七种共挑人日菜，千枝先剪上元灯。

二年十二月五日进，后四日，书以示裴维甫。轼。

印：子瞻

《景苏园帖》第六

大楷 罗池庙迎享送神诗碑

荔子丹兮蕉黄，杂肴兮进侯之堂。

侯之船兮两旗，渡中流兮风泊之。

待侯不来兮不知我悲！侯乘白驹兮入庙，慰我民兮不嚬以笑。

鹅之山兮柳之水，桂树团团兮白石齿齿。

侯朝出游兮莫来归，春与猿吟兮秋与鹤飞。

北方之人兮谓侯是非。千秋万岁兮侯无我违。

愿侯福我兮寿我，驱厉鬼兮山之左。

下无苦湿兮高无乾，粳稌充美兮蛇蛟结蟠。

我民报事兮无怠其始，自今兮钦于世世。

杨寿昌跋

坡公书韩昌黎《罗池庙迎享送神》诗，字径二寸许，瑰玮岿岩，与《表忠观》《丰乐亭》《醉翁亭》等碑并为世宝。友人自粤右以拓本见贻，尾有宋嘉定中从政郎柳州军事推官跋语，记此刻始末，而字迹漫灭难以悉辨，予遂以原本上石而跋阙焉。兹帖内惟此为公大书，较《表忠观》等碑尤完好，盖蛮烟瘴雨之乡，拓者差鲜，形神独全，爰亟镌之，以备公书之体云。寿昌谨跋。

杨寿昌跋

苏文忠公文章政事，卓越千古，即书法亦别出机杼，自成一家。公诗云："我书意造本无法"，似自谦，实悟后语。而山谷老人谓其得力于颜平原、杨少师，真所谓"无佛处称尊"者耶。公又尝与子由论书诗曰"端庄杂流丽，刚健含婀娜"，又曰"守骏莫如跛"，呜呼尽之矣。予少喜公书而苦无善本，墨迹既不多见，即宋刻蜀帖亦罕流传。其他虽有摹刻，又不免真赝参半。岁庚寅，移宰黄冈，与杨惺吾学博同官。学博收藏甚富，出所有纵观抉择，得若干种。因思黄州为坡公宦迹久留之地，今存者仅《乳母碑》片石，然有误字，不能信以为真，乃萃集各帖，择其尤者，属友人刘君宝臣手摹而寿诸石。年余，先得四册，嵌置署西壁，名曰《景苏园帖》。园不甚广，欲藉公书以传。诗云"高山仰止，景行行止"，公以蜀人而寓于常，予以常人而籍于蜀，数百年后，又幸有黄州赤壁之游。予之与公似别有因缘，固不仅学书一端为足，令人向往也。

光绪十有八年，岁次壬辰嘉平月立春前三日，成都杨寿昌谨跋。

印：寿昌长生。字应南号葆初。

杨守敬跋

集苏书之存于世者，在宋则有成都汪氏之《西楼帖》，在明则有松江陈眉公之《晚香堂帖》。《西楼》搜罗最博，顾今无全帙，《晚香》则美恶杂糅，不见真□。近日重刻，更无论矣。葆初大令生长蜀都，少小握翰，即酷嗜苏书，沾溉既深，妙具神解，凡今世所存，流目立辨。会莅任黄冈，为东坡寄迹之所，乃于廨舍西偏起"景苏园"。又发意重辑苏书，为《景苏园帖》若干卷。以守敬亦尝涉猎于斯，助其搜讨，又借江夏刘君宝臣，细意钩摹。逾年镌成四卷，先为毡拓，以饷学者。余意此帖虽后出，当为近世集苏书之冠，媲美《西楼》，凌跨《晚香》。有识斯许，无事赞扬。独是苏公忠义大节，照耀千古。大令瞻仰前修，步趋岂独在翰墨。吾知景苏园中如泛颖水，顷刻斯见大令倘神遇之乎！

光绪十有九年春正月，宜都杨守敬记。

印：杨守敬印

萧耀南跋

苏书之在黄冈者，如《楚颂》词碣、《乳母志铭》诸刻，均遭党禁划□。即明代，复本亦多无存。耀南统制乡邦，留心文献，阅五年，政有余暇，乃图修复赤壁古迹。会闻《景苏园帖》将亡海外，爰属范子□塍亟为物色，以厚值购得之。检帖凡六卷，实不止四，系抉择《晚香》《西楼》各刻与《罗池碑》精髓而成。虽于《戏鸿》《宝贤》等帖中暨近代发见石墨精华尚多遗采，然即此已得骊珠。因忆吾邑之遇文忠苏公，距今八百余年，遇大令杨公亦二十有余稔，古今人契合之精神，独于斯焉。寄余以天下之宝，当与天下共之。今秋挹爽楼适成，嵌置壁间，永志景仰。后之览者，其亦慕坡公忠义大节，历熙、丰、□、圣之变，如一日奋然兴起，不徒求其辞翰之美，竞传为江山之胜已也，是则余保存斯石之志也夫。

民国第一乙丑，秋九月，黄冈珩珊萧耀南谨识于武昌节署。

范之杰跋

苏书至今盛行，近世士夫争相摹仿，几成风气。繇是□言朋兴，赝本杂出，学者苦之，良以不得真迹，难窥墨法之妙第。即石刻以求笔法，相去已远，至求诸摹本或复本，抑远之又远。古人作书，代有师法，深入浅出，乃克成家。人第见坡书一斑，谓其类徐会稽也，王简穆也，颜平原、李北海也，而不知其远追汉唐，次造晋魏，此正古人前后同揆处，其沿袭变革之机，直参造化而不可思议。公谓"我书意造本无法"，乃正示人以法耳。是帖"景苏"之名，取诸明代。字迹多影宋、明精本中晚年书，**诸体俱备**。卷首宋刻小像，旧藏□斋处，今亡，赖此以传。公书大字，禁毁后几绝天壤。余曾搜得摩崖诸题，径尺擘窠，雄浑之宗，为世罕见，拟汇印珂版，未果也。今帖末勒碑，尤为创格，先得我心。学者人守一编，力求小静园之所谓用笔园满，芳坚馆之所谓运墨凝晕者，斯取则不远，可以拔俗矣。原石藏杨家，并未嵌置园壁，前三年向某甲押贷巨金，归其所有。今将出售，几为大力者负之他徙。适萧公珩珊修复黄州古迹，以情告，属即购藏赤壁。帖石有幸，欣其得所已。

时民国十四年，岁次乙丑，秋九月也。佞苏居士范之杰□甫谨纪于武昌菱湖寄庐。

李开侁跋

阳山杨葆初先生与眉山苏东坡先生皆以蜀人官黄州，眉山道德文章，炳耀千秋，阳山则逝世未久。予于丁酉拔场后，犹获一瞻丰采，其勤政爱才，吐嘱风雅，已近今所罕见。而书法尤私淑眉山，确有心得，观"景苏园"之搜集亦可想见。辛亥以还，世变沧桑，文物废坠。予自粤东归来，阳山已归道山，叩其所藏，大半散佚，正深太息。耀武上将军乃于万几之余，搜求及此，竟得全璧以归赤壁。人间宝物，洵有鬼神呵护，眉山阳山两先生之灵，亦实式凭之，姑书此以志幸焉。

民国第一乙丑仲冬，黄冈李开侁跋于武昌。

汪筱舫跋

前清光绪庚寅，成都杨公寿昌来宰黄冈，冈邑本东坡旧游之地。杨公景仰前贤，酷耆苏书，因于官□傍葺"景苏园"一所，搜苏书各帖，择其尤者，摹成六册，颜曰《景苏园帖》，计刻石百廿六幅，嵌诸园中。玉局才人风流不朽，洋洋乎大观也。杨公解官后，因亏累，质此石于张信记。公谢世，后嗣无力赎取，讼累不休。萧公珩珊督鄂，捐巨款建挹爽楼于赤壁，令□监修。阅四月，楼成。适范公之杰以此帖进，萧公抚掌称善，以为天下之宝，当与天下共之，不惜重资购置，令□运石黄州，嵌诸楼壁。于是杨张之讼始解，又使苏公之遗迹得以保存，而我萧公提倡风雅，嘉惠士林，一片大公无我之诚，遂与一尊石丈并寿千百载矣。

□躬逢韵事，勉述大旨，以志不忘。

民国十四年，岁次乙丑，黄冈汪□筱舫谨跋于武昌县公署。

后　记

　　"自我来黄州"，"长江绕郭知鱼美，好竹连山觉笋香"。沿着古城黄州的历史文脉，穿越千年，我仿佛与东坡先生进行了一场对话。

　　苏东坡是挣扎于黄州这个偏远之地的跋涉者，似水流年，我们更关注这一时期的苏东坡，是最真实、最世俗也最乐观的苏东坡。用现在通俗的一句话概括，就是"回归了本心，放下了，开始从自然的山山水水中感悟当下生命最快乐的体验"。

　　当看到一群韩国老人拿着地图，寻找黄州东坡足迹的时候；当看到80多位日本人跪在东坡赤壁的东坡像前，唱着礼赞东坡的诗词的时候；当看到一批批专家在东坡赤壁反复吟咏的时候，我被深深地震撼了！

　　"我吹过你吹过的风，这算不算相拥；我走过你走过的路，这算不算相逢。"每天，我都穿过黄州古城到东坡赤壁景区上班，东坡、赤壁、安国寺……无论是它的历史轨迹还是它的文化内涵，总是让很多"东坡迷"有心驰神往的念想，尽管它定格在历史的记忆深处，仍然保持着神秘的面纱。

　　这么多年，我对苏东坡的那些研究，都是东坡赤壁的游客逼出来的，来自天南地北的游客总是在不经意间提出一个个看似很平常的问题：为什么苏东坡的妻子都姓王？苏东坡传下来的东坡肉在黄州哪里能吃到？苏东坡和岳飞是什么关系？……很多问题当场无法回答，事后不得不进行搜索、去解答，不知不觉就这样慢慢收集了30多年，让我囤积了不少关于苏东坡和黄州的资料，现在感觉是时候出本书来说明一些问题了，可又感觉什么也说不明白，就这样把一本书弄成了"锦灰堆"，尴尬于很多资料来源于网络，没有一一记载内容的出处，恳请原创作者看在都是"东坡迷"的份上多多谅解，欢迎到黄州来找我，有酒有肉有赤壁，等候您。

这么多年，之所以丝丝缕缕地坚持着，无他，只因为两个字——喜欢。喜欢苏东坡很多年，且喜欢得理直气壮，一如既往。慢慢地我知道了东坡先生的高度，才真正了解东坡文化的厚度和深度。研究苏东坡使我收获着简单而平实的快乐。

这么多年，我有幸参加了十几次大型历史文化展览工程项目，展览有独特的语境表达方式，学到了很多很多，团队的合作、甲乙双方的关系，挂图作战、倒排工期、通宵加班，每周都需要不断地总结、反思、提升，深入挖掘展览要表达出的精神内涵和时代价值，从而让静态的陈列传达出深厚绵长的文化信息与底蕴。特别是我参加的黄州苏东坡纪念馆的陈展工程项目，用了 365 天来学习东坡文化，表达出东坡文化的物化传播途径，同时也是快乐时光的回忆，更感恩一起战斗的老师和兄长。

在此感谢史智鹏、方星移、董志伟、邬扬路四位老师对本书编著的大力支持和帮助。

今天，面对时光飞逝，知命之年的我企望用这些文字记录东坡先生在黄州的生活，抚慰岁月沧桑，心怀忐忑，尚祈方家指正。

李林

于黄州东坡赤壁

2023 年 5 月 6 日

参 考 文 献

［1］孔凡礼. 苏轼诗集［M］. 北京：中华书局，1982.

［2］孔凡礼. 苏轼文集［M］. 北京：中华书局，2020.

［3］孔凡礼. 三苏年谱［M］. 北京：北京古籍出版社，2004.

［4］梅大圣. 苏轼黄州诗文评注［M］. 武汉：华中师范大学出版社，1992.

［5］饶学刚. 苏东坡在黄州［M］. 北京：京华出版社，1999.

［6］丁永淮，梅大圣，张社教. 苏轼黄州作品全编［M］. 武汉：武汉出版社，2010.

［7］史智鹏，张龙飞. 黄州简史［M］. 武汉：华中师范大学出版社，2010.

［8］陈继平，饶水龙，史智鹏. 黄州城历史文化遗产调查［M］. 武汉：湖北人民出版社，2019.

［9］史智鹏. 黄州东坡赤壁文化［M］. 武汉：武汉大学出版社，2019.

［10］史智鹏. 黄州城通史［M］. 武汉：湖北人民出版社，2016.

［11］曲英杰. 长江古城址［M］. 武汉：湖北教育出版社，2004.

［12］黄州赤壁志编委会. 黄州赤壁志［M］. 武汉：武汉大学出版社，2018.

［13］陈志平，方星移. 东坡文化概论——以黄州为中心［M］. 长沙：湖南师范大学出版社，2022.

［14］故宫博物院. 千古风流人物——故宫博物院苏轼主题书画特

展[M]. 北京：故宫出版社，2020.

　　[15]张花氏. 东坡茶[M]. 成都：四川辞书出版社，2019.

　　[16]张花氏. 与苏东坡分享创造力[M]. 成都：四川大学出版社，2014.

　　[17]张龙飞. 苏东坡黄州书法集[M]. 北京：中国文联出版社，2014.

　　[18]陈凌. 宋代州县衙署建筑空间与社会秩序[M]. 北京：中国建筑工业出版社，2022.

　　[19]刘正成. 中国书法全集·苏轼卷[M]. 北京：荣宝斋，1991.

　　[20]黄冈市黄州区民政局. 黄州区地名志[M]. 武汉：武汉出版社，2022.

　　[21]吴晓松. 蕲春罗州城——2001年考古发掘报告[M]. 北京：科学出版社，2001.

　　[22]袁琳. 宋代城市形态和官署建筑制度研究[M]. 北京：中国建筑工业出版社，2013.

　　[23]张玲. 宋代城市铺户研究[M]. 太原：三晋出版社，2015.

　　[24]包伟民. 宋代城市研究[M]. 北京：中华书局，2014.

　　[25]鲁西奇. 城墙内外：古代汉水流域城市的形态与空间结构[M]. 北京：中华书局，2011.

　　[26]魏一峰. 赤壁诗词研究[M]. 郑州：中州古籍出版社，2019.

　　[27]黄州区政协. 黄州文化简史[M]. 武汉：湖北人民出版社，2021.

　　[28]方正. 黄州文化创新与发展战略理论研究文集[M]. 武汉：湖北人民出版社，2014.

　　[29]汪金元. 千古东坡：苏东坡纪念馆陈展纪实[M]. 武汉：湖北教育出版社，2010.

　　[30]黄冈市地方志办公室. 黄州府志(点校本)[M]. 武汉：武汉大学出版社，2017.

　　[31]黄冈市地方志编委会. 黄冈市志[M]. 武汉：崇文书局，2004.

［32］黄冈县志编委会. 黄冈县志［M］. 武汉：武汉大学出版社，1990.

［33］黄州区志编委会. 黄州区志［M］. 武汉：武汉大学出版社，2015.

［34］陆游. 入蜀记［M］. 上海：上海远东出版社，1996.

［35］王兆鹏，郁玉英，郭红欣. 宋词排行榜［M］. 北京：中华书局，2012.

［36］丁永淮. 东坡菜与东坡小吃［M］. 北京：中国妇女出版社，1993.

［37］方星移，等. 苏东坡黄州名篇赏析［M］. 武汉：华中师范大学出版社，2010.

［38］朱俊英，陈国祥，吕建国，吴琳. 湖北黄州宋城遗址考古调查报告［J］. 江汉考古，2012(4).

［39］湖北省高等院校人文社会科学重点研究基地，等. 三峡文化研究（第13辑）［M］. 武汉：湖北人民出版社，2016.